国家出版基金项目
NATIONAL PUBLICATION FOUNDATION

〔元〕脱脱 等撰

點校本
二十四史
修訂本

金史

第一册
卷一至卷一三

中華書局

圖書在版編目(CIP)數據

金史/(元)脱脱等撰. —北京:中華書局,2020.2(2024.6重印)
(點校本二十四史修訂本)
ISBN 978-7-101-14218-1

Ⅰ.金… Ⅱ.脱… Ⅲ.中國歷史-金代-紀傳體
Ⅳ.K246.404.2

中國版本圖書館CIP數據核字(2019)第250205號

責任編輯:劉彦捷 王 勖
責任校對:彭春芳 劉 方
責任印製:管 斌

點校本二十四史修訂本
金 史
(全八册)
〔元〕脱 脱等 撰
*
中華書局出版發行
(北京市豐臺區太平橋西里38號 100073)
http://www.zhbc.com.cn
E-mail:zhbc@zhbc.com.cn
北京盛通印刷股份有限公司印刷
*
880×1230毫米 1/32 · 100¼印張 · 8插頁 · 1982千字
2020年2月第1版 2024年6月北京第2次印刷
印數:10001-10800册 定價:540.00元

ISBN 978-7-101-14218-1

本紀第三　　　　　　　　　　金史三

開府儀同三司上柱國錄軍國重事中書右丞相監修國史領經筵事都總裁臣脫脫奉

勑修

太宗

太宗體元應運世德昭功哲惠仁聖文烈皇帝諱晟本諱吳乞買世祖第四子母曰翼簡皇后拏懶氏太祖母弟也遼大康元年乙卯歲生初爲穆宗養子收國元年七月命爲諳班勃極烈太祖征伐常居守天輔五年賜詔曰汝惟朕之母弟義均一體是用汝貳我國政凡軍事違者閲實其罪從宜處之其餘事無大小一依本朝舊制天輔七年

一　元至正五年江浙等處行中書省刻本（中國國家圖書館藏）

列傳第四十七　　金史一百九

開府儀同三司上柱國錄軍國重事前中書右丞相監修國史領經筵事都總裁臣脫脫奉

勑修

完顏素蘭　陳規　許古

完顏素蘭一名翼字伯揚至寧元年策論進士也貞祐初累遷應奉翰林文字權監察御史二年宣宗遷汴留皇太子於燕都既而名之素蘭以爲不可平章高琪曰主上居此太子宜從且汝能保都城必完否素蘭曰完固不敢必但太子在彼則聲勢俱重邊隘有守則都城可無虞昔唐明皇幸蜀太子實在靈武蓋將以繫天下之心也不從竟

二　百衲本影印元刻本與明覆刻本（北京中華書局圖書館藏）

元開府儀同三司上柱國前中書右丞相監修國史

都總裁臣脫脫修

百官一

三師　三公　尚書省　六部

都元帥府　樞密院　大宗正府　御史臺

宣撫司　勸農使司　司農司　三司

國史院　翰林學士院　審官院　太常寺

金自景祖始建官屬統諸部以專征伐嶷然自爲一國其官長皆稱曰勃極烈故太祖以都勃極烈嗣位太宗以諳版勃極烈居守諳版尊大之稱也其次曰國論忽魯勃極烈國論言貴忽魯猶總帥也又有國論勃極烈或左右置所謂國相也其次諸勃極烈之上則有國論乙室忽魯移

金史卷六十　　交聘表上第二

元開府儀同三司上柱國前中書右丞相兼修國史都總裁脫脫修

皇明奉直大夫右春坊右諭德兼翰林院侍講署國子監事臣李騰芳等

奉

勅重較刊

皇明朝列大夫國子監祭酒臣吳士元

承德郎司業仍加俸一級臣黃　錦等奉

旨重修

天下之勢曷有常哉金人日尋干戈撫制諸部保其疆圉以求逞志於遼也豈一日哉及太祖再乘勝巳即帝位遼乃招之使降是猶龍蒸虎變欲誰何而止之厥後使者八九往反終不能定約束何者取天下者不狥小節成算既定矣終不為卑辭厚禮而輟攻遼人過計求

四　明萬曆三十三年至三十四年北京國子監刻崇禎六年補修本（中國國家圖書館藏）

金史卷六十六

元中書右丞相總裁脫脫等修

列傳第四

始祖以下諸子

勗本名烏野子宗秀　隈可　宗室胡十門

合住子布輝　㘓保　㪅本名醜漢

齊本名掃合　朮魯　胡石改　宗賢本名阿魯

撻懶　卞本名吾母　膏本名阿里剌

奕本名三寶　阿喜

勗字勉道本名烏野穆宗第五子好學問國人呼爲秀

五　清乾隆四年武英殿刻本（北京中華書局圖書館藏）

金史卷九十四

元中書右丞相總裁托克托等修

列傳第三十二

瓜爾佳清臣（本名阿卜薩） 內族襄（本名安）

瓜爾佳衡（本名阿里布） 完顏安國（本名棟摩） 裕爾伯特

瓜爾佳清臣本名阿卜薩（原作阿卜沙）呼爾哈路罕都（原作桓篤）人姿狀雄偉善騎射皇統八年襲祖布達（原作駮達）明安大定元年聞世祖即位率本部軍六千赴中都會之以功遷昭武大將軍從右副元帥赫舍哩志寧為管押萬戶接應左都監完顏思敬逐斡罕餘黨敗之柔遠至茂巴勒達悉獲之賊平還鎮國上將軍知潁順軍事會宋兵二萬襲陷汝州殺刺史烏克遜滿丕（原作烏古孫麻潑）及漢軍二千河南統軍宗尹遣萬戶富珠哩定方與清臣等領騎兵四千往擊之

清同治十三年江蘇書局刻本（北京中華書局圖書館藏）

金史整理人員名録

原點校者　傅樂焕　張政烺

　　　　　崔文印

修訂主持人　程妮娜

修訂承擔單位　吉林大學

修訂組成員　程妮娜　楊　軍　趙永春　魏　影　韓世明

　　　　　宋　卿　王萬志　孫　昊　孫久龍　王　昊

編輯組成員　許逸民　馮寶志　劉彦捷　王　勖　李天飛

點校本二十四史及清史稿修訂緣起

以「二十四史」及清史稿爲代表的紀傳體史書，記載了中國古代從傳説中的黃帝到辛亥革命結束清朝統治前各個朝代的歷史概貌，以歷代王朝的興亡更替爲先後，反映了中國的歷史進程，構成了關於中國古代政治、經濟、軍事、科技、思想文化、社會風俗等各個方面最爲重要的基本史料，使中國和中華民族成爲世界上惟一擁有數千年連貫、完整歷史記載的國家和民族。這是中華民族引以爲榮並值得進一步發揚光大的寶貴歷史文化遺産。

爲了更好地傳承與保護這份珍貴的歷史文化遺産，二十世紀五十至七十年代，在毛澤東主席、周恩來總理的親自部署和國家有關部門的直接領導下，由中華書局承擔組織落實和編輯出版工作，集中全國學術界、出版界的力量，完成了「二十四史」及清史稿的點校整理和出版。從一九五八年九月標點「前四史」及改繪楊守敬地圖工作會議召開，次年九月點校本史記問世，到一九七八年點校本宋史完成出版，整理工作歷時二十年，其間不斷完善點校體例，逐史加以標點、分段、校勘、正誤、補闕，所積累的科學整理方法和豐富的實踐經驗，爲傳統文獻的整理做出了寶貴的探索，確立了現代古籍整理的基本範式和標準。點校本出版之後，以其優秀的學術品質和適宜閱讀的現代形式，逐漸取代了此前的各種舊本，爲學術界和廣大讀者普遍採用，成爲使用最廣泛的權威性通行本。

點校本「二十四史」及清史稿從開始出版，至今已超過半個世紀，上距一九七八年宋史出版，點校工作完成，也已經過去了三十多年。點校本「二十四史」及清史稿的整理出版工作，由於受到當時種種客觀條件的制約，加之整理出版過程歷時綿長，時間跨度大，參與點校者時有變動，點校體例未能統一，或底本選擇不够精當，或校勘過於簡略，或標點間有失誤，各史都存在着不同程度的缺憾。爲適應新時代學術發展和讀者使用的需求，亟需予以全面修訂。

中華書局於二〇〇五年開始籌備「二十四史」及清史稿的修訂工作，梳理學術界關於點校本的意見建議，清理點校工作原始檔案，進一步明確修訂工作重點。二〇〇六年四月召開專家論證會，得到了學術界的積極響應。其後，在新聞出版總署、中國出版集團公司和社會各界學術力量的支持下，正式組建了點校本「二十四史」及清史稿修訂工程組織機構，擬定了修訂工作的各項具體規定，包括修訂工作總則、修訂工作流程，以及標點分段辨法舉例、校勘記寫法細則舉例等一系列規範性文件，並在全國範圍内通過廣泛調研，遴選確定了各史修訂承擔單位和主持人。

點校本「二十四史」及清史稿，是二十世紀中國古籍整理的標誌性成果，修訂本是原點校本在新的歷史時期的延續。修訂工作在原有點校本基礎上展開，嚴格遵守在點校本基礎上進行適度、適當修訂和完善的原則，通過全面系統的版本覆核、文本校訂，解決原點校本存在的問題，彌補不足，力求在原有基礎上，形成一個體例統一、標點準確、校勘精審、閱讀方便的新的升級版本。

修訂工作的總體目標，主要包括兩個方面：一，保持點校本已取得的整理成果和學術優勢，通過各個修訂環節，消弭點校本存在的缺憾，並認真吸收前人與時賢的研究成果，包括當代學術研究的新發現（文物、文獻資料）、新結論（學術定論），使修訂本成爲符合現代古籍整理規範、代表當代學術水準、能够體現二十一世紀新的時代特點的典範之作。二，解決原點校本各史體例不一的問題，做到體例基本統一，包括：規範取校範圍、校勘取捨標準、分段及校勘記、標點方式；撰寫各史修訂本前言、凡例；編製主要參考文獻目録及其他附録、索引。

早在一九六〇年，時任國務院古籍整理出版規劃小組組長的齊燕銘同志，就曾對點校本「二十四史」提出過兩點明確的要求，其一是在學術成果上「超越前人」；其二是經過重版修訂使之「成爲定本」。點校本的學術業績，獲得了學術界和廣大讀者的高度評價和廣泛採用，經過全面修訂，希望能在保持原有學術優勢的基礎上完善提高，進一步確立並鞏固點校本「二十四史」及清史稿的現代通行本地位，「成爲定本」還需要廣大讀者的檢驗和今後不斷的努力。

點校本「二十四史」及清史稿整理工作自二十世紀五十年代起始，至本世紀全面修訂再版，五十餘年間，一代又一代學者如同接力賽跑，前赴後繼，爲之默默奉獻，傾盡心力。點校本的學術成就和首創之功，以及其間展現的幾代人鍥而不捨的爲學精神，將澤被學林，彪炳史册！值此修訂本出版之際，我們向所有參加過點校工作的前輩學者和出版工作者，表示崇高的敬意，對已故前輩表達深切的懷念，向承擔本次修訂的各位學者專家表示誠摯的謝意，向國家出版基金管理委員會及其辦公室、各史點校和修訂承擔單位、各相關圖書收藏機構，以及關注和支持本次修訂工作的社會各界人士，謹致由衷的謝忱。

中華書局編輯部　二〇一三年七月

點校本金史修訂前言

金史，元脱脱任都總裁編撰的官修紀傳體正史，包括本紀十九卷、志三十九卷、表四卷、列傳七十三卷，全書一百三十五卷，另附金國語解一卷。記載了女真完顏氏部族時代、金朝建國至滅亡的百餘年歷史。

一

金朝是女真人於一一一五年建立的王朝，金太宗天會三年（一一二五）滅遼朝，五年（一一二七）滅北宋，金熙宗皇統元年（一一四一）與南宋劃淮而治，金哀宗天興三年（一二三四）爲蒙古國所滅。

金朝修史始於女真人記録先祖的歷史。女真原無文字，祖宗族屬時事多靠口耳相傳。金史卷六六完顔勗傳即載，「宗翰好訪問女直老人，多得祖宗遺事」。太祖天輔三年（一一一九），完顔希尹、葉魯承旨創製的女真字頒行。據完顔勗傳載，太宗天會六年（一一二八），「詔書求訪祖宗遺事，以備國史，命勗與耶律迪越掌之」。卷四熙宗紀載，天會十五年十二月，「命韓昉、耶律紹文等編修國史」。至遲至天眷二年（一一三九）已設國史院，掌監修國史事。皇統六年（一一四六），又設著作局，掌編修日曆。海陵天德年間，設立記注院，設修起居注，掌記皇帝言、動。金朝修史機構仿照中原王朝制度而設，史官由女真人、漢人、契丹人構成，這對金朝修史體例與風格有重要影響。

金朝共修成十部實録，首部爲祖宗實録，熙宗皇統元年（一一四一）修成，完顔勗傳載完顔勗等採摭遺言舊事，「自始祖以下十帝，綜爲三卷。凡部族，既曰某部，復曰某水之某，又曰某鄉某村，以別識之。凡與契丹往來及征伐諸部，其間詐謀詭計，一無所隱。事有詳有略，咸得其實」。其後金朝九代帝王修成七部實録。太祖實録二十卷，皇統八年（一一四八）進。太宗實録，世宗大定七年（一一六七）進。熙宗實録，大定二十年（一一八〇）進。海陵庶人實録，修成時間不明。世宗實録，章宗紀記載，明昌四年（一一九三）和泰和三年（一二〇三）兩進世宗實録，錢大昕元史藝文志、施國祁金史詳校認爲明昌四年所進爲世宗實録，泰和三年所進爲顯宗實録。章宗實録一百卷，宣宗興定四年（一二二

○)進。宣宗實録，哀宗正大五年(一二二八)進。末代哀宗國亡，未修實録。第七代皇帝衞紹王的實録，雖宣宗命人纂修，但未修成。另外還有兩部實録是爲追尊帝號的帝王之父修撰的，蘇天爵滋溪文稿卷二五三史質疑載，睿宗實録十卷、顯宗實録十八卷，前者爲世宗之父宗輔，大定十一年(一一七一)進；後者爲章宗之父允恭，泰和三年進。從趙秉文進呈章宗皇帝實録表看，實録不僅記録了章宗的事迹，還記載了章宗朝「良將之遠籌，賢相之婉畫，所表忠臣節婦，所舉異行茂才，本兵興賦之煩，生齒版圖之數，所宜具載，以示方來」(閑閑老人滏水文集卷一○)。這當是金朝實録的基本體例。蒙古滅金時，金朝實録爲軍將張柔載歸北去，元世祖中統二年(一二六一)議修遼、金史時交到史館。十部實録是元修金史最重要的史源。實録的特點也直接關係到金史本紀的體例。

有金一代刊刻和流傳許多官修、私撰的書籍，鑒於金史無藝文志，清黄虞稷、杭世駿、龔顯曾、鄭文焯、倪燦、金門詔、孫德謙、錢大昕等人補纂了金史藝文志，按照經、史、子、集進行整理，錢大昕收集的數量達兩百多種。其中完顔勗女直郡望姓氏譜、楊廷秀四朝聖訓、史公奕大定遺訓、張暐大金儀禮、楊雲翼校大金禮儀、趙知微重修大明曆、趙秉文閑閑老人滏水文集、李純甫故人外傳、楊奂天興近鑑，以及大金集禮、續集禮、元勛傳、泰和律義、士民須知、金纂修雜録、金初州郡志、正隆郡志等，皆爲元修金史的重要史源。

金朝滅亡後，遺民中的一些士大夫「以金源氏有天下，典章法度幾及漢、唐，國亡史作，己所當任」（金史卷一二六元德明傳附元好問傳），致力於金朝史事的採輯撰述。元好問曾任國史院編修官，認爲金朝「百年以來明君賢相可傳後世之事甚多」（遺山先生文集卷三七南冠録引），「今史册散逸，既無以傳信，名卿鉅公立功立事之迹不隨世磨滅者，繄金石是賴」（卷一八嘉議大夫陝西東路轉運使剛敏王公神道碑銘），故多撰碑銘之文，又「借詩以存史，故旁見側出，不主一格」（四庫全書總目中州集提要），著有壬辰雜編、遺山先生文集、中州集、南冠録、金源君臣言行録、續夷堅志等。劉祁以昔所與交游，皆一代偉人，「所聞所見可以勸戒規鑒者，不可使湮没無傳」，且冀「異時作史，亦或有取焉」（歸潛志序），著有歸潛志。王鶚「以親所見聞，撰成汝南遺事四卷，計一百七事」，記録了金哀宗天興二年（一二三三）六月避蒙古兵鋒逃至蔡州直至三年正月城破金亡期間君臣言行、軍政大事等，意在「他日爲史官採擇」（汝南遺事卷四）。元朝史官編纂金史時，對元好問、劉祁、王鶚的著作「多本其所著」（金史卷一二六元德明傳附元好問傳），認爲「金末喪亂之事猶有足徵者焉」（金史卷一一五完顔奴申傳），尤其是汝南遺事，金史哀宗本紀等「皆全采用之」（四庫全書總目卷五一）。

二

蒙元編纂金史，始於世祖中統二年（一二六一），直到元順帝至正四年（一三四四）金史修成，歷時八十餘年。

早在忽必烈在藩邸時，府內漢人劉秉忠就提出修史之議：「國滅史存，古之常道，宜撰修金史，令一代君臣事業不墜於後世，甚有勵也。」（元史卷一五七劉秉忠傳）忽必烈即位後，中統二年七月，設立翰林國史院，翰林學士承旨王鶚奏言：「金實録尚存，善政頗多，遼史散逸，尤爲未備。寧可亡人之國，不可亡人之史。」（元朝名臣事略卷一二内翰王文康公）請修遼、金二史，廣泛採訪金朝遺事。至元元年（一二六四）參知政事商挺「建議史事，附修遼、金二史，宜令王鶚、李冶、徐世隆、高鳴、胡祇遹、周砥等爲之」（元史卷一五九商挺傳）。這期間王鶚「舉李冶及李昶、王磐、徐世隆、徒單公履、郝經、高鳴爲學士，楊恕、孟攀鱗爲待制，王惲、雷膺爲修撰，周砥、胡祇遹、孟祺、閻復、劉元爲應奉，凡前金遺老及當時鴻儒，搜抉殆盡」（元朝名臣事略卷一二内翰王文康公）。金史的編纂由王鶚實際負責，王惲玉堂嘉話卷八保存了這部金史的目録：帝紀九，太祖、太宗、熙宗、海陵庶人、世宗、章宗、衞紹王（實録闕）、宣宗、哀宗（實録闕）。志書七，天文（五行附）、地里（邊境附）、禮樂（郊祀附）、刑法、食貨（交鈔附）、百官（選舉附）、兵衛（世襲附）。列傳（舊實録三品已上入傳，今擬人物英偉、勳業可稱，不限品從）、忠義、隱逸（高士附）、儒行、文藝、列女、方技、逆臣（忽沙虎）。爲補衛紹王事迹，王鶚於中統三年（一二六二）就開始在金朝遺老中搜集資料，采摭衛紹王時詔令，從故金部令史竇祥得舊事二十餘條，司天提點張正之寫災異十六條，張承旨家手本載舊事五條，金禮部尚書楊雲翼日録四十條，陳老日録三十條，章宗實録詳其前事，宣宗實録詳其後事，使衛紹王朝事迹得其梗概（卷一三衛紹王紀）。

從王鶚所作金史的目録看，這是一部傳統的紀傳體正史，它出自金朝遺民之手，符合金末元初北方文人的正統觀。王鶚曾中金哀宗正大元年（一二二四）進士第一甲第一名，時授應奉翰林文字，被譽爲「金士巨擘」的趙秉文任翰林學士、同修國史，元好問亦在國史院，三人均由金入元，史觀相同。據閑閑老人滏水文集卷一四蜀漢正名論記載，趙秉文秉持的華夷史觀概括而言有二：一是「春秋諸侯用夷禮則夷之，夷而進于中國則中國之」；二是「先主、武侯有公天下之心，宜稱曰漢。漢者公天下之言也，自餘則否」。元好問視金朝爲中州、中國，作中州集，收入女真、漢、契丹、渤海等各族文人詩作。元文類收録的家鉉翁題中州詩集後在闡釋元好問的華夷觀時説：「壤地有南北，而人物無南北，道統文脈無南北，雖在萬里外，皆中州也。」王鶚推薦參與修史的郝經亦主張「能行中國之道，則中國之主也」（陵川集卷三七與宋國兩淮制置使書）。足見金後期及金遺民中的史官與士人比較普遍地認爲金朝是中國，是正統王朝。關於在歷代王朝更替體系中金朝的位置，有人主張如金朝德運之爭章宗敕旨所言：「皇朝滅宋，俘其二主，火行已絶，我承其後。趙構假息江表，與晉司馬睿何異？」（大金德運圖説議）即金朝承北宋爲正統。也有人主張如金蒙之交燕人修端在辨遼宋金正統所言，以遼金爲北史，以宋太祖受周禪至靖康爲宋史，建炎以後爲南宋史（元文類卷四五）。這種正統觀由金朝遺民帶入蒙元，並成爲元代最有影響的正統觀之一，對元朝歷次修史工作産生過很大影響。元世祖至元五年（一二六八）王鶚致仕，王鶚等人纂修的金史雖基本成型，但未能最後完成刊行。

元世祖至元十三年（一二七六），元滅南宋後，世祖曾納言命史官修遼、宋、金史，仁宗、英宗朝多次議修三史，文宗「天曆、至順之間，屢詔史館趣爲之」（道園學古録卷三二送墨莊劉叔熙遠游序）。「三朝之史，累有明詔，雖設史官而未遑成書」，自成宗大德末年以來，「國家多故，於兹事有倡之而無和者」（危太樸文續集卷八上賀相公論史書）。從史籍記載看，元代朝廷歷次議修前朝史均爲遼、金、宋三史並列，未曾出現纂修宋史附遼、金二史的説法。但元中後期延祐年間朝官、史官中開始出現正統之議，這也影響了三史的纂修進程。文宗時，已離開國史院的虞集，「間與同列議，三史之不得成，蓋互以分合論正統，莫克有定」。對於如何確定三史義例，虞集認爲，「今當三家各爲書，各盡其言而覈實之，使其事不廢可也，乃若議論則以俟來者」，「諸公頗以爲然」（送墨莊劉叔熙遠游序）。虞集是南宋丞相虞允文五世孫，曾任翰林待制兼國史院編修，對自元初以來國史院纂修三史的義例與狀況比較了解，他没有主張更改以往的修史義例，獨尊宋爲正統，而是主張遼、宋、金各修其史。這種意見最終爲脱脱所採用，可見是符合元朝主流正統觀的。

元順帝至正三年（一三四三），「詔修遼、金、宋三史，以中書右丞相脱脱爲都總裁官」（元史卷四一順帝紀），「分史置局，纂修成書」（遼史附録修三史詔），「勑宰臣選官分撰遼、宋、金史」（滋溪文稿卷二五三史質疑），金史纂修全面展開。然文宗以來關於修三史體例的爭論在此時更爲激烈，「主宋者曰宋正統也，主金者曰金正統也」，「或謂本朝不承金，則太祖、太宗非正統矣」（上賀相公論史書）。周以立上書曰：「遼與本朝不相涉，又其事首已具五代史，雖不論可也。所當論者，宋與金而已，然本朝平金在先而事體輕，平宋在後而事體重。」（解縉元鄉貢進士周君墓表）王理則推金、蒙之際修端之言，作三史正統論，「欲以遼、金爲北史，宋自太祖至靖康爲宋史，建炎以後爲南宋史」（明文海卷一七四周敍論修正宋史書）。此時虞集尚在世，他所主張的遼、宋、金「三家各爲書」的看法也應是其中一派觀點，衆人議論不决，於是「脱脱獨斷曰：『三國各與正統，各繫其年號。』議者遂息」（庚申外史卷上）。

這次「正統之爭」是元修遼、金、宋史以來，規模最大、最有影響的一次爭論。脱脱以三史都總裁官之身份確定三史各爲正統，符合順帝詔書中命「分史置局，纂修成書」的旨意。在元朝君臣看來，作爲北族王朝的遼、金與宋同樣具有正統地位，蒙元統一南北王朝，在大一統的基礎上進一步鞏固其正統地位。可以説自元世祖開始修遼、金史，到滅南宋後分修遼、金、宋史，直到元順帝時最後修成遼、金、宋三史，一直秉承遼、金、宋皆爲正統的觀念。雖後期異議漸多，修史義例却未嘗有變。一些漢族儒臣以宋爲正、遼金爲閏的正統觀，並没有受到元朝蒙古統治者的重視。周以立的曾孫周敍説，雖然總裁官歐陽玄、揭傒斯對周以立之説深以爲是，但「不得不任其責，但在當時局於勢，有不能耳」（論修正宋史書）。楊維楨在遼、金二史修成之後上表正統辨，開篇曰：「史有成書，而正統未有所歸」。直言正統之議並未影響三史成書，故「謹撰三史正統辨」，强烈主張元當承南宋之統，極力排斥遼、金。其後又言，自世祖到「延祐、天曆之間，屢勤詔旨，而三史卒無成書者，豈不以三史正統之議未決乎？」（南村輟耕録卷三正統辨）當是誇大正統之辨的重要性，將其推論爲三史長期未能修成的主要原因。其後楊維楨編東維子文集不收此文，可能是因此文被「司選曹者，顧以流言」棄之（東維子文集卷二七上寶相公書）。清人則推測爲「蓋已自悟其謬而削之」（四庫全書輟耕録提要）。明代「華夷之辨」盛行，楊維楨的正統辨受到推崇，明儒將楊維楨的推論進一步發展爲定論，明清以來學者幾乎衆口一詞，認爲「正統之議未決」是遼、宋、金三史直到元末才修成的主要原因，這其實是一個誤解。

金史纂修當以元世祖時王鶚所修金史初稿爲底本，加上延祐、至治、天曆年間又做了一定的修史工作，有較好的基礎。爲廣泛搜集撰史所需材料，順帝頒修三史詔，曰：「三國實録、野史、傳記、碑文、行實，多散在四方，交行省及各處正官提調，多方購求，許諸人呈獻，量給價直，咨達省部，送付史館，以備采擇。」（遼史附録）這是元朝境内規模最大、範圍最廣的一次搜集修史材料的行動，應獲得一些前所未有的材料。蘇天爵作三史質疑呈新上任的總裁官歐陽玄，稱「今史館有太祖、太宗、熙宗、海陵本紀」，但缺少太宗實録、熙宗實録，「不知張侯收圖籍時，太宗、熙宗之史何以獨見遺也」。然而前舉王惲玉堂嘉話所載王鶚金史目録僅注闕衛紹王、哀宗實録，説明王鶚修金史時尚有太宗、熙宗實録。史館存有的太祖、太宗、熙宗、海陵本紀，或爲王鶚據實録所撰寫。清黄虞稷千頃堂書目國史類金代部分著録有太宗實録，但不見熙宗實録，説明至少清代尚知有金太宗實録。蘇天爵所言是他本人未見，還是史館不存，尚待考。如果此時缺少熙宗實録，對撰寫熙宗朝部分人物傳記和制度會有一定影響。在撰寫過程中，總裁官張起巖熟於金源典故，「史官有露才自是者，每立言未當，起巖據理竄定，深厚醇雅，理致自足」（元史卷一八二張起巖傳）。歐陽玄「發凡舉例，俾論撰者有所據依；史官中有悻悻露才、論議不公者，玄不以口舌爭，俟其呈藁，援筆竄定之，統系自正。至於論、贊、表、奏，皆玄屬筆」（元史卷一八二歐陽玄傳）。用時一年半有餘，至正四年（一三四四）十一月，金史書成，中書右丞相、監修國史阿魯圖呈進金史表，此時脱脱雖已辭職，但仍以脱脱爲纂修金史的都總裁。

三

金史修成之後，受到後人的好評。清趙翼廿二史劄記卷二七「金史」條云：「金史敍事最詳核，文筆亦極老潔，迥出宋、元二史之上。」四庫全書總目金史提要稱贊金史：「元人之於此書經營已久，與宋、遼二史取辦倉卒者不同，故其首尾完密，條例整齊，約而不疎，瞻而不蕪，在三史之中獨爲最善。」施國祁金史詳校曰：「金源一代年祀不及契丹，輿地不及蒙古，文采風流不及南宋。然考其史裁，大體文筆甚簡，非宋史之繁蕪；載述稍備，非遼史之闕略，敍次得實，非元史之譌謬。」趙翼廿二史劄記認爲金史修撰得益於金代實録本自詳慎，宣、哀以後諸將傳記，多本之元好問、劉祁二書，皆耳聞目見，「其筆力老勁，又足卓然成家」。王鶚所作金史舊底固已確覈，「宜纂修諸人之易藉手也」，「纂修諸臣於舊史亦多參互校訂，以求得實，非全恃鈔録舊文者」。每一大事以主其事者詳敍之，「有綱有紀，條理井然」，不至枝蔓，「最得史法」。

金史的纂修體例取法史記、漢書、新唐書，而又有不同。一、漢唐唯以實位帝王入本紀，金史打破成規，爲女真歷代祖先作世紀，爲幾位被尊奉帝號的皇帝之父作世紀補。此源於金代修有祖宗實録，記録其建國前自始祖以下十帝事迹，睿宗實録、顯宗實録分別記録世宗父、章宗父的事迹。金代還有兩位有帝號而未修實録者，一是熙宗父徽宗宗峻，另一是海陵父德宗宗幹，宗峻入世紀補，宗幹或因世宗時削去帝號未收入。另外，世紀中直言：「金之先，出靺鞨氏。靺鞨本號勿吉。勿吉，古肅慎地也。」首開北族在中原建立王朝（政權）者不以先祖比附華夏之炎黄二帝的先河，頗顯女真民族之自信。二、新創交聘表。金朝南與宋對峙，西北與夏爲鄰，東南高麗國稱臣。交聘表將金與宋、夏交聘往來和金與高麗封貢往來並列，金與周邊諸國的交往關係一目了然，若以金與諸國的雙方關係而論，宋、夏雖有一段時期向金朝稱臣，更主要的是「兄弟之國」的交聘關係，表中未能體現差異，略有不妥。三、書末附金國語解，以漢字注音的形式將女真語的基本詞彙保留下來。元朝史官云：「金史所載本國之語，得諸重譯，而可解者何可闕焉。」（金國語解）女真文字資料得以保存，這與元朝國史館有多民族史官共同修史有關。趙翼廿二史劄記卷二九「蒙古官名」條曰：「金史有國語解一卷，譯出女真語，令人易解。」對了解金代女真社會生活彌足珍貴。四、闕藝文志。元朝史官曰：「金用武得國，無以異於遼，而一代制作能自樹立唐、宋之間，有非遼世所及，以文而不以武也。」（金史卷一二五文藝傳上）金代官私著作雖不能與宋相比，但也有一定數量的著作行世流傳，清代學者補撰藝文志，得書二百餘種。金史未作藝文志，實爲元朝史官之責。

金史雖被後世稱道，譽爲「三史之中獨爲最善」，然金史較之宋史失之於略，諱述金朝前中期與蒙古的關係與戰爭，記述中存在諸多疏漏錯誤。清人施國祁用二十餘年讀金史幾十遍，著金史詳校十卷，指出「其病有三：一曰總裁失檢，凡七科。一曰纂修紕繆，凡六科。一曰寫刊錯誤，凡七科。」趙翼廿二史劄記、錢大昕廿二史考異、諸史拾遺、宋遼金元四史朔閏考，以及近百年學人校勘研究金史的成果不可謂不多，所指出的主要問題概括起來有如下數端：

其一，重要史事有缺漏。金史諸志中選舉志、禮志較爲翔實，百官志、兵志缺漏較多，如百官志没有從金代官制流變的角度進行梳理和記載，僅以海陵「正隆官制」爲主，對之前的金初漢地樞密院、熙宗「天眷官制」，以及之後的九路提刑司、金末行省制度等重要制度没有明確的記載。列傳方面，金朝初年人物傳記，以女真宗室軍將爲主，爲他族官員尤其是從事政務的官員立傳較少，如太祖立國之初，在與遼、宋交往中發揮重要作用的渤海人楊樸；在太宗朝輔佐重臣完顏宗翰駐守中原，熙宗時入朝爲太子少保、尚書左丞的渤海人高慶裔；隨完顏宗弼征戰金宋戰場，屢立戰功的大將韓常等人，都未立傳。即便是已經立傳的女真大臣的事迹，也是重軍事輕政務，如諳班勃極烈杲（斜也）、國論左勃極烈宗幹，在太宗朝主金朝國家制度建設，元朝史官僅在其傳贊中説：「金議禮制度，班爵禄，正刑法，治曆明時，行天子之事，成一代之典，杲、宗幹經始之功多矣。」具體事迹却寥寥無幾，不能不説是有些缺憾。

其二，記述史事存在錯亂和誤差。有將同樣事迹分别記入兩位同名人傳記的現象，如卷七七撻懶傳，記載天會四年，「撻懶、阿里刮破宋兵二萬於杞，覆其三營，（中略）遂克拱州，降寧陵，破睢陽，下亳州」。撻懶爲完顏昌的女真本名。同樣的事迹又見於卷六六宗室撻懶傳，兩位撻懶係異人同名，前者卒於天眷年間，後者卒於天德年間，必有一誤。有記述内容矛盾的現象，如世紀補有「宗翰請立熙宗，宗翰不敢違」之語，語義不通，兩個

「宗翰」必有一誤。百官志統軍司條下小注「河南、山東、陝西、益都」，益都爲山東東路的路治所在地，「山東」與「益都」兩地必有一誤。有敍事錯亂的現象，如卷三太宗紀載天會七年五月，「拔离速等襲宋主于揚州」，八年七月以後，以右副元帥宗輔往征陝西。卷一九世紀補同。然烏延蒲盧渾傳則載，「睿宗爲右副元帥，已定關、陝，（中略）及宋主在揚州，蒲盧渾與蒙适將萬騎襲之，宋主已渡江，破其餘兵」。顯然此處敍事顛倒錯亂。有紀、志、表、傳内容不合的現象，如卷一四宣宗紀上載，貞祐二年五月，「上決意南遷，詔告國内。（中略）壬午，車駕發中都」。卷九三莊獻太子傳則曰：「二年四月，宣宗遷汴。」又卷五三選舉志三載御史臺「譯史四人」，卷五五百官志一則載御史臺「譯史三人」。又有元史官抄録金人文集失誤的現象，如卷一二六文藝傳下李純甫傳云：「中庸集解、鳴道集解號『中國心學、西方父教』。」該傳抄自劉祁歸潛志而略有删節；「西方父教」，歸潛志作「西方文教」。又卷一二五文藝傳上蔡珪傳云「作南北史志三十卷」，應是抄自元好問中州集，然中州集作「六十卷」，蘇天爵滋溪文稿亦作「六十卷」。此外人名、官名亦見抄録有誤之處。

其三，人名、地名的同名異譯現象比較普遍。如完顔撒离喝又作撒离合、撒剌喝；烏林答胡土又作兀林荅胡土、呼林荅胡土；耨盌温敦兀帶又作耨盌温敦吾帶、耨盌温敦烏帶等。又如女真皇室起源地的按出虎水，在金史中有按出虎、安出虎、按出滸、安术虎、阿术滸多種寫法。同名異譯現象可能是史源不同所致，也可能是元代史官隨意而爲造成的。好在金史中重要的女真將相的名字，經史官整理，在紀、傳、志、表中基本採用漢名，僅在傳記中説明其女真本名，如宗翰，「本名粘没喝，漢語訛爲粘罕」。宗望，「本名斡魯補，又作斡离不」。宗弼，「本名斡啜，又作兀术，亦作斡出，或作晃斡出」。這在很大程度上避免了人們讀史時可能出現的混亂，是值得稱道的。

金史是依據金代實録、官書、私著、碑文、宗譜以及金末元初金遺民的著述編纂而成，雖然存在一些疏漏錯誤，但瑕不掩瑜，是研究金代歷史最重要的史籍，具有極高的史學價值。

四

金史修成後，元至正五年（一三四五）由江浙行省開板，印造一百部（金史附録金史公文）。此後，歷代刊刻不斷，至今可見的版本主要有以下七個。

第一個版本是元至正初刻本，四周雙邊，每半頁十行，行二十二字。簡稱元刻本。元明之際金史刻板散佚，原本印數不多的金史所剩無幾。現存中國國家圖書館元刻本金史有甲、乙、丙、丁、戊五種，皆爲殘本。甲本存五十四卷，乙本存四十三卷，丙本存七卷，丁本存四卷，戊本僅存一卷。此外，北京大學圖書館藏元刻本金史一册三卷，亦爲殘本，日本大谷大學圖書館藏元刻本金史一册二卷，一九九七年中國嘉德國際拍賣有限公司拍賣元刻本金史一册，内有卷六〇和卷七三，現存何處不明。中國國家圖書館五種元刻本不相重複的卷次共有八十七卷，北京大學圖書館所藏元刻本可補一卷，總計八十八卷。

第二個版本是明洪武年間的覆刻本。明初元刻本金史已經很少見，明太祖高皇帝實録載，洪武二十三年十二月「甲戌，福建布政使司進南唐書、金史、蘇轍古史。初，上命禮部遣使購天下遺書，令書坊刊行，至是三書先成，進之」。此本是元刻本的覆刻本，左右雙邊，少量四周雙邊，其他與元刻本同，簡稱明覆刻本。

第三個版本是明嘉靖八年（一五二九）南京國子監刻本。此本以元刻本或明覆刻本爲底本，左右雙邊，每半頁十行，行二十二字。簡稱南監本。俞汝楫禮部志稿刊布書籍載，明嘉靖七年十一月錦衣衞千户沈麟奏准校勘歷代史書刊布天下，南京國子監祭酒臣林文俊奏曰：「遼、金二史原無板者，購求善本翻刻」，以「助教臣劉世龍校刊史記、前漢書、遼史、金史」（林文俊方齋存稿進二十史疏）。黄佐南雍志經籍考下篇稱，「於吴下購得遼、金二史，亦行刊刻」。南監本對元刻本中的顯誤有一定的校正，却也新增一些問題，但與後世版本相比訛誤較少。明萬曆年間對南監本進行了一次局部修補，替换部分萬曆二十六年的修版。清順治十五年（一六五八）對南監本進行補修，凡金史原版，版心上象鼻保留「嘉靖八年刊」字樣，凡修補葉，版心象鼻均刻有「順治十五年刊」字樣。

第四個版本是明萬曆三十三年至三十四年（一六〇五—一六〇六）北京國子監刻本。此本以南監本爲底本，左右雙邊，每半頁十行，行二十一字。簡稱北監本。清朝康熙年間，「二十一史」的刻板漫漶殘缺現象嚴重，時任國子監祭酒的王士禛「疏請重修經史刻板，得旨允行」（居易録談卷上）。康熙二十五年（一六八六），重刊北監本金史完成。北監本對南監本的錯誤有一定的校正，却也出現了新的錯訛。與南監本相比，北監本的異文數量明顯增多。

第五個版本是清乾隆四年（一七三九）武英殿刻本。此本以北監本爲底本，左右雙邊，每半頁十行，行二十一字，版心上方題「乾隆四年校刊」。簡稱殿本。其後，乾隆認爲金史中女真語人名、地名的音譯，訛舛、鄙陋、失實者多，「因命儒臣按同文韻統例概行更録」，以滿語對譯女真語，作欽定金史語解十二卷。四庫全書本金史即採用新改譯的語彙。道光四年（一八二四），武英殿重新刊刻金史，同樣採用欽定金史語解改譯後的語彙，版式與殿本同，版心上方題「道光四年校刊」。由於人們已經習慣元刻本金史女真語的記録，故後世多不用改譯語彙的殿本。殿本對北監本的訛誤有糾正也有繼承，後者多於前者，乾隆、道光兩個殿本也都出現了一些新的錯誤。

第六個版本是清同治十三年（一八七四）江蘇書局刻本。此本以道光殿本爲底本，左右雙邊，每半頁十二行，行二十五字。簡稱局本。在此之前，金史已有一定的校勘成果，加上江蘇書局人員精校細勘，校正了殿本與之前刻本的一些訛誤，但也存在一些不屬錯誤的改動之處，有過度校勘的傾向。雖當代學者多不看重局本，但就金史而言，局本仍有校勘價值。

第七個版本是民國時期（一九三一）商務印書館由張元濟主持影印的百衲本。百衲本以北平圖書館藏元刻本七十九卷（含目録二卷）與涵芬樓藏明覆刻本五十八卷爲底本，通校殿本，參校南監本、北監本，吸收施國祁金史詳校的校勘成果，整理出版。顧廷龍百衲本二十四史校勘記序稱，張元濟校史慎之又慎，「每於異文，或取證本書，或旁稽他籍，所加案斷，咸能識其乖違，正其舛訛，並究其致誤之源」。百衲本以版本精善、校勘審慎、印刷精美而被稱道。

清人在金史刊刻的同時，又用力於校勘，乾隆殿本、四庫全書本、道光殿本、同治局本皆在卷末附有考證。金史校勘成果最著者首推施國祁金史詳校，其以二十餘年之力專攻金史校勘，以南監本爲主，校得訛謬、衍脱、顛倒處約四千餘條。民國張元濟百衲本金史校勘記以元刻本和明覆刻本爲底本，出校兩千餘條。另外，錢大昕廿二史考異等著作對金史校勘多有補益。

五

中華書局點校本金史，最初由傅樂焕先生承擔，但到一九六六年五月傅先生去世時，僅做出少部分工作。其後大部分點校工作在一九七一年後由張政烺先生完成，崔文印先生負責編輯整理，於一九七五年出版。之後曾經挖改，多次印刷，爲現代通行的金史版本。

點校本金史採用百衲本爲底本，與北監本、殿本參校，擇善而從，並參考了殘存永樂大典的有關部分。採用前人校勘成果最多的是施國祁金史詳校。此次修訂工作遵照點校本二十四史及清史稿修訂工作總則，仍以百衲本爲底本，通校元刻本（即中華再造善本及中國國家圖書館所藏其他殘本）、清乾隆殿本，參校明南監本、北監本、清局本，以及永樂大典殘本的相關部分。參考吸收施國祁金史詳校、文淵閣四庫全書本及道光殿本的考證、張元濟金史校勘記以及其他相關校勘成果。在版本校的基礎上，充分運用本校、他校的方法，利用正史、類書、文集、出土文獻，以及高麗古籍進行校勘。

修訂工作逐條覆核原點校本已有的校勘成果，充分吸納原點校本的成績。原點校本校勘記很少提及版本依據，並且存在較多的改字現象。此次修訂明確列出校勘的版本依據，糾正不當的改字、補字、删字。對原校勘記有誤或不準確處，加以删除或修改；對失校處，補充新校勘記。對標點、分段不妥處，加以修訂。

點校本金史出版以來，學術界與廣大讀者發表了許多校讀札記，對此我們進行了全面搜集和梳理，加以參考和利用。限於體例，不能在校勘記中一一標示，詳見書後所附主要參考文獻，僅此一併致謝。

點校本金史修訂組　二〇一九年十二月

點校本金史修訂凡例

一　中華書局一九七五年點校本金史以百衲本（影印北平圖書館藏元至正刻本七十九卷，含目録二卷，與涵芬樓藏明覆刻本五十八卷）爲底本，此爲現存金史最好的版本，此次修訂不更換底本。

二　修訂所用通校本及簡稱如下：

（一）元刻本：中華再造善本影印中國國家圖書館藏元至正五年江浙等處行中書省刻本五十二卷，及中國國家圖書館所藏其他殘本三十三卷、北京大學圖書館所藏殘本一卷；

（二）殿本：清乾隆四年武英殿刻四十六年印本。

三　修訂所用參校本及簡稱如下：

（一）南監本：明嘉靖八年南京國子監刻本；

(二)北監本：明萬曆三十三年至三十四年北京國子監刻清康熙二十五年重修本；

(三)局本：清同治十三年江蘇書局刻本。

四　以大金集禮、大金弔伐録、歸潛志等金人史籍，中州集、遺山先生文集、閑閑老人滏水文集等金人文集，三朝北盟會編、建炎以來繫年要録等宋人著作中的金朝史料，秋澗先生大全集、青崖集等元人著作中的金朝史料，以及大金國志、宋史、遼史、高麗史等史籍，殘存永樂大典的有關部分，歷年出土的碑刻資料，作爲本次修訂的他校參考。

五　充分參考和吸納清代和近現代學者有關金史的校勘與研究成果，尤其對施國祁金史詳校、張元濟百衲本二十四史校勘記金史校勘記、錢大昕廿二史考異、陳述金史拾補五種等著作中校訂金史的内容，加以充分利用。仔細甄别近人校訂意見，吸收爲學界所認同的校勘成果。

六　本次修訂重點在文字校訂，不在史實考證。修訂工作充分吸納原點校本的校勘成果，逐條覆核原有校勘記，審查標點和分段，一方面糾正失誤，消除差錯；一方面堅持非誤不改的原則，力避以是爲非，産生新的失誤。同時依據修訂總則的要求，進行適當的修改，使之符合此次的修訂體例。

七　底本之訛、脱、衍、倒及錯簡，據相關證據出校改正。他本或他書與底本文字不同而義可兩通者，將異文寫入校勘記，必要時略作提示性考證。底本常見的版刻誤字一般徑改，不出校記。

八　史書撰著過程中出現的當世或前朝諱字，除缺筆外，一律不作回改。缺筆者補爲正字，其他避諱情況在校勘記中予以説明。

九　金史人名、地名同名異譯現象比較普遍。除在列傳部分卷目與傳文略作統一外，一律不校不改。

一〇　書末附主要參考文獻以便檢索。

一一　爲行文簡便，以下文獻在校勘記中使用簡稱：

大金弔伐録，簡稱弔伐録。

大金集禮，簡稱集禮。

三朝北盟會編，簡稱會編。

建炎以來繫年要録，簡稱要録。

錢大昕廿二史考異，簡稱錢大昕考異。

秦蕙田五禮通考，簡稱秦蕙田通考。

劉次沅諸史天象記録考證，簡稱劉次沅考證。

嘉慶重修一統志，簡稱嘉慶一統志。

景印文淵閣四庫全書本，簡稱四庫本。

金史目録

第一册

第二册

第三册

第四册

卷五十七　志第三十八

百官三

卷五十八　志第三十九

百官四

第五册

卷六十四　列傳第二
后妃下

卷六十五　列傳第三
始祖以下諸子

卷六十九 列傳第七

太祖諸子

卷七十 列傳第八

卷七十一 列傳第九

第六册

卷八十　列傳第十八

卷八十一　列傳第十九

卷八十二　列傳第二十

卷八十三　列傳第二十一

卷九十三　列傳第三十一

第七册

卷一百一　列傳第三十九

卷一百二　列傳第四十

卷一百三　列傳第四十一

第八册

卷一百十九　列傳第五十七

卷一百二十　列傳第五十八

世戚

卷一百二十一 列傳第五十九

忠義一

卷一百二十二　列傳第六十

忠義二

卷一百二十三　列傳第六十一

忠義三

卷一百二十四　列傳第六十二

忠義四

卷一百二十五　列傳第六十三

文藝上

卷一百二十六　列傳第六十四

文藝下

卷一百二十七　列傳第六十五

孝友

卷一百二十八　列傳第六十六

卷一百二十九　列傳第六十七

酷吏

佞幸

卷一百三十　列傳第六十八

列女

附録

金史卷一

本紀第一

世紀

金之先，出靺鞨氏。靺鞨本號勿吉。勿吉，古肅慎地也。元魏時，勿吉有七部：曰粟末部，曰伯咄部，曰安車骨部，曰拂涅部，曰號室部，曰黑水部，曰白山部。隋稱靺鞨，而七部並同。唐初，有黑水靺鞨、粟末靺鞨，其五部無聞。粟末靺鞨始附高麗，姓大氏。李勣破高麗，粟末靺鞨保東牟山。後爲渤海，稱王，傳十餘世。有文字、禮樂、官府、制度。有五京、十五府、六十二州。黑水靺鞨居肅慎地，東瀕海，南接高麗，亦附于高麗。嘗以兵十五萬衆助高麗拒唐太宗，敗于安市。開元中，來朝，置黑水府，以部長爲都督、刺史，置長史監之。賜都督姓李氏，名獻誠，領黑水經略使。其後渤海盛强，黑水役屬之，朝貢遂絶。五代時，契丹盡取渤海地，而黑水靺鞨附屬于契丹。其在南者籍契丹，號熟女直；其在北者不在契丹籍，號生女直。生女直地有混同江、長白山，混同江亦號黑龍江，所謂「白山、黑水」是也。

金之始祖諱函普，初從高麗來，年已六十餘矣。兄阿古迺好佛，留高麗不肯從，曰：「後世子孫必有能相聚者，吾不能去也。」獨與弟保活里俱。始祖居完顏部僕幹水之涯，保活里居耶懶。其後胡十門以曷蘇館歸太祖，自言其祖兄弟三人相别而去，蓋自謂阿古迺之後。石土門、迪古乃，保活里之裔也。及太祖敗遼兵于境上，獲耶律謝十，乃使梁福、斡答剌〔一〕招諭渤海人曰：「女直、渤海本同一家。」蓋其初皆勿吉之七部也。

始祖至完顏部，居久之，其部人嘗殺它族之人，由是兩族交惡，鬨鬬不能解。完顏部人謂始祖曰：「若能爲部人解此怨，使兩族不相殺，部有賢女，年六十而未嫁，當以相配，仍爲同部。」始祖曰：「諾。」廼自往諭之曰：「殺一人而鬬不解，損傷益多。曷若止誅首亂者一人，部内以物納償汝，可以無鬬而且獲利焉。」怨家從之。乃爲約曰：「凡有殺傷人者，徵其家人口一、馬十偶、牸牛十、黄金六兩，與所殺傷之家，即兩解，不得私鬬。」曰：「謹如約。」女直之俗，殺人償馬牛三十自此始。既備償如約，部衆信服之，謝以青牛一，并許歸六十之婦。始祖乃以青牛爲聘禮而納之，并得其貲産。後生二男，長曰烏魯，次曰斡魯，一女曰注思板，遂爲完顔部人。天會十四年，追謚景元皇帝，廟號始祖。皇統四年，號其藏曰光陵。五年，增謚始祖懿憲景元皇帝。

子德帝，諱烏魯。天會十四年，追謚德皇帝。皇統四年，號其藏曰熙陵。五年，增謚淵穆玄德皇帝。

子安帝，諱跋海。天會十四年，追謚安皇帝。皇統四年，號其藏建陵。五年，增謚和靖慶安皇帝。

子獻祖，諱綏可。黑水舊俗無室廬，負山水坎地，梁木其上，覆以土，夏則出隨水草以居，冬則入處其中，遷徙不常。獻祖乃徙居海古水，耕墾樹藝，始築室，有棟宇之制，人呼其地爲納葛里。「納葛里」者，漢語居室也。自此遂定居于安出虎水之側矣。天會十四年，追謚定昭皇帝，廟號獻祖。皇統四年，號其藏曰輝陵。五年，增謚獻祖純烈定昭皇帝。

子昭祖，諱石魯，剛毅質直。生女直無書契，無約束，不可檢制。昭祖欲稍立條教，諸父、部人皆不悅，欲坑殺之。已被執，叔父謝里忽知部衆將殺昭祖，曰：「吾兄子，賢人也，必能承家，安輯部衆，此輩柰何輒欲坑殺之。」亟往，彎弓注矢射於衆中，劫執者皆散走，昭祖乃得免。

昭祖稍以條教爲治，部落寖强。遼以惕隱官之。諸部猶以舊俗，不肯用條教。昭祖耀武至于青嶺、白山，順者撫之，不從者討伐之，入于蘇濱、耶懶之地，所至克捷。還經僕鷰水。「僕鷰」，漢語惡瘡也。昭祖惡其地名，雖已困憊，不肯止。行至姑里甸，得疾。迨夜，寢于村舍。有盜至，遂中夜啓行，至逼刺紀村止焉。是夕，卒。載柩而行，遇賊於路，奪柩去。部衆追賊與戰，復得柩。加古部人蒲虎復來襲之，垂及，蒲虎問諸路人曰：「石魯柩去此幾何？」其人曰：「遠矣，追之不及也。」蒲虎遂止。於是乃得歸葬焉。生女直之俗，至昭祖時稍用條教，民頗聽從，尚未有文字，無官府，不知歲月晦朔，是以年壽脩短莫得而考焉。天會十五年〔二〕，追謚成襄皇帝，廟號昭祖。皇統四年，藏號安陵。五年，增謚昭祖武惠成襄皇帝。

子景祖，諱烏古廼。遼太平元年辛酉歲生。自始祖至此，已六世矣。景祖稍役屬諸部，自白山、耶悔、統門、耶懶、土骨論之屬，以至五國之長，皆聽命。是時，遼之邊民有逃而歸者。及遼以兵徙鐵勒、烏惹之民，鐵勒、烏惹多不肯徙，亦逃而來歸。遼使曷魯林牙將兵來索逋逃之民。景祖恐遼兵深入，盡得山川道路險易，或將圖之，乃以計止之曰：「兵若深入，諸部必驚擾，變生不測，逋户亦不可得，非計也。」曷魯以爲然，遂止其軍。與曷魯自行索之。

是時，隣部雖稍從，孩懶水烏林答部石顯尚拒阻不服。攻之，不克。景祖以計告於遼主，遼主遣使責讓石顯。石顯乃遣其子婆諸刊入朝。遼主厚賜遣還。其後石顯與婆諸刊入見遼主於春蒐。遼主乃留石顯於邊地〔三〕，而遣婆諸刊還所部。景祖之謀也。

既而五國蒲聶部節度使拔乙門畔遼，鷹路不通。遼人將討之，先遣同幹來諭旨。景祖曰：「可以計取。若用兵，彼將走保險阻，非歲月可平也。」遼人從之。蓋景祖終畏遼兵之入其境也，故自以爲功。於是景祖陽與拔乙門爲好，而以妻子爲質，襲而擒之，獻於遼主。遼主召見于寢殿，燕賜加等，以爲生女直部族節度使。遼人呼節度使爲太師，金人稱「都太師」者自此始。遼主將刻印與之。景祖不肯繫遼籍，辭曰：「請俟他日。」遼主終欲與之，遣使來。景祖詭使部人揚言曰：「主公若受印繫籍，部人必殺之。」用是以拒之，遼使乃還。既爲節度使，有官屬，紀綱漸立矣。

生女直舊無鐵，鄰國有以甲冑來鬻者，傾貲厚賈以與貿易，亦令昆弟族人皆售之。得鐵既多，因之以修弓矢，備器械，兵勢稍振，前後願附者衆。斡泯水蒲察部、泰神忒保水完顏部、統門水温迪痕部、神隱水完顏部，皆相繼來附。

景祖爲人寬恕，能容物，平生不見喜愠。推財與人，分食解衣，無所吝惜。人或忤之，亦不念。先時，有畔去者，遣人諭誘之。畔者曰：「汝主，活羅也。活羅，吾能獲之，吾豈能爲活羅屈哉。」「活羅」，漢語慈烏也，北方有之，狀如大雞，善啄物，見馬牛槖駞脊間有瘡，啄其脊間食之，馬牛輒死，若飢不得食，雖砂石亦食之。景祖嗜酒好色，飲啗過人，時人呼曰活羅，故彼以此詘之，亦不以介意。其後詘者力屈來降，厚賜遣還。曷懶水有率衆降者，録其歲月姓名，即遣去，俾復其故。人以此益信服之。

遼咸雍八年，五國没撚部謝野勃堇畔遼，鷹路不通。景祖伐之，謝野來禦。景祖被重鎧，率衆力戰。謝野兵敗，走拔里邁濼。時方十月，冰忽解，謝野不能軍，衆皆潰去。乃旋師。道中遇逋亡，要遮險阻，晝夜拒戰，比至部已憊。即往見遼邊將達魯骨，自陳敗謝野功。行次來流水，未見達魯骨，疾作而復，卒于家，年五十四。天會十四年，追謚惠桓皇帝，廟號景祖。皇統四年，藏號定陵。五年，增謚景祖英烈惠桓皇帝。

第二子襲節度使，是爲世祖，諱劾里鉢。生女直之俗，生子年長即異居。景祖九子，元配唐括氏生劾者，次世祖，次劾孫，次肅宗，次穆宗。及當異居，景祖曰：「劾者柔和，可治家務。劾里鉢有器量智識，何事不成。劾孫亦柔善人耳。」乃命劾者與世祖同居，劾孫與肅宗同居。景祖卒，世祖繼之。世祖卒，肅宗繼之。肅宗卒，穆宗繼之。穆宗復傳世祖之子，至於太祖，竟登大位焉。

世祖，遼重熙八年己卯歲生。遼咸雍十年，襲節度使。景祖異母弟跋黑有異志，世祖慮其爲變，加意事之，不使將兵，但爲部長。跋黑遂誘桓赧、散達、烏春、窩謀罕爲亂，及間諸部，使貳于世祖。世祖猶欲撫慰之，語在跋黑、桓赧等傳中。世祖嘗買加古部鍛工烏不屯被甲九十，烏春欲託此以爲兵端，世祖還其甲，語在烏春傳。部中有流言曰：「欲生則附於跋黑，欲死則附於劾里鉢、頗剌淑。」世祖聞之，疑焉，無以察之，乃佯爲具裝，欲有所往者，陰遣人揚言曰：「寇至。」部衆聞者莫知虚實，有保於跋黑之室者，有保於世祖之室者，世祖乃盡得兄弟部屬向背彼此之情矣。

間數年，烏春來攻，世祖拒之。時十月已半，大雨累晝夜，冰澌覆地，烏春不能進。既而悔曰：「此天也。」乃引兵去。烏春舍於阿里矮村滓不乃家，而以兵圍其弟勝昆於胡不村。兵退，勝昆執其兄滓不乃，而請沚殺于世祖，且請免其孥戮。從之。

桓赧、散達亦舉兵，遣肅宗拒之。當是時，烏春兵在北，桓赧兵在南，其勢甚盛。戒之曰：「可和則與之和，否則決戰。」肅宗兵敗。會烏春以久雨解去，世祖乃以偏師涉舍很水，經貼割水，覆桓赧、散達之家。明日，大霧晦冥，失道，至婆多吐水乃覺。即還至舍很、貼割之間，升高阜望之，見六騎來，大呼，馳擊之。世祖射一人斃，生獲五人，問之，乃知卜灰、撒骨出使助桓赧、散達者也。世祖至桓赧、散達所居，焚蕩其室家，殺百許人，舊將主保亦死之。比世祖還，與肅宗會，肅宗兵又敗矣。世祖讓肅宗失利之狀。遣人議和。桓赧、散達曰：「以爾盈歌之大赤馬、辭不失之紫騮馬與我，我則和。」二馬皆女直名馬，不許。

桓赧、散達大會諸部來攻，過裴滿部，以其附於世祖也，縱火焚之。蒲察部沙秖勃堇、胡補答勃堇使阿喜來告難，世祖使之詭從以自全，曰：「戰則以旗鼓自別。」世祖往禦桓赧之衆，將行，有報者曰：「跛黑食於愛妾之父家，肉張咽，死矣。」乃遣肅宗求援於遼，遂率衆出。使辭不失取海姑兄弟兵，已而乃知海姑兄弟貳於桓赧矣，欲併取其衆，徑至海姑。偵者報曰：「敵已至。」將戰，世祖戒辭不失曰：「汝先陣於脱豁改原，待吾三揚旗，三鳴鼓，即棄旗決戰。死生惟在今日，命不足惜。」使裴滿胡喜牽大紫騮馬以爲貳馬，馳至陣。

時桓赧、散達盛彊，世祖軍吏未戰而懼，皆植立無人色。世祖陽陽如平常，亦無責讓之言，但令士卒解甲少憩，以水沃面，調麨水飲之。有頃，訓勵之，軍勢復振。乃避衆獨引穆宗，執其手密與之言曰：「今日之事，若勝則已，萬一有不勝，吾必無生。汝今介馬遥觀，勿預戰事。若我死，汝勿收吾骨，勿顧戀親戚，亟馳馬奔告汝兄頗刺淑，于遼繫籍受印，乞師以報此讎。」語畢，袒袖，不被甲，以緼袍垂襴護前後心，韔弓提劍，三揚旗，三鳴鼓，棄旗搏戰，身爲軍鋒，突入敵陣，衆從之。辭不失從後奮擊，大敗之。乘勝逐之，自阿不彎至于北隘甸，死者如仆麻，破多吐水水爲之赤，棄車甲馬牛軍實盡獲之。世祖曰：「今日之捷，非天不能及此，亦可以知足矣。雖縱之去，敗軍之氣沒世不振。」乃引軍還。世祖視其戰地，馳突成大路，闊且三十隴。手殺九人，自相重積，人皆異之。桓赧、散達自此不能復聚，未幾，各以其屬來降，遼大安七年也。

初，桓赧兄弟之變，不术魯部卜灰、蒲察部撒骨出助之。至是，招之，不肯和。卜灰之黨石魯遂殺卜灰來降〔四〕。撒骨出追躡亡者，道傍人潛射之，中口而死。自是舊部悉歸。景祖時，斡勒部人盃乃來屬，及是，有他志。會其家失火，因以縱火誣歡都，世祖徵償如約。盃乃不自安，遂結烏春、窩謀罕舉兵。使肅宗與戰，敗之，獲盃乃，世祖獻之於遼。

臘醅、麻產侵掠野居女直，略來流水牧馬。世祖擊之，中四創，久之疾愈。臘醅等復略穆宗牧馬，交結諸部。世祖復伐之，臘醅等給降，乃旋。臘醅得姑里甸兵百十有七人，據暮稜水守險，石顯子婆諸刊亦在其中。世祖圍而克之，盡獲姑里甸兵。麻産遁去。遂擒臘醅及婆諸刊，皆獻之遼。既已，復請之，遼人與之，并以前後所獻罪人歸之。

歡都大破烏春等於斜堆〔五〕，故石、拔石皆就擒。世祖自將與歡都合兵嶺東，諸軍皆至。是時，烏春已前死，窩謀罕請于遼，願和解。既與和，復來襲，乃進軍圍之。窩謀罕棄城遁去。破其城，盡俘獲之，以功差次分賜諸軍。城始破，議渠長生殺，衆皆長跪，遼使者在坐。忽一人佩長刀突前咫尺，謂世祖曰：「勿殺我。」遼使及左右皆走匿。世祖色不少動，執其人之手，語之曰：「吾不殺汝也。」於是罰左右匿者，曰：「汝等何敢失次耶。」罰既已，乃徐使執突前者殺之。其膽勇鎮物如此。

師還，寢疾，遂篤。元娶拏懶氏哭不止，世祖曰：「汝勿哭，汝惟後我一歲耳。」肅宗請後事，曰：「汝惟後我三年。」肅宗出，謂人曰：「吾兄至此，亦不與我好言。」乃叩地而哭。俄呼穆宗謂曰：「烏雅束柔善，若辦集契丹事，阿骨打能之。」遼大安八年五月十五日卒。襲位十九年，年五十四。明年，拏懶氏卒。又明年，肅宗卒。肅宗病篤，歎曰：「我兄真多智哉。」

世祖天性嚴重，有智識，一見必識，暫聞不忘。凝寒不縮栗，動止不回顧。每戰未嘗被甲，先以夢兆候其勝負。嘗乘醉騎驢入室中，明日見驢足跡，問而知之，自是不復飲酒。襲位之初，内外潰叛，締交爲寇。世祖乃因敗爲功，變弱爲彊。既破桓赧、散達、烏春、窩謀罕，基業自此大矣。天會十五年，追謚聖肅皇帝，廟號世祖。皇統四年，號其藏曰永陵。五年，增謚世祖神武聖肅皇帝。

母弟頗剌淑襲節度使，景祖第四子也，是爲肅宗。遼重熙十一年壬午歲生。在父兄時號國相。國相之稱不知始何時。初，雅達爲國相。雅達者，桓赧、散達之父也。景祖以幣馬求之於雅達，而命肅宗爲之。

肅宗自幼機敏善辯。當其兄時，身居國相，盡心匡輔。是時，叔父跋黑有異志，及桓赧、散達、烏春、窩謀罕、石顯父子、臘醅、麻産作難，用兵之際，肅宗屢當一面。尤能知遼人國政人情。凡有遼事，一切委之肅宗專心焉。凡白事於遼官，皆令遠跪陳辭，譯者傳致之，往往爲譯者錯亂。肅宗欲得自前委曲言之，故先不以實告譯者。譯者惑之，不得已，引之前，使自言。乃以草木瓦石爲籌，枚數其事而陳之。官吏聽者皆愕然，問其故，則爲卑辭以對曰：「鄙陋無文，故如此。」官吏以爲實然，不復疑之，是以所訴無不如意。

桓赧、散達之戰，部人賽罕死之，其弟活羅陰懷忿怨。一日，忽以劍脊置肅宗項上曰：「吾兄爲汝輩死矣，刭汝以償，則如之何？」久之，因其兄柩至，遂怒而攻習不出，習不出走避之。攻肅宗于家，矢注次室之裙，著于門扉。復攻歡都，歡都衷甲拒于室中，既不能入，持其門旃而去，往附盃乃。盃乃誘烏春兵度嶺，世祖與遇于蘇素海甸。世祖曰：「予昔有異夢，今不可親戰。若左軍中有力戰者，則大功成矣。」命肅宗及斜列、辭不失與之戰。肅宗下馬，名呼世祖，復自呼其名而言曰：「若天助我當爲衆部長，則今日之事神祇監之。」語畢再拜。遂炷火束緼。頃之，大風自後起，火益熾。是時八月，并青草皆焚之，煙焰漲天。我軍隨煙衝擊，大敗之。遂獲盃乃，因而獻諸遼。并獲活羅。肅宗釋其罪，左右任使之，後竟得其力焉。

大安八年，自國相襲位。是時，麻產尚據直屋鎧水，繕完營堡，誘納亡命。招之，不聽，遣康宗伐之。太祖別軍取麻產家屬，錡釜無遺。既獲麻產，殺之，獻馘于遼。陶温水民來附。

二年癸酉，遣太祖以偏師伐泥厖古部帥水抹離海村跋黑、播立開，平之，自是寇賊皆息。

三年八月，肅宗卒。天會十五年，追謚穆憲皇帝。皇統四年，藏號泰陵。五年，增謚肅宗明睿穆憲皇帝。

母弟穆宗，諱盈歌，字烏魯完，景祖第五子也。南人稱「揚割太師」，又曰揚割追謚孝平皇帝，號穆宗，又曰揚割號仁祖。金代無號仁祖者，穆宗諱盈歌，謚孝平，「盈」近「揚」，「歌」近「割」，南北音訛。遼人呼節度使爲「太師」，自景祖至太祖皆有是稱。凡叢言、松漠記、張棣金志等書皆無足取。

穆宗，遼重熙二十二年癸巳歲生〔六〕。肅宗時擒麻產，遼命穆宗爲詳穩。大安十年甲戌，襲節度使，年四十二。以兄劾者子撒改爲國相。

三年丙子，唐括部跋葛勃堇與溫都部人跋忒有舊，跋葛以事往，跋忒殺跋葛。使太祖率師伐跋忒，跋忒亡去，追及，殺之。星顯水紇石烈部阿疎、毛睹禄阻兵爲難，穆宗自將伐阿疎，撒改以偏師攻鈍恩城，拔之。阿疎初聞來伐，乃自訴于遼。遂留劾者守阿疎城，穆宗乃還。會陶溫水、徒籠古水紇石烈部阿閤版及石魯阻五國鷹路，執殺遼捕鷹使者。遼詔穆宗討之，阿閤版等據險立栅。方大寒，乃募善射者操勁弓利矢攻之。數日，入其城，出遼使存者數人，俾之歸。

統門、渾蠢水之交烏古論部留可、詐都與蘇濱水烏古論敵庫德起兵于米里迷石罕城，納根涅之子鈍恩亦亡去。於是兩黨作難。八月，撒改爲都統，辭不失、阿里合懣、斡帶副之，以伐留可、詐都、塢塔等。謾都訶、石土門伐敵庫德。撒改欲先平邊地城堡，或欲先取留可，莫能決。乃命太祖往。鈍恩將援留可，乘謾都訶兵未集而攻之。石土門軍既與謾都訶會，迎擊鈍恩，大敗之，降米里迷石罕城，獲鈍恩、敵庫德，釋弗殺。太祖度盆搦嶺，與撒改會，攻破留可城，留可已先往遼矣，盡殺其城中渠長。還圍塢塔城。塢塔先已亡在外，城降於軍，詐都亦降於蒲家奴，於是撫寧諸路如舊時。太祖因致穆宗，教統門、渾蠢、耶悔、星顯四路及嶺東諸部自今勿復稱都部長。命勝管、醜阿等撫定乙離骨嶺注阿門水之西諸部居民，又命斡帶及偏裨悉平二涅囊虎、二蠢出等路寇盜而還。

七年庚辰，劾者尚守阿踈城，毛睹祿來降。阿踈猶在遼，遼使使來罷兵。未到，穆宗使烏林荅石魯往佐劾者，戒之曰：「遼使來罷兵，但換我軍衣服旗幟與阿踈城中無辨，勿令遼使知之。」因戒劾者曰：「遼使可以計却。勿聽其言遽罷兵也。」遼使果來罷兵。穆宗使蒲察部胡魯勃堇、邈遜孛堇與俱至阿踈城。劾者見遼使，詭謂胡魯、邈遜曰：「我部族自相攻擊，干汝等何事？誰識汝之太師？」乃援創刺殺胡魯、邈遜所乘馬〔七〕。遼使驚駭遽走，不敢回顧，徑歸。居數日，破其城。狄故保還自遼，在城中，執而殺之。阿踈復訴於遼。遼遣奚節度使乙烈來。穆宗至來流水興和村，見乙烈。問阿踈城事，命穆宗曰：「凡攻城所獲，存者復與之，不存者備償。」且徵馬數百匹。穆宗與僚佐謀曰：「若償阿踈，則諸部不復可號令任使也。」乃令主隈、秃荅兩水之民陽爲阻絶鷹路，復使鼈故德部節度使言于遼曰：「欲開鷹路，非生女直節度使不可。」遼不知其爲穆宗謀也，信之，命穆宗討阻絶鷹路者，而阿踈城事遂止。穆宗聲言平鷹路，畋於土温水而歸。是歲，留可來降。

八年辛巳，遼使使持賜物來賞平鷹路之有功者。

九年壬午，使蒲家奴以遼賜，給主隈、秃荅之民，且修鷹路而歸。冬，蕭海里叛，入于係案女直阿典部，遣其族人斡達剌來結和，曰：「願與太師爲友，同往伐遼。」穆宗執斡達剌。會遼命穆宗捕討海里，穆宗送斡達剌于遼，募軍得甲千餘。女直甲兵之數，始見于此，蓋未嘗滿千也。軍次混同水，蕭海里再使人來，復執之。既而與海里遇。海里遥問曰：「我使者安在？」對曰：「與後人偕來。」海里不信。是時，遼追海里兵數千人，攻之不能克。穆宗謂遼將曰：「退爾軍，我當獨取海里。」遼將許之。太祖策馬突戰。流矢中海里首，海里墮馬下，執而殺之，大破其軍。使阿离合懣獻馘于遼。金人自此知遼兵之易與也。是役也，康宗最先登，於是以先登并有功者爲前行，次以諸軍護俘獲歸所部。穆宗朝遼主于漁所，大被嘉賞，授以使相，錫予加等。

十年癸未，二月，穆宗還。遼使使授從破海里者官賞。高麗始來通好。十月二十九日，穆宗卒，年五十有一。

初，諸部各有信牌，穆宗用太祖議，擅置牌號者寘于法，自是號令乃一，民聽不疑矣。自景祖以來，兩世四主，志業相因，卒定離析，一切治以本部法令，東南至于乙離骨、曷懶、耶懶、土骨論，東北至于五國、主隈、禿荅，金蓋盛于此。天會十五年，追謚孝平皇帝，廟號穆宗。皇統四年，號其藏曰獻陵。五年，增謚章順孝平皇帝。

兄子康宗，諱烏雅束，字毛路完，世祖長子也。遼清寧七年辛丑歲生。乾統三年癸未〔八〕，襲節度使，年四十三。穆宗末年，阿疎使達紀誘扇邊民，曷懶甸人執送之。穆宗使石適歡撫納曷懶甸，未行，穆宗卒，至是遣焉。先是，高麗通好，既而頗有隙，高麗使來請議事，使者至高麗，拒而不納。五水之民附于高麗，執團練使十四人，語在高麗傳中。

二年甲申，高麗再來伐，石適歡再破之。高麗復請和，前所執團練十四人皆遣歸，石適歡撫定邊民而還。蘇濱水民不聽命，使斡帶等至活羅海川，召諸官僚告諭之。含國部蘇濱水居斡豁勃堇不至。斡准部、職德部既至，復亡去。塢塔遇二部於馬紀嶺，執之而來，遂伐斡豁，克之。斡帶進至北琴海，攻拔泓忒城，乃還。

四年丙戌，高麗遣黑歡方石來賀襲位，遣盃魯報之。高麗約還諸亡在彼者，乃使阿聒、勝昆往受之。高麗背約，殺二使，築九城於曷懶甸，以兵數萬來攻。斡賽敗之。斡魯亦築九城，與高麗九城相對。高麗復來攻，斡賽復敗之。高麗約以還逋逃之人，退九城之軍，復所侵故地。九月，乃罷兵〔九〕。

七年己丑，歲不登，減盜賊徵償，振貧乏者。

十一年癸巳，康宗卒〔一〇〕，年五十三。天會十五年，追謚恭簡皇帝。皇統四年，號其藏曰喬陵。五年，增謚康宗獻敏恭簡皇帝。

贊曰：金之厥初，兄弟三人，亦微矣。熙宗追帝祖宗，定著始祖、景祖、世祖廟，世世不祧。始祖娶六十之婦而生二男一女，豈非天耶。景祖不受遼籍遼印，取雅達「國相」以與其子。世祖既破桓赧、散達，遼政日衰，而以太祖屬之穆宗。其思慮豈不深遠矣夫。

校勘記

〔一〕斡答剌　原作「斡答剌」。按，本書卷二太祖紀，「召渤海梁福、斡荅剌使之僞亡去，招諭其鄉人」。又同卷天輔六年七月丙寅，「以斡荅剌招降者衆，命領八千户」。今據改。

〔二〕天會十五年　按，本書卷四熙宗紀、卷三二禮志五上尊謚、集禮卷三天會十四年奉上祖宗謚號，皆記追謚九代祖妣在天會十四年八月。本卷記追謚成襄、聖肅、穆憲、孝平、恭簡皆以爲

「天會十五年」。金史詳校卷一：「紀中自此後並云『十五年』，至后妃傳凡書追謚，無一言『十四年』者，皆譌。」「十五」顯訛，今爲拈出，以下不復一一舉正。

〔三〕遼主乃留石顯於邊地　「留」，本書卷六七石顯傳作「流」。

〔四〕卜灰之黨石魯遂殺卜灰來降　下「卜灰」，原作「上灰」，據南監本、北監本、殿本改。

〔五〕歡都大破烏春等於斜堆　「大」，原作「在」。按，本書卷六八歡都傳，「大破烏春、窩謀罕於斜堆，擒故石、拔石」。今據改。

〔六〕遼重熙二十二年癸巳歲生　「二十二年」，原作「二十一年」，於干支不合。按，本書下文云，癸未十月卒，年五十一。由此上推知「癸巳」二字不誤。癸巳是遼重熙二十二年。今據改。

〔七〕乃援創刺殺胡魯邈遜所乘馬　「創」，局本作「槍」。疑「創」爲「槍」或「劍」之訛。

〔八〕乾統三年癸未　「三年」，原作「五年」，於干支不合。按，上文康宗「遼清寧七年辛丑歲生」，其「襲節度使，年四十三」時正是遼乾統三年癸未歲。今據改。

〔九〕「高麗約還諸亡在彼者」至「九月乃罷兵」　此處記載諸事皆繫於康宗四年，疑誤。按，高麗史卷一二、卷一三睿宗世家、卷九六尹瓘傳，高麗背約殺二使，築九城始於丁亥年十二月，即康宗五年末，其後雙方九城之役在康宗六年。「高麗約以還逋逃之人，退九城之軍，復所侵故地。九月，乃罷兵」，其時已康宗七年矣。

〔一〇〕十一年癸巳康宗卒　「癸巳」，原作「癸酉」，據局本改。按，殿本考證：「『癸巳』原本作『癸酉』，以上文甲子推之，應作『癸巳』，據太祖本紀改。」上文有「七年己丑」，則十一年爲癸巳。本書卷二太祖紀，「歲癸巳十月，（中略）康宗即世」，恰與之合。

金史卷二

本紀第二

太祖

太祖應乾興運昭德定功仁明莊孝大聖武元皇帝〔一〕，諱旻，本諱阿骨打，世祖第二子也。母曰翼簡皇后拏懶氏。遼道宗時有五色雲氣屢出東方，大若二千斛囷倉之狀，司天孔致和竊謂人曰：「其下當生異人，建非常之事。天以象告，非人力所能爲也。」咸雍四年戊申七月一日，太祖生。幼時與羣兒戲，力兼數輩，舉止端重，世祖尤愛之。世祖與臘醅、麻産戰於野鵲水，世祖被四創，疾困〔二〕，坐太祖于膝，循其髮而撫之，曰：「此兒長大，吾復何憂。」十歲，好弓矢。甫成童，即善射。一日，遼使坐府中，顧見太祖手持弓矢，使射羣鳥，連三發皆中。遼使矍然曰：「奇男子也。」太祖嘗宴紇石烈部活离罕家，散步門外，南望高阜，使衆射之，皆不能至。太祖一發過之，度所至踰三百二十步。宗室謾都訶最善射遠，其不及者猶百步也。天德三年，立射碑以識焉〔三〕。

世祖伐卜灰，太祖因辭不失請從行。世祖不許而心異之。烏春既死，窩謀罕請和。既請和，復來攻，遂圍其城。太祖年二十三，被短甲，免冑，不介馬，行圍號令諸軍。城中望而識之。壯士太峪乘駿馬持槍出城，馳刺太祖。太祖不及備，舅氏活臘胡馳出其間，擊太峪，槍折，刺中其馬，太峪僅得免。嘗與沙忽帶出營殺略，不令世祖知之。且還，敵以重兵追之。獨行隘巷中，失道，追者益急。值高岸與人等，馬一躍而過，追者乃還。

世祖寢疾。太祖以事如遼統軍司。將行，世祖戒之曰：「汝速了此事，五月未半而歸，則我猶及見汝也。」太祖往見曷魯騷古統軍，既畢事，前世祖沒一日還至家。世祖見太祖來，所請事皆如志，喜甚，執太祖手，抱其頸而撫之，謂穆宗曰：「烏雅束柔善，惟此子足了契丹事。」穆宗亦雅重太祖，出入必俱。太祖遠出而歸，穆宗必親迓之。

世祖已擒臘醅，麻產尚據直屋鎧水。肅宗使太祖先取麻產家屬，康宗至直屋鎧水圍之。太祖會軍，親獲麻產，獻馘於遼。遼命太祖爲詳穩，仍命穆宗、辭不失、歡都皆爲詳穩。久之，以偏師伐泥厖古部跋黑、播立開等，乃以達塗阿爲鄉導，沿帥水夜行襲之，鹵其妻子。

初，温都部跋忒殺唐括部跋葛，穆宗命太祖伐之。太祖入辭，謂穆宗曰：「昨夕見赤祥，此行必克敵。」遂行。是歲大雪，寒甚。與烏古論部兵沿土温水過末鄰鄉，追及跋忒於阿斯温山、北濼之間，殺之。軍還，穆宗親迓太祖于靄建村。

撒改以都統伐留可，謾都訶合石土門伐敵庫德。撒改與將佐議，或欲先平邊地部落城堡，或欲徑攻留可城，議不能決，願得太祖至軍中。穆宗使太祖往，曰：「事必有可疑。軍之未發者止有甲士七十，盡以畀汝。」謾都訶在米里迷石罕城下，石土門未到，土人欲執謾都訶以與敵，使來告急，遇太祖於斜堆甸。太祖曰：「國兵盡在此矣。使敵先得志於謾都訶，後雖種誅之，何益也。」乃分甲士四十與之。太祖以三十人詣撒改軍。道遇人曰：「敵已據盆搦嶺南路矣。」衆欲由沙偏嶺往，太祖曰：「汝等畏敵邪？」既度盆搦嶺，不見敵，已而聞敵乃守沙偏嶺以拒我。及至撒改軍，夜急攻之，遲明破其衆。是時留可、塢塔皆在遼。既破留可，還攻塢塔城，城中人以城降。初，太祖過盆搦嶺，經塢塔城下，從騎有後者，塢塔城人攻而奪之釜。太祖駐馬呼謂之曰：「毋取我炊食器。」其人謾言曰：「公能來此，何憂不得食。」太祖以鞭指之曰：「吾破留可，即於汝乎取之。」至是，其人持釜而前曰：「奴輩誰敢毀詳穩之器也。」遣蒲家奴招詐都，詐都乃降，釋之。

穆宗將伐蕭海里，募兵得千餘人。女直兵未嘗滿千，至是，太祖勇氣自倍，曰：「有此甲兵，何事不可圖也。」海里來戰，與遼兵合，因止遼人，自爲戰。勃海留守以甲贈太祖，太祖亦不受。穆宗問何爲不受。曰：「被彼甲而戰，戰勝則是因彼成功也。」穆宗末年，令諸部不得擅置信牌馳驛訊事，號令自此始一，皆自太祖啓之。

康宗七年，歲不登，民多流莩，强者轉而爲盜。歡都等欲重其法，爲盜者皆殺之。太祖曰：「以財殺人，不可。財者，人所致也。」遂減盜賊徵償法爲徵三倍。民間多逋負，賣妻子不能償，康宗與官屬會議，太祖在外庭以帛繫杖端，麾其衆，令曰：「今貧者不能自活，賣妻子以償債。骨肉之愛，人心所同。自今三年勿徵，過三年徐圖之。」衆皆聽令，聞者感泣，自是遠近歸心焉。

歲癸巳十月，康宗夢逐狼，屢發不能中，太祖前射中之。旦日，以所夢問僚佐，衆皆曰：「吉。兄不能得而弟得之之兆也。」是月，康宗即世，太祖襲位爲都勃極烈。

遼使阿息保來，曰：「何以不告喪？」太祖曰：「有喪不能弔，而乃以爲罪乎？」他日，阿息保復來，徑騎至康宗殯所，閱賵馬，欲取之。太祖怒，將殺之，宗雄諫而止。既而遼命久不至。遼主好畋獵，淫酗，怠于政事，四方奏事往往不見省。紇石烈阿疎既奔遼，穆宗取其城及其部衆。不能歸，遂與族弟銀朮可、辭里罕陰結南江居人渾都僕速欲與俱亡入高麗。事覺，太祖使夾古撒喝捕之，而銀朮可、辭里罕先爲遼戍所獲，渾都僕速已亡去，撒喝取其妻子而還。

二年甲午，六月，太祖至江西，遼使使來致襲節度之命。初，遼每歲遣使市名鷹「海東青」于海上，道出境內，使者貪縱，徵索無藝，公私厭苦之。康宗嘗以不遣阿疎爲言，稍拒其使者。太祖嗣節度，亦遣蒲家奴往索阿疎，故常以此二者爲言，終至于滅遼然後已。至是，復遣宗室習古迺、完顏銀朮可往索阿疎。習古迺等還，具言遼主驕肆廢弛之狀。於是召官僚耆舊，以伐遼告之，使備衝要，建城堡，修戎器，以聽後命。遼統軍司聞之，使節度使捏哥來問狀，曰：「汝等有異志乎？修戰具，飭守備，將以誰禦？」太祖荅之曰：「設險自守，又何問哉。」遼復遣阿息保來詰之。太祖謂之曰：「我小國也，事大國不敢廢禮。大國德澤不施，而逋逃是主，以此字小，能無望乎？若以阿疎與我，請事朝貢。苟不獲已，豈能束手受制也。」阿息保還，遼人始爲備，命統軍蕭撻不野調諸軍於寧江州。

太祖聞之，使僕聒剌復索阿疎，實觀其形勢。僕聒剌還言：「遼兵多，不知其數。」太祖曰：「彼初調兵，豈能遽集如此。」復遣胡沙保往，還言：「惟四院統軍司與寧江州軍及渤海八百人耳。」太祖曰：「果如吾言。」謂諸將佐曰：「遼人知我將舉兵，集諸路軍備我，我必先發制之，無爲人制。」衆皆曰：「善。」乃入見宣靖皇后〔四〕，告以伐遼事。后曰：「汝嗣父兄立邦家，見可則行。吾老矣，無貽我憂，汝必不至是也。」太祖感泣，奉觴爲壽。即奉后率諸將出門，舉觴東向，以遼人荒肆，不歸阿疎，并己用兵之意，禱于皇天后土。酹畢，后命太祖正坐，與僚屬會酒，號令諸部。使婆盧火徵移懶路迪古乃兵，斡魯古、阿魯撫諭斡忽、急賽兩路係遼籍女直，實不迭往完睹路執遼障鷹官達魯古部副使辭列、寧江州渤海大家奴。於是達魯古部實里館來告曰：「聞舉兵伐遼，我部誰從？」太祖曰：「吾兵雖少，舊國也，與汝隣境，固當從我。若畏遼人，自往就之。」

九月，太祖進軍寧江州，次寥晦城。婆盧火徵兵後期，杖之，復遣督軍。諸路兵皆會于來流水，得二千五百人。致遼之罪，申告于天地曰：「世事遼國，恪修職貢，定烏春、窩謀罕之亂，破蕭海里之衆，有功不省，而侵侮是加。罪人阿疎，屢請不遣。今將問罪於遼，天地其鑒佑之。」遂命諸將傳梃而誓曰：「汝等同心盡力，有功者，奴婢部曲爲良，庶人官之，先有官者敘進，輕重眂功。苟違誓言，身死梃下，家屬無赦。」師次唐括帶斡甲之地，諸軍禳射，介而立，有光如烈火，起於人足及戈矛之上，人以爲兵祥。明日，次扎只水，光見如初。

將至遼界，先使宗幹督士卒夷塹。既度，遇渤海軍攻我左翼七謀克，衆少却，敵兵直犯中軍。斜也出戰，哲垤先驅。太祖曰：「戰不可易也。」遣宗幹止之。宗幹馳出斜也前，控止哲垤馬，斜也遂與俱還。敵人從之，耶律謝十墜馬，遼人前救。太祖射救者斃，併射謝十中之。有騎突前，又射之，徹扎洞胸。謝十拔箭走，追射之，中其背，飲矢之半，僨而死。獲所乘馬。宗幹與數騎陷遼軍中，太祖救之，免冑戰。或自傍射之，矢拂于顙。太祖顧見射者，一矢而斃。謂將士曰：「盡敵而止。」衆從之，勇氣自倍。敵大奔，相蹂踐死者十七八。撒改在別路，不及會戰，使人以戰勝告之，而以謝十馬賜之。撒改使其子宗翰、完顏希尹來賀，且稱帝，因勸進。太祖曰：「一戰而勝，遂稱大號，何示人淺也。」

進軍寧江州，諸軍填塹攻城。寧江人自東門出，温迪痕阿徒罕邀擊，盡殪之。十月朔，克其城，獲防禦使大藥師奴，陰縱之，使招諭遼人。鐵驪部來送款。次來流城，以俘獲賜將士。召渤海梁福、斡荅剌使之僞亡去，招諭其鄉人曰：「女直、渤海本同一家，我興師伐罪，不濫及無辜也。」使完顏婁室招諭係遼籍女直。

師還，謁宣靖皇后，以所獲頒宗室耆老，以實里館貲産給將士。初命諸路以三百户爲謀克，十謀克爲猛安。酬斡等撫定讒謀水女直〔五〕。鼈古酋長胡蘇魯以城降。

十一月，遼都統蕭糺里、副都統撻不野將步騎十萬會于鴨子河北。太祖自將擊之。未至鴨子河，既夜，太祖方就枕，若有扶其首者三，寤而起，曰：「神明警我也。」即鳴鼓舉燧而行。黎明及河，遼兵方壞凌道，選壯士十輩擊走之。大軍繼進，遂登岸。甲士三千七百，至者纔三之一。俄與敵遇于出河店，會大風起，塵埃蔽天，乘風勢擊之，遼兵潰。逐至斡論濼，殺獲首虜及車馬甲兵珍玩不可勝計，徧賜官屬將士，燕犒彌日。遼人嘗言女直兵若滿萬則不可敵，至是始滿萬云。

斡魯古敗遼兵，斬其節度使撻不野〔六〕。僕虺等攻賓州，拔之。兀惹雛鶻室來降。遼將赤狗兒戰于賓州，僕虺、渾黜敗之。鐵驪王回离保以所部降。吾睹補、蒲察復敗赤狗兒、蕭乙薛軍于祥州東。斡忽、急塞兩路降。斡魯古敗遼軍于咸州西，斬統軍實婁于陣〔七〕。完顏婁室克咸州。

是月，吴乞買、撒改、辭不失率官屬諸將勸進，願以新歲元日恭上尊號。太祖不許。阿离合懣、蒲家奴、宗翰等進曰：「今大功已建，若不稱號，無以繫天下心。」太祖曰：「吾將思之。」

收國元年正月壬申朔，羣臣奉上尊號。是日，即皇帝位。上曰：「遼以賓鐵爲號，取其堅也。賓鐵雖堅，終亦變壞，惟金不變不壞。金之色白，完顏部色尚白。」於是國號大金，改元收國。

丙子，上自將攻黄龍府，進臨益州。州人走保黄龍，取其餘民以歸。遼遣都統耶律訛里朵、左副統蕭乙薛、右副統耶律張奴、都監蕭謝佛留，騎二十萬、步卒七萬戍邊。留婁室、銀朮可守黄龍，上率兵趨達魯古城，次寧江州西。遼使僧家奴來議和，國書斥上名，且使爲屬國。庚子，進師，有火光正圓，自空而墜。上曰：「此祥徵，殆天助也。」酹白水而拜，將士莫不喜躍。進逼達魯古城。上登高望遼兵若連雲灌木狀，顧謂左右曰：「遼兵心貳而情怯，雖多不足畏。」遂趨高阜爲陣。宗雄以右翼先馳遼左軍，左軍却。左翼出其陣後，遼右軍皆力戰。婁室、銀朮可衝其中堅，凡九陷陣，皆力戰而出。宗翰請以中軍助之。上使宗幹往爲疑兵。宗雄已得利，擊遼右軍，遼兵遂敗。乘勝追躡，至其營，會日已暮，圍之。黎明，遼軍潰圍出，逐北至阿婁岡〔八〕。遼步卒盡殪，得其耕具數千以給諸軍。是役也，遼人本欲屯田，且戰且守，故併其耕具獲之。

二月，師還。

三月辛未朔，獵于寥晦城。

四月，遼耶律張奴以國書來。上以書辭慢侮，留其五人，獨遣張奴回報，書亦如之。

五月庚午朔，避暑于近郊。甲戌，拜天射柳。故事，五月五日、七月十五日、九月九日拜天射柳，歲以爲常。

六月己亥朔，遼耶律張奴復以國書來，猶斥上名。上亦斥遼主名以復之，且諭之使降。

七月戊辰，以弟吴乞買爲諳班勃極烈，國相撒改爲國論勃極烈，辭不失爲阿買勃極烈，弟斜也爲國論昃勃極烈〔九〕。甲戌，遼使辭剌以書來，留之不遣。九百奚營來降。

八月戊戌，上親征黄龍府。次混同江，無舟，上使一人道前，乘赭白馬徑涉，曰：「視吾鞭所指而行。」諸軍隨之，水及馬腹。後使舟人測其渡處，深不得其底。熙宗天眷二年，以黄龍府爲濟州〔一〇〕，軍曰利涉，蓋以太祖涉濟故也。

九月，克黄龍府，遣辭剌還，遂班師。至江，徑渡如前。丁丑，至自黄龍府。己卯，黄龍見空中。癸巳，以國論勃極烈撒改爲國論忽魯勃極烈，阿离合懣爲國論乙室勃極烈。

十一月，遼主聞取黄龍府，大懼，自將七十萬至駝門。駙馬蕭特末、林牙蕭查剌等將騎五萬、步四十萬至斡鄰濼。上自將禦之。

十二月己亥，行次爻剌，會諸將議。皆曰：「遼兵號七十萬，其鋒未易當。吾軍遠來，人馬疲乏，宜駐于此，深溝高壘以待。」上從之。遣迪古乃、銀术可鎮達魯古。丁未，上以騎兵親候遼軍，獲督餉者，知遼主以張奴叛，西還二日矣。是日，上還至熟結濼，有光見于矛端。戊申，諸將曰：「今遼主既還，可乘怠追擊之。」上曰：「敵來不迎戰，去而追之，欲以此爲勇邪？」衆皆悚愧，願自效。上復曰：「誠欲追敵，約齎以往，無事餫饋。若破敵，何求不得。」衆皆奮躍，追及遼主于護步荅岡。是役也，兵止二萬。上曰：「彼衆我寡，兵不可分。視其中軍最堅，遼主必在焉。敗其中軍，可以得志。」使右翼先戰。兵數交，左翼合而攻之。遼兵大潰。我師馳之，横出其中。遼師敗績，死者相屬百餘里。獲輿輦帟幄兵械軍資，他寶物馬牛不可勝計。是戰，斜也援矛殺數十人，阿离本被圍，温迪罕迪忽迭以四謀克兵出之，完顏蒙刮身被數創，力戰不已，功皆論最。蕭特末等焚營遁去。遂班師。夾谷撒喝取開州。婆盧火下特鄰城，辭里罕降。

二年正月戊子，詔曰：「自破遼兵，四方來降者衆，宜加優恤。自今契丹、奚、漢、渤海、係遼籍女直、室韋〔一二〕、達魯古、兀惹、鐵驪諸部官民，已降或爲軍所俘獲，逃遯而還者，勿以爲罪，其酋長仍官之，且使從宜居處。」

閏月，高永昌據東京，使撻不野來求援。高麗遣使來賀捷，且求保州。詔許自取之。

二月己巳，詔曰：「比以歲凶，庶民艱食，多依附豪族，因爲奴隸，及有犯法，徵償莫辦，折身爲奴者，或私約立限，以人對贖，過期則爲奴者，並聽以兩人贖一爲良。若元約以一人贖者，即從元約。」

四月乙丑，以斡魯統内外諸軍，與蒲察、迪古乃會咸州路都統斡魯古討高永昌。胡沙補等被害。

五月，斡魯等敗永昌，撻不野擒永昌以獻，戮之于軍。東京州縣及南路係遼女直皆降。詔除遼法，省稅賦，置猛安謀克一如本朝之制。以斡魯爲南路都統、迭勃極烈。阿徒罕破遼兵六萬于照散城。

九月己亥，上獵近郊。乙巳，南路都統斡魯來見于婆盧買水。始製金牌。

十二月庚申朔，諳班勃極烈吳乞買及羣臣上尊號曰大聖皇帝，改明年爲天輔元年。

天輔元年正月，開州叛，加古撒喝等討平之。國論昃勃極烈斜也以兵一萬取泰州。

四月，遼秦晉國王耶律捏里來伐，迪古乃、婁室、婆盧火將兵二萬，會咸州路都統斡魯古擊之。

五月丁巳，詔自收寧江州已後同姓爲婚者，杖而離之。

七月戊申，以完顏斡論知東京事。

八月癸亥，高麗遣使來請保州〔二二〕。

十二月甲子，斡魯古等敗耶律捏里兵于蒺藜山，拔顯州，乾、懿、豪、徽、成、川、惠等州皆降。是月，宋使登州防禦使馬政以國書來，其略曰：「日出之分，實生聖人。竊聞征遼，

屢破勍敵。若克遼之後，五代時陷入契丹漢地，願畀下邑。」〔一三〕

二年正月庚寅，遼雙州節度使張崇降。使散覩如宋報聘，書曰：「所請之地，今當與宋夾攻，得者有之。」〔一四〕

二月癸丑朔，遼使耶律奴哥等來議和。辛酉，孛堇迪古乃、婁室來見。上以遼主近在中京，而敢輒來，皆杖之。劾里保、雙古等言，咸州都統斡魯古知遼主在中京而不進討，芻糧豐足而不以實聞，攻顯州時所獲生口財畜多自取。

三月癸未朔，命闍哥代爲都統而鞫治之，斡魯古坐降謀克。壬辰，遼使耶律奴哥以國書來。庚子，以婁室言黃龍府地僻且遠，宜重戍守，乃命合諸路謀克，以婁室爲萬户鎮之。

四月辛巳，遼使以國書來。

五月丙申，命胡突衮如遼。

六月甲寅，詔有司禁民凌虐典雇良人，及倍取贖直者。甲戌，遼通、祺、雙、遼等州八百餘户來歸，命分置諸部，擇膏腴之地處之。

七月癸未，詔曰：「匹里水路完顔朮里古、渤海大家奴等六謀克貧乏之民，昔嘗給以官糧，置之漁獵之地。今歷日已久，不知登耗，可具其數以聞。」胡突衮還自遼。耶律奴哥復以國書來。丙申，胡突衮如遼。遼户二百來歸，處之泰州。詔遣阿里骨、李家奴、特里底招諭未降者。仍詔達魯古部勃堇辭列：「凡降附新民，善爲存撫。來者各令從便安居，給以官糧，毋輒動擾。」

八月，胡突衮還自遼。耶律奴哥、突迭復以國書來。

九月戊子，詔曰：「國書詔令，宜選善屬文者爲之。其令所在訪求博學雄才之士，敦遣赴闕。」

閏月庚戌朔，以降將霍石、韓慶和爲千户。九百奚部蕭寶、乙辛，北部訛里野，漢人王六兒、王伯龍，契丹特末、高從祐等，各率衆來降。遼耶律奴哥以國書來。

十月癸未，以龍化州降者張應古、劉仲良爲千户。乙未，咸州都統司言，漢人李孝功、渤海二哥率衆來降。命各以所部爲千户。

十二月甲辰，遣孛堇术孛以定遼地諭高麗。耶律奴哥以國書來。遼懿州節度使劉宏以户三千并執遼候人來降，以爲千户。川州寇二萬已降復叛，紇石烈照里擊破之。

三年正月甲寅，東京人爲質者永吉等五人結衆叛。事覺，誅其首惡，餘皆杖百，没入在行家屬資産之半。詔知東京事斡論，繼有犯者並如之。丙辰，詔鼈古孛堇酬斡曰：「胡魯古、迭八合二部來送款，若等先時不無交惡，自今毋相侵擾。」

三月，耶律奴哥以國書來。

四月丙子朔，日有食之。

五月壬戌，詔咸州路都統司曰：「兵興以前，曷蘇館、回怕里與係遼籍、不係遼籍女直户民，有犯罪流竄邊境或亡入于遼者，本皆吾民，遠在異境，朕甚憫之。今既議和，當行理索。可明諭諸路千户、謀克，徧與詢訪其官稱、名氏、地里，具録以上。」

六月辛卯，遼遣太傅習泥烈等奉册璽來，上擿册文不合者數事復之。散覩還自宋。宋使馬政及其子宏來聘〔一五〕。散覩受宋團練使，上怒，杖而奪之。宋使還，復遣孛堇辭列曷魯等如宋〔一六〕。

七月辛亥，遼人楊詢卿、羅子韋各率衆來降，命各以所部爲謀克。

八月己丑，頒女直字。

九月，以遼册禮使失期，詔諸路軍過江屯駐。

十一月，習泥列等復以國書來。曷懶甸長城，高麗增築三尺。詔胡剌古、習顯慎固營壘。

四年二月，辭列曷魯還自宋〔一七〕。宋使趙良嗣、王暉來議燕京、西京地〔一八〕。

三月甲辰，上謂羣臣曰：「遼人屢敗，遣使求成，惟飾虛辭，以爲緩師之計，當議進討。其令咸州路統軍司治軍旅、修器械，具數以聞。」辛酉，詔咸州路都統司曰：「朕以遼國和議無成，將以四月二十五日進師。」令斜葛留兵一千鎮守，闍母以餘兵來會于渾河。遼習泥烈以國書來。

四月乙未，上自將伐遼。以遼使習泥烈、宋使趙良嗣等從行。

五月甲辰，次渾河西，使宗雄先趨上京，遣降者馬乙持詔諭城中。壬子，至上京，詔官民曰：「遼主失道，上下同怨。朕興兵以來，所過城邑負固不服者即攻拔之，降者撫恤之，汝等必聞之矣。今爾國和好之事，反覆見欺，朕不欲天下生靈久罹塗炭，遂決策進討。比遣宗雄等相繼招諭，尚不聽從。今若攻之，則城破矣。重以弔伐之義，不欲殘民，故開示明詔，諭以禍福，其審圖之。」上京人恃禦備儲蓄爲固守計。甲寅，亟命進攻。上謂習泥烈、趙良嗣等曰：「汝可觀吾用兵，以卜去就。」上親臨城，督將士諸軍鼓譟而進。自旦及巳，闍母以麾下先登，克其外城，留守撻不野以城降。趙良嗣等奉觴爲壽，皆稱萬歲。是日，赦上京官民。詔諭遼副統余覩。壬戌，次沃黑河。宗幹率羣臣諫曰：「地遠時暑，軍馬罷乏，若深入敵境，糧餽乏絕，恐有後艱。」上從之，乃班師，命分兵攻慶州。余覩襲闍母於遼河，完顏背荅、烏塔等戰却之，完顏特虎死焉。

七月癸卯，上至自伐遼。

九月，燭隈水部實里古達等殺孛堇酬斡、僕忽得以叛〔一九〕。

十月戊辰朔，日有食之。戊寅，命斡魯分胡剌古、烏春之兵以討實里古達。

十一月，東京留守司乞本京官民質子增數番代，上不許，曰：「諸質子已各受田廬，若復番代，則往來動摇，可並仍舊。」

十二月，宋復使馬政來請西京之地〔二〇〕。

五年春正月，斡魯敗實里古達於合撻剌山，誅首惡四人，餘悉撫定〔二一〕。

二月，遣昱及宗雄分諸路猛安謀克之民萬户屯泰州，以婆盧火統之，賜耕牛五十。

四月乙丑朔，宗翰請伐遼。詔諸路預戒軍事。

五月，遼都統耶律余睹等詣咸州降。

閏月辛巳，國論胡魯勃極烈撒改薨。

六月癸巳，余覩與其將吏來見。丙申，千户胡离荅坐擅署部人爲蒲里衍，杖一百，罷之。庚子，詔諳版勃極烈吴乞買貳國政。以昃勃極烈斜也爲忽魯勃極烈，蒲家奴爲昃勃極烈，宗翰爲移賚勃極烈。

七月庚辰，詔咸州都統司曰：「自余睹來，灼見遼國事宜，已决議親征，其治軍以俟師期。」尋以連雨罷親征。命昃勃極烈昱爲都統，移賚勃極烈宗翰副之，帥師而西。

十二月辛丑〔三〕，以忽魯勃極烈杲爲内外諸軍都統，以昱、宗翰、宗幹、宗望、宗磐等副之。甲辰，詔曰：「遼政不綱，人神共棄。今欲中外一統，故命汝率大軍以行討伐。爾其慎重兵事，擇用善謀，賞罰必行，糧餉必繼，勿擾降服，勿縱俘掠，見可而進，無淹師期。事有從權，毋須申稟。」戊申，詔曰：「若克中京，所得禮樂儀仗、圖書文籍，並先次津發赴闕。」

六年正月癸酉，都統杲克高、恩、回紇三城。乙亥，取中京，遂下澤州。

二月庚寅朔，日有食之。己亥，宗翰等敗遼奚王霞末于北安州，降。奚部西節度使訛里剌以本部降。壬寅，都統杲遣使來奏捷，并獻所獲貨寶。詔曰：「汝等提兵于外，克副所任，攻下城邑，撫安人民，朕甚嘉之。所言分遣將士招降山前諸部，計悉以撫定，續遣來報。山後若未可往，即營田牧馬，俟及秋成，乃圖大舉。更當熟議，見可則行。如欲益兵，具數來上，不可恃一戰之勝，輒有弛慢。新降附者當善撫存。宣諭將士，使知朕意。」宗翰駐北安，遣希尹等略地，獲遼護衛耶律習泥烈，知遼主獵鴛鴦濼，以其子晉王賢而有人望，惡而殺之，衆益離心。雖有西北、西南兩路兵馬，皆羸弱。遂遣耨盌温都等報都統杲進兵襲之。

三月，都統杲出青嶺，宗翰出瓢嶺，追遼主于鴛鴦濼。遼主奔西京。宗翰復追至白水濼，不及，獲其貨寶。己巳，至西京。壬申，西京降。希尹追遼主于乙室部，不及。乙亥，西京復叛。是月，遼秦晉國王耶律捏里即位于燕。

四月辛卯，復取西京。壬辰，遣徒單吳甲、高慶裔如宋。戊戌，都統杲自西京趨白水濼。昃勃極烈昱襲毗室部于鐵呂川，爲敵所敗。還會察剌兵，追至黄水北，大破之。耶律坦招徠西南諸部，西至夏，其招討使耶律佛頂降。金肅、西平二郡漢軍四千餘人叛去〔二三〕，耶律坦等襲取之。闍母、婁室招降天德、雲内、寧邊、東勝等州，獲阿疎而還。是時，山西城邑諸部雖降，人心未固，遼主保陰山，耶律捏里在燕京，都統杲遣宗望入奏，請上臨軍。

五月辛酉，宗望來奏捷，百官入賀，賜宴歡甚。先是，獲遼樞密使得里底，節度使和尚、雅里斯、余里野等，都統杲使阿隣護送赴闕。得里底道亡，阿隣坐誅。耶律捏里遣使請罷兵。戊寅，使楊勉以書諭捏里，使之降。謀葛失遣其子菹泥刮失貢方物。

六月戊子朔，上親征遼，發自上京〔二四〕。詣班勃極烈吴乞買監國。辛亥，詔諭上京官民曰：「朕順天弔伐，已定三京，但以遼主未獲，兵不能已。今者親征，欲由上京路進，恐撫定新民，驚疑失業，已出自篤密吕。其先降後叛逃入險阻者，詔後出首，悉免其罪。若猶拒命，孥戮無赦。」是月，耶律捏里卒。斡魯、婁室敗夏人於野谷。

七月甲子，詔諸將無得遠迎，以廢軍務。乙丑，上京漢人毛八十率二千餘户降〔二五〕，因命領之。丙寅，以斡荅剌招降者衆，命領八千户，以忽薛副之。壬午，希尹以阿竦見，杖而釋之。

八月己丑，次鴛鴦濼。都統杲率官屬來見。癸巳，上追遼主于大魚濼。昱、宗望追及遼主于石輦鐸，與戰，敗之，遼主遁。己亥，次居延北。辛丑，中京將完顏渾黜敗契丹、奚、漢六萬于高州，孛堇麻吉死之。得里得滿部降。昱、宗望追遼主于烏里質鐸，不及。

九月庚申，次草濼。闍母平中京部族之先叛者，及招撫沿海郡縣。節度使耶律慎思領諸部入内地。乙丑，詔六部奚曰：「汝等既降復叛，扇誘衆心，罪在不赦。尚以歸附日淺，恐綏懷之道有所未孚，故復令招諭。若能速降，當釋其罪，官皆仍舊。」歸化州降。戊辰，次歸化州。甲戌，宗雄薨。丁丑，奉聖州降。

十月丙戌朔，次奉聖州。詔曰：「朕屢勑將臣，安輯懷附，無或侵擾。然愚民無知，尚多逃匿山林，即欲加兵，深所不忍。今其逃散人民，罪無輕重，咸與矜免。有能率衆歸附者，授之世官。或奴婢先其主降，並釋爲良。其布告之，使諭朕意。」蔚州降。庚寅，余覩等遣蔚州降臣翟昭彥、徐興、田慶來見。命昭彥、慶皆爲刺史，興爲團練使。詔曰：「比以幽、薊一方招之不服，今欲帥師以往，故先安撫山西諸部。汝等既已懷服，宜加撫存。官民未附已前，罪無輕重及係官逋負，皆與釋免，諸官各遷敘之。」丁酉，蔚州翟昭彥、田慶殺知州事蕭觀寧等以叛。丙午，復降。

十一月，詔諭燕京官民，王師所至，降者赦其罪，官皆仍舊。

十二月，上伐燕京。宗望率兵七千先之，迪古乃出得勝口，銀术哥出居庸關，婁室爲左翼，婆盧火爲右翼，取居庸關。丁亥，次嬀州。戊子，次居庸關。庚寅，遼統軍都監高六等來送款。上至燕京，入自南門，使銀术哥、婁室陣于城上，乃次于城南。遼知樞密院左企弓、虞仲文，樞密使曹勇義，副使張彥忠，參知政事康公弼，僉書劉彥宗奉表降。辛卯，遼百官詣軍門叩頭請罪。詔一切釋之。壬辰，上御德勝殿，羣臣稱賀。甲午，命左企弓等撫定燕京諸州縣。詔西京官吏曰：「乃者師至燕都，已皆撫定。唯蕭妃與官屬數人遁去，已發兵追襲，或至彼路，可執以來。」黃龍府叛，宗輔討平之。

七年正月丁巳，遼奚王回离保僭稱帝。甲子，遼平州節度使時立愛降。詔曲赦平州。又詔諳班勃極烈曰：「比遣昂徙諸部民人于嶺東，而昂悖戾，騷動煩擾，致多怨叛。其違命失衆，當寘重典。若或有疑，禁錮以待。」庚午，詔中京都統斡論曰：「聞卿撫定人民，各安其業，朕甚嘉之。回离保聚徒逆命，汝宜計畫，無使滋蔓。」壬申，詔招諭回离保。癸酉，以時立愛言招撫諸部。己卯，宋使來議燕京、西京地。庚辰，宜、錦、乾、顯、成、川、豪、懿等州皆降。甲申，詔曰：「諸州部族歸附日淺，民心未寧。今農事將興，可遣分諭典兵之官，無縱軍士動擾人民，以廢農業。」

二月乙酉朔，命撒八詔諭興中府，降之。遼來州節度使田顥〔二六〕、隰州刺史杜師回、遷州刺史高永福、潤州刺史張成皆降。壬辰，詔諳版勃極烈曰：「郡縣今皆撫定，有逃散未降者，已釋其罪，更宜招諭之。前後起遷户民，去鄉未久，豈無懷土之心？可令所在有司，深加存恤，毋輒有騷動。衣食不足者，官賑貸之。」癸巳，詔曰：「頃因兵事未息，諸路關津絶其往來。今天下一家，若仍禁之，非所以便民也。自今顯、咸、東京等路往來，聽從其便。其間被虜及鬻身者，並許自贖爲良。」仍令馳驛布告。興中、宜州復叛。宋使趙良嗣來，請加歲幣以代燕稅，及議畫疆與遣使賀正旦生辰、置榷場交易，并計議西京等事。癸卯，銀术哥、鐸剌如宋。乙巳，詔都統杲曰：「新附之民有材能者，可録用之。」戊申，詔平州官與宋使同分割所與燕京六州之地。癸丑，大赦。是月，改平州爲南京，以張覺爲留守。

三月甲寅朔，將誅昂，以習不失諫，杖之七十，仍拘泰州。戊午，都統杲等言耶律麻哲告余覩、吳十、鐸剌等謀叛〔二七〕，宜早圖之。上召余覩〔二八〕，從容謂之曰：「朕得天下，皆我君臣同心同德以成大功，固非汝等之力。今聞汝等謀叛，若誠然耶，必須鞍馬甲冑器械之屬，當悉付汝，朕不食言。若再爲我擒，無望免死。欲留事朕，無懷異志，吾不汝疑。」余覩皆戰慄不能對。命杖鐸剌七十，餘並釋之。宋使盧益、趙良嗣、馬宏以國書來。

四月丁亥，遣斡魯、宗望襲遼主于陰山。壬辰，復書于宋。師初入燕，遼兵復犯奉聖州，林牙大石壁龍門東二十五里。都統斡魯聞之，遣照立、婁室、馬和尚等率兵討之，生獲大石，悉降其衆〔二九〕。癸巳，詔曰：「自今軍事若皆中覆，不無留滯。應此路事務申都統司，餘皆取決樞密院。」契丹九斤聚黨興中府作亂，擒之，九斤自殺。命習古乃、婆盧火監護長勝軍及燕京豪族工匠，由松亭關徙之內地。己亥，次儒州。斡魯、宗望等襲遼權六院司喝离質于白水濼，獲之。其宗屬秦王、許王等十五人降。聞遼主留輜重青塚，以兵萬人往應州，遣照里、背荅、宗望、婁室、銀术哥等追襲之。宗望追及遼主，決戰，大敗之，獲其子趙王習泥烈及傳國璽。

五月甲寅，南京留守張覺據城叛。丙寅，次野狐嶺。己巳，次落藜濼。斡魯等以趙王習泥烈、林牙大石、駙馬乳奴等來獻，并上所獲國璽。宗雋以所俘遼主子秦王、許王，女奧野等來見。奚路都統撻懶攻速古、啜里、鐵尼所部十三巖，皆平之。又遣奚馬和尚攻下品達魯古并五院司諸部，執其節度乙列。回离保爲其下所殺。辛巳，詔諭南京官民。

六月壬午朔，次鴛鴦濼。是日，闍母敗張覺于營州。丙申，上不豫，將還上京，命移賚勃極烈宗翰爲都統，昃勃極烈昱、迭勃極烈斡魯副之，駐兵雲中，以備邊。己酉，次斡獨山，驛召諳班勃極烈吳乞買。

七月辛酉，次牛山。宗翰還軍中。

八月辛巳朔，日有食之。乙未，次渾河北。諳班勃極烈吳乞買率宗室百官上謁。戊申，上崩于部堵濼西行宮，年五十六。

九月癸丑，梓宮至上京。乙卯，葬宮城西南，建寧神殿〔三〇〕。丙辰，諳班勃極烈即皇帝位。天會三年三月，上尊謚曰武元皇帝，廟號太祖，立原廟于西京〔三一〕。天會十三年二月辛酉，改葬和陵，立開天啓祚睿德神功之碑于燕京城南嘗所駐蹕之地。皇統四年，改和陵曰睿陵。五年十月，增謚應乾興運昭德定功睿神莊孝仁明大聖武元皇帝。貞元三年十一月，改葬于大房山，仍號睿陵。

贊曰：太祖英謨叡略，豁達大度，知人善任，人樂爲用。世祖陰有取遼之志，是以兄弟相授，傳及康宗，遂及太祖。臨終以太祖屬穆宗，其素志蓋如是也。初定東京，即除去遼法，減省租稅，用本國制度。遼主播越，宋納歲幣，以幽、薊、武、朔等州與宋，而置南京于平州。宋人終不能守燕、代，卒之遼主見獲，宋主被執。雖功成于天會間，而規摹運爲實自此始。金有天下百十有九年〔三二〕，太祖數年之間算無遺策，兵無留行，底定大業，傳之子孫。嗚呼，雄哉。

校勘記

〔一〕太祖應乾興運昭德定功仁明莊孝大聖武元皇帝　「仁明莊孝」，本卷卷末、本書卷三二禮志五上尊謚、集禮卷三皇統五年增上太祖尊謚皆作「睿神莊孝仁明」。

〔二〕世祖與臘醅麻産戰於野鵲水世祖被四創疾困　疑此處記事有誤。按，金史詳校卷一：「當作『景祖與謝野孛堇戰於拔里邁濼，旋師至部，疾困』。案世紀，世祖野鵲被創在遼道宗大安六年庚午，太祖生於戊申，計年已二十有三，安得有下文『坐太祖于膝，循其髮而撫之，曰：此兒長大，吾復何憂。十歲，好弓矢。甫成童，即善射』等語。決爲景祖甲寅年事，乃遼咸雍十年，時太祖方七歲，始合。」

〔三〕天德三年立射碑以識焉　按，本書卷五海陵紀記載，天德二年十二月「癸丑，立太祖射碑于紇石烈部中」，時間與此異。

〔四〕乃入見宣靖皇后　「宣靖」，本書卷六三后妃傳上肅宗靖宣皇后傳作「靖宣」，卷三二禮志五上尊謚、集禮卷三天會十四年奉上祖宗謚號、松漠紀聞並作「靜宣」。本卷下文所見「宣靖皇后」，不一一出校。

〔五〕酬斡等撫定讒謀水女直　「讒謀水」，疑當作「讒坦水」。按，本書卷一二一忠義傳一僕忽得傳附酬斡傳，酬斡「率濤溫路兵招撫三坦、石里很、跋苦三水鱉古城邑，皆降之」。「讒坦」當即「三坦」之異譯。

〔六〕斡魯古敗遼兵斬其節度使撻不野　「古」字原脫。按，本書卷七一斡魯古勃堇傳，「與遼節度使撻不也戰，敗之，斬撻不也」，即此人。今據補。

〔七〕斬統軍實婁于陣　「實婁」，原作「婁實」，據局本乙正。按，本書卷七一斡魯古勃堇傳，「與遼都統實婁戰于咸州西，敗之，斬實婁于陣」。遼史卷二七天祚皇帝紀一亦記天慶四年十二月「南軍諸將實婁、特烈等往援咸州，並爲女直所敗」。

〔八〕逐北至阿婁岡　「阿婁岡」，本書卷七三宗雄傳作「乙呂白石」。

〔九〕弟斜也爲國論昃勃極烈　「昃」字原脫。按，下文天輔元年稱「國論昃勃極烈斜也」。本書卷七〇撒改傳，收國元年七月，「杲國論昃勃極烈」，又卷七六杲傳，收國元年，「杲爲國論昃勃極烈」。今據補。

〔一〇〕熙宗天眷二年以黃龍府爲濟州　按，本書卷二四地理志上隆州條記此事在天眷三年。

〔一一〕室韋　原作「韋室」。按，本書卷七一斡魯傳「以兵五百，敗室韋，獲其民衆」，卷一二一忠義傳一僕忽得傳附酬斡傳「敗室韋五百于阿良葛城」。遼史卷一一六國語解稱「遼之初興，與奚、室韋密邇」，卷三三營衛志下部族下「室韋部。聖宗以室韋户置」，卷三六兵衛志下屬國軍載有「黑車子室韋」、「黃室韋」、「小黃室韋」、「大黃室韋」等。是知，室韋爲北方民族的族稱及部族名稱，爲專有名詞。今據乙正。

〔一二〕八月癸亥高麗遣使來請保州　疑此處繫年有誤。按，天輔元年即高麗睿宗十二年。高麗史卷一四睿宗世家，十二年無請保州事，十一年八月「庚辰，金將撒喝攻遼來遠、抱州，二城幾陷。（中略）王乃遣使如金請曰：『抱州本吾舊地，願以見還。』金主謂使者曰：『爾其自取之。』」當即此事。高麗睿宗十一年即金收國二年。本書卷六〇交聘表上，亦繫此事於收國二年。

〔一三〕「是月宋使登州防禦使馬政以國書來」至「願畀下邑」　按，本書卷六〇交聘表上、弔伐録卷一天輔七年與宋主書記載馬政使金在天輔元年十二月，與此同。徐夢莘會編卷一、卷二，則謂宋於政和八年（即金天輔二年）四月二十七日遣馬政等過海至女真軍前議事，未齎國書。

閏九月二十七日馬政等至女真所居阿芝川淶流河。此條追記，當受天輔七年與宋主書影響，時間多有不合。當記於下年閏九月末，且不應稱「以國書來」。

〔一四〕「使散覩如宋報聘」至「得者有之」　金史詳校卷一：「二十三字當改入下十月『各以所部爲千户』文下。案會編重和元年女直發勃海一名李善慶，熟女直一名小散覩，生女直一名勃達，三人齎國書以十二月二日至登州。且紀下三年六月散覩還自宋。若如宋在正月，無因留滯年餘之久。」

〔一五〕宋使馬政及其子宏來聘　按，會編卷四，宣和二年（即金天輔四年）九月二十日，「習魯等出國門，（中略）馬政持國書及事目，隨習魯等前去報聘，約期夾攻，求山後地，許歲幣等事」；「馬擴隨父行」（馬擴即馬宏）。「十一月二十九日丙寅，馬政至女真，（中略）授以國書，及出事目示之」。本卷下文天輔四年「十二月，宋復使馬政來請西京之地」，當即此事，則此十字爲重出。

〔一六〕宋使還復遣孛菫辭列曷魯等如宋　按，會編卷四，宣和二年（即金天輔四年）三月六日，詔「趙良嗣由登州往使，忠訓郎王瓌副之，議夾攻契丹，求燕、雲地，歲幣等事」。「七月十八日丙辰，金人差女真斯剌習魯充回使」，「持其國書，來許燕地」。斯剌習魯當即辭列曷魯，是其事當在天輔四年七月。

〔一七〕四年二月辭列曷魯還自宋　按，辭列曷魯於天輔四年七月十八日使宋，還金在天輔四年十一月二十九日。參見本卷校勘記〔一五〕、〔一六〕。

〔一八〕宋使趙良嗣王暉來議燕京西京地　按，會編卷四，宣和二年（即金天輔四年）三月六日，詔「趙良嗣由登州往使，忠訓郎王瓌副之，議夾攻契丹，求燕、雲地，歲幣等事」。王瓌當即王暉。「三月二十六日自登州泛海」，「四月十四日抵蘇州關下，會女真已出師，分三路趨上京」，「諭令相隨，看攻上京，城破，遂與阿骨打相見於龍岡，致議約之意」。則此十四字當在下文四月下。

〔一九〕九月燭隈水部實里古達等殺孛堇酬斡僕忽得以叛　按，本書卷一二一忠義傳一僕忽得傳，「天輔五年九月，酬斡、僕忽得往鼈古河籍軍馬，燭偎水部實里古達等七人殺酬斡、僕忽得」。金史詳校卷一：「二十一字當改入五年七月『帥師而西』文下。案忠義傳，酬斡、僕忽得二人往鼈古河籍軍被殺，乃謀取中京耳。紀上方取上京回，安得即有籍軍事，必在五年余睹既降，決議親征之後。」今疑此處繫年或是「五年」之誤。

〔二〇〕十二月宋復使馬政來請西京之地　「十二月」，疑當作「十一月」。按，會編卷四，宣和二年（即金天輔四年）「十一月二十九日丙寅，馬政至女真，（中略）授以國書，及出事目示之」。

〔二一〕五年春正月斡魯敗實里古達於合撻剌山誅首惡四人餘悉撫定　「五年春正月」，本書卷一二一忠義傳一僕忽得傳稱「六年正月，斡魯伐實里古達于石里罕河，追及於合撻剌山，殺四人，撫定餘衆」，所記時間與此異。

〔二二〕十二月辛丑　「十二月」，原作「十一月」。按，是年十一月壬戌朔，無辛丑及以下甲辰、戊申等日。十二月辛卯朔，辛丑是十一日。今據改。

〔二三〕金肅西平二郡漢軍四千餘人叛去　金史詳校卷一：「『西平』當作『河清』。案杲傳亦作西平，而遼地志西京道有金肅州、河清軍。宋史夏國傳，先是，金人遣使夏國許割天德、雲內、金肅、河清四軍。弔伐録，天輔七年三月，宋回書云，夏國自去歲已輒占金肅、河清兩軍。」

〔二四〕發自上京　按，本書卷四熙宗紀，天眷元年八月「以京師爲上京，府曰會寧，舊上京爲北京」。卷二四地理志上，舊上京即遼上京臨潢府。然金史敘天眷以前事，「上京」稱謂所指或爲舊上京即遼上京，或爲會寧府即金上京。此處「上京」即指金上京會寧府而非遼上京臨潢府。

〔二五〕乙丑上京漢人毛八十率二千餘户降　遼史卷二九天祚皇帝紀三亦繫此事於是年（即金天輔六年）七月乙丑。按，本書卷七五毛子廉傳謂「毛子廉本名八十」，「天輔四年，遣謀克辛斡特剌、移剌窟斜招諭臨潢，子廉率户二千六百來歸」，參以同卷盧彦倫傳所載「初取臨潢，軍中有辛訛特剌者，舊爲臨潢驛吏，與彦倫善，使往詔諭，彦倫殺之。（中略）天輔四年，彦倫從留守撻不野出降」，可知毛八十來降當在天輔四年五月金軍克遼上京以前。此處繫年疑誤。

〔二六〕來州節度使田顥　「田顥」，原作「田顯」。按，本書卷八一田顥傳，「權歸德節度使。太祖定燕，顥舉四州版圖歸朝」。遼史卷二九天祚皇帝紀三，保大三年二月乙酉朔，「來州歸德軍節度使田顥、（中略）籍所管户降金」。皆作「田顥」。今據改。

〔二七〕都統杲等言耶律麻哲告余覩吴十鐸剌等謀叛　「告」字原脱。按，本書卷一一三叛臣耶律余覩傳，「耶律麻者告余覩、吴十、鐸剌結黨謀叛，及其未發宜先收捕」。今據補。

〔二八〕上召余覩　按，下文連言「汝等」，又云「皆戰慄不能對」，當非一人。似「余覩」下脱「等」字。

〔二九〕遣照立婁室馬和尚等率兵討之生獲大石悉降其衆　本書卷一二一忠義傳一粘割韓奴傳稱「婁室往取之，獲大石并降其衆。（中略）時天輔六年也」，繫年與此異。

〔三〇〕乙卯葬宫城西南建寧神殿　「建」字原闕，局本作「之」字。按，本書卷三〇禮志三宗廟，「天輔七年九月，太祖葬上京宫城之西南，建寧神殿于陵上」。今據補。

〔三一〕天會三年三月上尊謚曰武元皇帝廟號太祖立原廟于西京　「武元皇帝」，本書卷三二禮志五上尊謚，「天會三年「十二月二十五日，奉玉册、玉寶，恭上尊謚曰大聖武元皇帝」，集禮卷三天會三年奉上太祖謚號記載與禮志同。另，本書卷三三禮志六原廟稱「太宗天會二年，立大聖皇帝廟于西京」，繫年與此異。

〔三二〕金有天下百十有九年　「百十有九年」，金史詳校卷一：「案目録金九帝，起太祖收國元年乙未，盡哀宗天興三年甲午，百二十年。此復言百十有九年者，乃蒙古史臣削去哀宗天興甲午十日耳。紀録未免矛盾。又他書或稱百十有八年者，以丁酉（天輔元年，一一一七年）爲元；稱百十有七年者，以戊戌（天輔二年，一一一八年）爲元。詳金源雜興太祖建元詩注。」

金史卷三

本紀第三

太宗

太宗體元應運世德昭功哲惠仁聖文烈皇帝，諱晟，本諱吳乞買，世祖第四子，母曰翼簡皇后拏懶氏〔一〕，太祖母弟也。遼太康元年乙卯歲生。初爲穆宗養子。收國元年七月，命爲諳班勃極烈。太祖征伐，常居守。天輔五年，賜詔曰：「汝惟朕之母弟，義均一體，是用汝貳我國政。凡軍事違者，閱實其罪，從宜處之。其餘事無大小，一依本朝舊制。」

天輔七年六月，太祖次鴛鴦濼，有疾。至斡獨山，驛召赴行在。詔曰：「今遼主盡喪其師，奔于夏國。遼官特列、遥設等劫其子雅里而立之，已留宗翰等措畫。朕親巡已久，功亦大就，所獲州部，政須綏撫，是用還都。八月中旬，可至春州，汝率內戚迎我，若至豹子崖尤善。」

八月乙未，會于渾河北。戊申，太祖崩。

九月乙卯，葬太祖于宮城西。國論勃極烈杲、鄆王昂、宗峻、宗幹率宗親百官請正帝位，不許，固請，亦不許。宗幹率諸弟以赭袍被體，寘璽懷中。丙辰，即皇帝位。己未，告祀天地。丙寅，大赦中外。改天輔七年爲天會元年。癸酉，發春州粟，賑降人之徙于上京者。戊寅，詔諸猛安賦米，給户口在內地匱乏者。南路軍帥闍母，敗張覺于樓峯口。

十月壬辰，詔以空名宣頭百道給西南、西北兩路都統宗翰，曰：「今寄爾以方面，如當遷授，必待奏請，恐致稽滯，其以便宜從事。」己亥，上京慶元寺僧獻佛骨，却之。闍母及張覺戰于兔耳山，闍母敗績。

十一月壬子，命宗望問闍母罪，以其兵討張覺。壬戌，復以空名宣頭及銀牌給上京路軍帥實古廼、婆盧火等。癸亥，宗望以闍母軍發廣寧，下瀕海諸郡縣。詔諭南京，割武、朔二州入于宋。婁室破朔州西山，擒其帥趙公直。勃菫斡魯別及勃剌速破走乙室白答於歸化。己巳，徙遷、潤、來、隰四州之民于瀋州。庚午，宗望及張覺戰于南京東，大敗之。張覺奔宋，城中人執其父及二子以獻，戮之軍中。壬申，張忠嗣、張敦固以南京降，遣使與張敦固入諭城中，復殺其使者以叛。己卯，詔女直人，先有附於遼，今復虜獲者，悉從其所欲居而復之。其奴婢部曲，昔雖逃背，今能復歸者，並聽爲民。

十二月辛巳，蠲民間貸息。詔以咸州以南，蘇、復州以北，年穀不登，其應輸南京軍糧免之。甲午，詔曰：「比聞民間乏食，至有鬻其子者，其聽以丁力等者贖之。」是日，以國論勃極烈杲爲諳班勃極烈，宗幹爲國論勃極烈。遣勃堇李靖如宋告哀。

二年春正月庚戌朔，以謾都訶爲阿捨勃極烈，參議國政。壬子，命賞宗望及將士克南京之功，赦闍母罪。甲寅，以空名宣頭五十、銀牌十給宗望。戊午，詔孛堇完顔阿實賚曰：「先帝以同姓之人有自鬻及典質其身者，命官爲贖。今聞尚有未復者，其悉閱贖之。」癸亥，以東京比歲不登，詔減田租、市租之半。甲戌，西南、西北兩路都統宗翰、宗望請勿割山西郡縣與宋，上曰：「是違先帝之命也，其速與之。」夏國奉表稱藩，以下寨以北、陰山以南、乙室耶剌部吐禄濼西之地與之。丙子，貽宋書，索俘虜叛亡。丁丑，始自京師至南京每五十里置驛。

二月，詔有盜發遼諸陵者，罪死。庚寅，詔命給宗翰馬七百疋、田種千石、米七千石，以賑新附之民。丁酉，命徙移懶路都勃堇完顔忠于蘇濒水。乙巳，詔諭南京官僚，小大之事，必關白軍帥，無得專達朝廷。丙午，宗翰乞濟師，詔有司選精兵五千給之。丁未，命宗望，凡南京留守及諸闕員，可選勳賢有人望者就注擬之，具姓名官階以聞。

三月己酉朔，命宗望以宋歲幣銀絹分賜將士之有功者。庚戌，叛人活孛帶降，詔釋之。宗望請選良吏招撫遷、潤、來、隰之民保山砦者，從之。己未，宗望以南京反覆，凡攻取之計，乞與知樞密院事劉彥宗裁決之。劉公胄、王永福棄家踰城來降，以公胄爲廣寧尹，永福爲奉先軍節度使。辛未，夏國王李乾順遣使上誓表。

閏月戊寅朔，賜夏國誓詔。辛巳，命置驛上京、春、泰之間。己丑，烏虎里、迪烈底兩部來降。丙午，既許割山西諸鎮與宋，以宗翰言罷之。是月，斜野襲遥輦昭古牙，走之，獲其妻孥羣從及豪族。勃堇渾啜等破奚七巖而撫其民人。

四月己酉，以宗翰經略西夏及破遼功，賜以十馬，使自擇其二，餘以分諸帥。賑上京路、西北路降者及新徙嶺東之人。戊午，以實古迺所築上京新城名會平州。乙亥，詔贖上京路新遷寧江州户口賣身者六百餘人。宋遣使來弔喪。以高术僕古等充遺留國信使，高興輔、劉興嗣等充告即位國信使，如宋。

五月丁丑朔，上京軍帥實古迺以所獲印綬二十二及銀牌來上。癸未，詔曰：「新降之民，訴訟者衆，今方農時，或失田業，可俟農隙聽決。」丁亥，婆速路猛安僕盧古以贓罷，以謀克習泥烈代之。乙巳，曷懶路軍帥完顏忽剌古等言：「往者歲捕海狗、海東青、鴉鶻於高麗之境，近以二舟往，彼乃以戰艦十四要而擊之，盡殺二舟之人，奪其兵仗。」上曰：「以小故起戰爭，甚非所宜。今後非奉命，毋輒往。」闍母克南京，殺都統張敦固。

七月壬午，皇子宗峻薨。丙戌，禁外方使介冗從多者。壬辰，鶻實答言：「高麗納吾叛亡，增其邊備，必有異圖。」詔曰：「納我叛亡而弗歸，其曲在彼。凡有通問，毋違常式。或來侵略，整爾行列，與之從事。敢先犯彼，雖捷必罰。」乙未，以烏虎部及諸營叛，以昃勃極烈昱等討平之。

八月乙巳朔，以孛堇烏爪乃等爲賀宋生辰使。丁巳，撒离改部猛安雛思以贓罷，以奚金家奴代之。六部都統撻懶擊走昭古牙，殺其隊將曷魯燥、白撒曷等。又破降駱駝山、金源、興中諸軍，詔增給銀牌十。

十月甲辰朔，夏國遣使謝誓詔。戊午，天清節，宋、夏遣使來賀。甲子，詔發寧江州粟，賑泰州民被秋潦者。遥輦昭古牙率衆來降。興中府降。丙寅，詔有司運米五萬石于廣寧，以給南京、潤州戍卒。命南路軍帥闍母，以甲士千人益合蘇館路孛堇完顏阿實賚，以備高麗。戊辰，西南、西北兩路權都統斡魯言：「遼詳穩撻不野來奔，言耶律大石自稱爲王，置南北官屬，有戰馬萬疋。遼主從者不過四千户，有步騎萬餘，欲趨天德，駐余都谷〔二〕。」詔曰：「追襲遼主，必酌事宜。其討大石，則俟報下。」

十一月癸未，闍母下宜州，拔杈枒山，殺節度使韓慶民。癸卯，詔以米五萬石給撻懶、實古迺。

十二月戊申，以孛堇高居慶等爲賀宋正旦使〔三〕。

三年正月癸酉朔，宋、夏遣使來賀。戊子，同知宣徽院事韓資正加尚書左僕射，爲諸宮都部署。乙未，夏國遣使奠幣及賀即位。宋遣使賀即位。

二月壬戌，婁室獲遼主于余睹谷。丁卯，以厖葛城地分授所徙烏虎里、廸烈二部及契丹民。

三月乙亥，阿捨勃極烈謾都訶薨。丙子，賑奚、契丹新附之民。辛巳，建乾元殿。斡魯獻傳國寶，以謀葛失來附，請授印綬。是日，賜完顏婁室鐵券。

四月壬寅朔，詔以遼主赴京師。丁巳，南路軍帥察剌以罪罷。

五月己丑，蕭八斤獲遼玉寶來獻。

六月庚申，以獲遼主，遣李用和等充告慶使如宋。

七月壬申，禁內外官、宗室毋私役百姓。己卯，南京帥以錦州野蠶成繭，奉其絲綿來獻，命賞其長吏。詔權勢之家毋買貧民爲奴。其脅買者一人償十五人。詐買者一人償二人。皆杖一百。甲申，詔南京括官豪牧馬，以等第取之，分給諸軍。以耶律固等爲宋報謝使。

八月癸卯，斡魯以遼主至京師。甲辰，告于太祖廟。丙午，遼主延禧入見，降封海濱王。壬子，詔有司揀閱善射勇健之士以備宋。

九月壬午，廣寧府獻嘉禾。癸巳，保州路都孛堇加古撒曷有罪伏誅，以孛堇徒單烏烈代之。

十月甲辰，詔諸將伐宋。以諳班勃極烈杲兼領都元帥，移賚勃極烈宗翰兼左副元帥，先鋒經略使完顏希尹爲元帥右監軍，左金吾上將軍耶律余睹爲元帥右都監〔四〕，自西京入太原。六部路軍帥撻懶爲六部路都統，斜也副之，宗望爲南京路都統，闍母副之，知樞密院事劉彥宗兼領漢軍都統，自南京入燕山。詔建太祖廟于西京。召耶魯赴京師教授女直字。戊申，有司言權南路軍帥鶻實荅官吏貪縱，詔鞫之。壬子，天清節，宋、夏遣使來賀。丁巳，以闍母爲南京路都統，埽喝副之，宗望爲闍母、劉彥宗兩軍監戰。壬戌，詔曰：「今大有年，無儲蓄則何以備饑饉，其令牛一具賦粟一石，每謀克爲一廩貯之。」宋易州戍將韓民毅以軍降，處之蔚州。

十一月庚辰，以降封遼主爲海濱王詔中外。辛卯，南路軍帥司請禁契丹、奚、漢人挾兵器，詔勿禁。以張忠嗣權簽南京中書樞密院事。

十二月庚子，宗翰下朔州。甲辰，宗望諸軍及宋郭藥師、張企徽、劉舜仁戰於白河，大破之。蒲莧敗宋兵于古北口。丙午，郭藥師降，燕山州縣悉平。戊申，宗翰克代州。乙卯，中山降。丙辰，宗望破宋兵五千于真定。戊午，宗翰圍太原。耶律余睹破宋河東、陝西援兵于汾河北。甲子，宗望克信德府。

四年春正月丁卯朔，始朝日。降臣郭藥師、董才皆賜姓完顏氏。戊辰，宗弼取湯陰，大臭攻下濬州，迪古補取黎陽。己巳，諸軍渡河。庚午，取滑州。宗望使吳孝民等入汴，問宋取首謀平山童貫、譚稹、詹度及張覺等。宋太上皇帝出奔。癸酉，諸軍圍汴。甲戌，宋使李棁來謝罪，且請修好。宗望許宋修好〔五〕，約質，割三鎮地，增歲幣，載書稱伯姪。戊寅，宋以康王構、少宰張邦昌爲質。辛巳，宋上誓書、地圖，稱姪大宋皇帝、伯大金皇帝。癸未，諸軍解圍。

二月丁酉朔，夜，宋將姚平仲兵四十萬來襲宗望營，敗之。己亥，復進師圍汴。宋使宇文虛中以書來，改以肅王樞爲質，遣康王構歸。師還。壬子，以滑、濬二州與宋。宗翰定威勝軍，攻下隆德府。丁巳，次澤州。海濱王家奴誣其主欲亡去，詔誅其首惡，餘並杖之。

三月癸未，銀朮可圍太原，宗翰還西京。

四月癸卯，宗望使宗弼來奏捷。乙丑，耿守忠等大敗宋兵于西都谷。

五月辛未，宋种師中以兵出井陘。癸酉，完顔活女敗之于殺熊嶺，斬師中於陣。是日，拔离速敗宋姚古軍於隆州谷。

六月丙申朔，高麗國王王楷奉表稱藩。庚戌，宗望獻所獲三象。庚申，以宗望爲右副元帥。

七月丙寅，遣高伯淑等宣諭高麗。壬申，出金牌，命孛堇大臭以所領勃海軍八猛安爲萬户。戊子，以鐵勒部長奪离剌不從其兄夔里本叛，賜馬十一、豕百、錢五百萬。蕭仲恭使宋還，以所持宋帝與耶律余睹蠟書自陳。

八月庚子，詔左副元帥宗翰、右副元帥宗望伐宋。宋張灝率兵出汾州，拔离速擊走之。劉臻以兵出壽陽，婁室破之。庚戌，宗翰發西京。辛亥，婁室等破宋張灝軍于文水。癸丑，宗望發保州。是日，耶律鐸破宋兵于雄州，那野等敗宋兵于中山。甲寅，新城縣進白烏。庚申，突撚取新樂。

九月丙寅，宗翰克太原，執經略使張孝純。鶻沙虎取平遥、靈石、孝義、介休諸縣。己巳，復以南京爲平州。辛未，宗望破宋种師閔軍於井陘，取天威軍，克真定，殺其守李邈。

十月，婁室克汾州，石州降。蒲察克平定軍，遼州降。丁未，天清節，高麗、夏遣使來賀。中京進嘉禾。

十一月甲子，宗翰自太原趨汴。丙寅，宗望自真定趨汴。戊辰，宗翰下威勝軍。癸酉，撒剌荅破天井關。乙亥，宗翰克隆德府。活女渡盟津。西京、永安軍、鄭州皆降。庚辰，宗翰克澤州。宗望諸軍渡河，臨河、大名二縣、德清軍、開德府皆下。丙戌，克懷州。是日，宗望至汴。

閏月壬辰朔，宋出兵拒戰，宗望等擊敗之。癸巳，宗翰至汴。丙辰，克汴城。庚申，以高隨充高麗生日使。辛酉，宋主桓出居青城。

十二月癸亥，宋主桓降，是日，歸于汴城。庚辰，詔曰：「朕惟國家，四境雖遠而兵革未息，田野雖廣而畎畝未闢，百工略備而禄秩未均，方貢僅修而賓館未贍。是皆出乎民力，苟不務本業而抑游手，欲上下皆足，其可得乎。其令所在長吏，敦勸農功。」

五年正月辛卯朔，高麗、夏遣使來賀。癸巳，宗翰、宗望使使以宋降表來上。乙未，知樞密院事劉彥宗上表，請復立趙氏，不聽。丁巳，回鶻喝里可汗遣使入貢。

二月丙寅，詔降宋二帝爲庶人。

三月丁酉，立宋太宰張邦昌爲大楚皇帝〔六〕。割地賜夏國。

四月乙酉，克陝府，取虢州。丙戌，以六部路都統撻懶爲元帥左監軍，南京路都統闍母爲元帥左都監。宗翰、宗望以宋二帝歸。己丑，詔曰：「合蘇館諸部與新附人民，其在降附之後同姓爲婚者，離之。」

五月庚寅朔，宋康王構即位於歸德。宋殺張邦昌。婁室降解、絳、慈、隰、石、河中、岢嵐、寧化、保德、火山諸城。撻懶徇地山東，下密州。迪虎下單州，廣信軍降。

六月庚申，詔曰：「自河之北，今既分畫，重念其民或見城邑有被殘者，不無疑懼，遂命堅守。若即討伐，生靈可愍。其申諭以理，招輯安全之。儻執不移，自當致討。若諸軍敢利於俘掠輒肆蕩毀者，底于罰。」庚辰，右副元帥宗望薨。漢國王宗傑繼薨。

七月甲午，賜宗翰券書，除反逆外，咸貰勿論。以石州戍將烏虎棄城喪師，杖之，削其官。

八月戊寅，以宋捷，遣耶律居謹等充宣慶使使高麗。丙戌，以宗輔爲右副元帥。詔曰：「河北、河東郡縣職員多闕，宜開貢舉取士，以安新民。其南北進士，各以所業試之。」

九月丁未，詔曰：「內地諸路，每耕牛一具賦粟五斗，以備歉歲。」辛亥，賜元帥右監軍完顏希尹、萬户銀朮可券書，除赦所不原，餘並勿論。闍母取河間，大敗宋兵于莫州，雄州降。撻懶克祁州，永寧軍、保州、順安軍皆降。

冬十月丁卯，沙州回鶻活剌散可汗遣使入貢。辛未，天清節，高麗、夏遣使來賀。宋二帝自燕徙居于中京。

十二月丙寅，右副元帥宗輔伐宋，徇地淄、青。烏林荅泰欲敗宋將李成于淄州。趙州降。阿里刮徇地濬州，敗敵兵，遂取滑州。乙亥，西南路都統斡魯薨。己卯，賽里下汝州。

六年正月丙戌朔，高麗、夏遣使來賀。宗弼破宋鄭宗孟軍于青州。銀朮可取鄧州。薩謀魯入襄陽。拔离速入均州。馬五取房州。癸巳，克青州。癸卯，闍母克濰州。丁未，迪古補敗宋將趙子昉兵。撒离喝敗宋兵于河上。甲寅，宋將馬括兵次樂安，宗輔擊敗之，聞宋主在維揚，以農時還師。宗弼敗宋兵于河上。

二月乙卯朔，拔离速取唐州，癸亥，取蔡州。己巳，移剌古敗宋將臺宗雋等兵于大名。庚午，再破其軍，獲臺宗雋及宋忠。甲戌，拔离速取陳州。癸未，克潁昌府。鄭州叛入于宋，復取鄭州。遷洛陽、襄陽、潁昌、汝、鄭、均、房、唐、鄧、陳、蔡之民于河北。宗翰復遣婁室攻下同、華、京兆、鳳翔，擒宋經制使傅亮。阿鄰破河中。斡魯入馮翊。

三月壬辰，命南路軍帥實古迺，籍節度使完顏慎思所領諸部及未置猛安謀克户來上。己酉，撻懶下恩州。

五月戊戌，移沙土古思以本部來附。

六月己未，詔求祖宗遺事。撻懶遣兵徇下磁州、信德府。真定賊自稱元帥、秦王，撒离喝討平之。

七月乙巳，宋主遣使奉表請和，詔進兵伐之。以宋二庶人赴上京。

八月乙卯，婁室敗宋兵于華州，訛特剌破敵于渭水，遂取下邽。丁丑，以宋二庶人素服見太祖廟，遂入見于乾元殿。封其父昏德公、子重昏侯。是日，告于太祖廟。以州郡職員名稱及俸給因革詔中外。

九月辛丑，繩果等敗宋兵于蒲城。甲辰，又破敵於同州〔七〕。乙丑，取丹州〔八〕。

十月丙寅，天清節，高麗、夏遣使來賀。癸酉，知樞密院事劉彦宗薨。丁丑，蒲察、婁室敗宋兵于臨真。戊寅，徙昏德公、重昏侯于韓州。庚辰，宗翰、宗輔會于濮，伐宋。

十一月庚寅，蒲察、婁室取延安府。壬辰，賑移懶路。乙未，取濮州。綏德軍降。婁室再攻晉寧軍，其守徐徽言固守，不能克。

十二月丙辰，宗弼取開德府。丁卯，宗輔克大名府。鶻沙虎敗宋兵于鞏。

七年正月庚辰朔，高麗、夏遣使來賀。辛巳，吴國王闍母薨。甲午，以南京留守韓企先同中書門下平章事、知樞密院事〔九〕。

二月戊辰，宋麟府路安撫使折可求以麟、府、豐三州降。己巳，婁室、塞里、鶻沙虎等破晉寧軍，其守徐徽言據子城拒戰。庚午，率衆潰圍走，擒之。使之拜，不拜。臨之以兵，不動。命降將折可求諭之降，指可求大駡，出不遜語，遂殺之。其統制孫昂及士卒皆不屈，盡殺之。甲戌，詔禁醫巫閭山遼代山陵樵採。

三月己卯朔，日中有黑子。壬寅，詔軍興以來，良人被略爲驅者，聽其父母夫妻子贖之。尚書左僕射高貞罷。

四月，蒲察、婁室取鄜、坊二州。

五月乙卯，拔离速等襲宋主于揚州〔一〇〕。

九月丙午朔，日有食之。庚午，宗弼敗宋兵于睢陽。辛未，降其城。是月，曹州降。

十月丙子朔，京兆府降。丁丑，鞏州降。庚寅，天清節，高麗、夏遣使來賀。丁酉，阿里、當海、大臭破敵于壽春。己亥，安撫使馬世元以城降。甲辰，廬州降。

十一月庚戌，徙曷蘇館都統司治寧州。乙卯，高麗遣使來貢。丙辰，宗弼取和州。壬戌，宗弼渡江，敗宋副元帥杜充軍于江寧。丁卯，守臣陳邦光以城降。

十二月丙戌，宗弼取湖州。丁亥，克杭州。阿里、蒲盧渾追宋主于明州。越州降。大臭敗宋樞密使周望于秀州，又敗宋兵于杭州東北。戊戌，阿里、蒲盧渾敗宋兵于東關，遂濟曹娥江。壬寅，敗宋兵于高橋。宋主入于海。

八年正月甲辰朔，高麗、夏遣使來賀。丁巳，以同中書門下平章事韓企先爲尚書左僕射兼侍中〔一二〕。己未，阿里、蒲盧渾克明州，執其守臣趙伯諤。庚申，詔曰：「避役之民，以微直鬻身權貴之家者，悉出還本貫。」阿魯補、斜里也下太平、順昌及濠州。是月，宋副元帥杜充以其衆降。

二月乙亥，宗弼還自杭州。庚寅，取秀州。戊戌，取平江。汴京亂，三月丁卯，大迪里復取之。宗弼及宋韓世忠戰于鎮江，不利。

四月丙申，復戰于江寧，敗之。諸軍渡江。是日，阿魯補戰于拓皐〔一三〕，己亥，周企戰于壽春，辛丑，婁室戰于淳化，皆勝之。醴州降，遂克邠州。

五月癸卯，禁私度僧尼及繼父繼母之男女無相嫁娶。戊申，詔曰：「河北、河東簽軍，其家屬流寓河南被俘掠爲奴婢者，官爲贖之，俾復其業。」

六月壬申，詔遣遼統軍使耶律曷禮質、節度使蕭別离剌等十人，分治新附州鎮。癸酉，詔以昏德公六女爲宗婦。

七月辛亥，詔給泰州都統婆盧火所部諸謀克甲冑各五十。先遣婁室經略陝西，所下城邑叛服不常，其監戰阿盧補請益兵。帥府會諸將議曰：「兵威非不足，綏懷之道有所未盡。誠得位望隆重、恩威兼濟者以往，可指日而定。若以皇子右副元帥宗輔往，爲宜。」以聞。詔曰：「婁室往者所向輒克，今使專征陝西，淹延未定，豈倦于兵而自愛耶？關、陝重地，卿等其戮力焉。」丁卯，上如東京溫湯。徙昏德公、重昏侯于鶻里改路。

九月戊申，立劉豫爲大齊皇帝，世修子禮，都大名府。辛酉，諳班勃極烈、都元帥杲薨。癸亥，宗輔等敗宋張浚軍于富平。耀州降。乙丑，鳳翔府降。

十月乙亥，上至自東京。齊帝劉豫遣使謝封册。甲申，天清節，齊、高麗、夏遣使來賀。以鐵驪突离剌同中書門下平章事。詔遼、宋官上本國誥命，等第換授。

十一月甲辰，宗輔下涇州。丁未，渭州降。敗宋劉倪軍于瓦亭。戊申，原州降。宋涇原路統制張中孚、知鎮戎軍李彦琦以衆降。馬五等擊宋吴玠軍于隴州。庚戌，以遥鎮節度使烏克壽等爲齊劉豫生日使。癸亥，宗輔以陝西事狀聞，詔獎諭之。

十二月丁丑，完顏婁室薨。乙酉，宗輔敗宋劉維輔軍。壬辰，熙州降。

九年正月己亥朔，齊、高麗、夏遣使來賀。戊申，命以徒門水以西，渾疃、星顯、僝蠢三水以北閑田，給曷懶路諸謀克。辛亥，蒲察鶻拔魯、完顏忒里討張萬敵于白馬湖〔一三〕，陷于敵。癸丑，以同中書門下平章事時立愛爲侍中、知樞密院，張忠嗣爲宣政殿大學士、知三司使事。宗弼、阿盧補撫定鞏、洮、河、樂、西寧、蘭、廓、積石等州。涇原、熙河兩路皆平。

四月己卯，詔「新徙戍邊户，匱于衣食，有典質其親屬奴婢者，官爲贖之。户計其口而有二三者，以官奴婢益之，使户爲四口。又乏耕牛者，給以官牛，别委官勸督田作。戍户及邊軍資糧不繼，糴粟于民而與賑卹。其續遷戍户在中路者，姑止之，即其地種藝，俟畢穫而行，及來春農時，以至戍所」。

五月丙午，分遣使者諸路勸農。

六月壬辰，賜昏德公、重昏侯時服各兩襲。

八月辛巳，回鶻隈欲遣使來貢。

九月己酉，和州回鶻執耶律大石之黨撒八、迪里、突迭來獻。

十月戊寅，天清節，齊、高麗、夏遣使來賀。撒离喝攻下慶陽。慕洧以環州降。宗弼與宋吴玠戰于和尚原，敗績。

十一月己未，遷趙氏疎屬于上京。以陝西地賜齊。

十年正月癸巳朔，齊、高麗、夏遣使來賀。己酉，齊表謝賜地。壬子，詔曰：「昔遼人分士庶之族，賦役皆有等差，其悉均之。」

二月庚午，賑上京路戍邊猛安民。

四月丁卯，詔「諸良人知情嫁奴者，聽如故爲妻；其不知而嫁者，去住悉從所欲」。移賚勃極烈、左副元帥宗翰朝京師。庚午，以太祖孫亶爲諳班勃極烈，皇子宗磐爲國論忽魯勃極烈，國論勃極烈宗幹爲國論左勃極烈，移賚勃極烈、左副元帥宗翰爲國論右勃極烈兼都元帥，右副元帥宗輔爲左副元帥。庚寅，聞鴨渌、混同江暴漲，命賑徙戍邊户在混同江者。

閏月辛卯，詔分遣鶻沙虎等十三人閱諸路丁壯〔一四〕，調赴軍。

七月甲午，賑泰州路戍邊户。上如中京。

九月，元帥右都監耶律余睹謀反，出奔。其黨燕京統軍使蕭高六伏誅，蔚州節度使蕭特謀葛自殺〔一五〕。

十月壬寅，天清節，大赦。齊、高麗、夏遣使來賀。上如興中府。齊使使來告母喪。

十一月癸亥，以武良謨爲齊弔祭使。癸未，撒离喝請取劍外十三州，從之。部族節度使土古廝捕斬余睹及其諸子，函其首來獻。

十二月庚子，撒离喝克金州。上至自興中府。

十一年正月丁巳朔，齊、高麗、夏遣使來賀。丁卯，撒离喝敗吴玠于饒峯關。戊辰，取洋州。甲戌，入興元府。

二月己亥，元帥府言：「承詔賑軍士，臣恐有司錢幣將不繼，請自元帥以下有禄者出錢助給之。」詔曰：「官有府庫，而取於臣下，此何理耶？其悉從官給。」

八月甲申，黄龍府置錢帛司。戊子，趙㮮誣告其父昏德公謀反，㮮及其壻劉文彦伏誅。戊戌，詔曰：「比以軍旅未定，嘗命帥府自擇人授官，今並從朝廷選注。」

十月丙申，天清節，齊、高麗、夏遣使來賀。

十一月丙寅，賑移懶路。宗弼克和尚原。

十二月癸未，賑曷懶路。

十二年正月辛亥朔，齊、高麗、夏遣使來賀。甲子，初改定制度，詔中外。丙寅，如東京。

二月丁酉，撒离喝敗宋吴玠軍于固鎮。

四月，至自東京。

六月甲午，以阿盧補爲元帥右都監。

十月庚寅，天清節，齊、高麗、夏遣使來賀。

十三年正月丙午朔，日有食之〔一六〕。己巳，上崩于明德宫，年六十一。庚午，諳班勃極烈即皇帝位于柩前。三月庚辰，上尊謚曰文烈皇帝，廟號太宗。乙酉，葬和陵。皇統四年，改號恭陵。五年，增上尊謚曰體元應運世德昭功哲惠仁聖文烈皇帝。貞元三年十一月戊申，改葬于大房山，仍號恭陵。

贊曰：天輔草創，未遑禮樂之事。太宗以斜也、宗幹知國政，以宗翰、宗望總戎事。既滅遼舉宋，即議禮制度，治曆明時，纘以武功，述以文事，經國規摹，至是始定。在位十三年，宮室苑籞無所增益。末，聽大臣計，傳位熙宗，使太祖世嗣不失正緒，可謂行其所甚難矣。

校勘記

〔一〕母曰翼簡皇后拏懶氏　「拏懶氏」，原作「挐懶氏」，據南監本、北監本、殿本改。按，本書卷六三后妃傳上世祖翼簡皇后傳、卷二太祖紀皆作「拏懶氏」。

〔二〕駐余都谷　「余都谷」，北監本、殿本、局本作「余睹谷」。按，本卷下文及本書卷七〇習室傳、卷七六宗幹傳亦作「余睹谷」。

〔三〕十二月戊申以孛堇高居慶等爲賀宋正旦使　按，會編卷一九，宣和六年（即金天會二年）正月「二十九日戊寅，大金賀正旦使盧州管内觀察使、都孛堇高居慶，副使大中大夫、守大理寺卿楊意朝於紫宸殿」。卷二一，宣和七年正月「二十四日丙申，金國賀正旦大使盧州管内觀察使、孛堇高居慶，副使大夫、守大理卿楊意入見於紫宸殿」。宋史卷二二徽宗紀四，宣和五年（即金天會元年）「十二月乙巳，金人遣高居慶等來賀正旦」。所繫年月與此異。

〔四〕左金吾上將軍耶律余睹爲元帥右都監　「左金吾上將軍」，本書卷一三三叛臣耶律余睹傳作「金吾衛大將軍」。

〔五〕宗望許宋修好　疑此上脱「丙子」二字。按，本書卷六〇交聘表上記載，天會四年正月「丙子，宗望許宋修好」。會編卷二九靖康元年正月「十日丙子」條載有宗望許宋修好之復書。

〔六〕立宋太宰張邦昌爲大楚皇帝　「太宰」，原作「少宰」。按，本卷上文稱天會四年正月「宋以康王構、少宰張邦昌爲質」，本書卷七七張邦昌傳云「天會四年，宗望軍圍汴，（中略）邦昌爲宋太宰，與肅王樞俱爲質以來」，宋史卷四七五叛臣傳上張邦昌傳「欽宗即位，拜少宰。（中略）會姚平仲夜斫金人營，斡離不怒責邦昌，邦昌對以非出朝廷意。俄進太宰」。是知張邦昌入金營爲質時爲「少宰」，被立爲大楚皇帝時當稱「太宰」。今據改。

〔七〕甲辰又破敵於同州　「甲辰」，原作「甲申」，據南監本、北監本、殿本、局本改。按，天會六年九月壬午朔，辛丑後無甲申。

〔八〕乙丑取丹州　按，天會六年九月壬午朔，無「乙丑」日，十月壬子朔，「乙丑」當在下文「十月」下。

〔九〕以南京留守韓企先同中書門下平章事知樞密院事　按，本書卷七八韓企先傳，「宗翰爲都統經略山西，表署西京留守。天會六年，劉彦宗薨。企先代之，同中書門下平章事、知樞密院事」。疑此處「南京」爲「西京」之誤。

〔一〇〕五月乙卯拔离速等襲宋主于揚州　「五月」，疑當作「二月」。按，宋史卷二五高宗紀二，建炎「三年春正月庚辰朔，帝在揚州」，二月壬子，「内侍鄺詢報金兵至，帝被甲馳幸鎮江府」。要録卷二〇記載同。

〔一一〕丁巳以同中書門下平章事韓企先爲尚書左僕射兼侍中　按，本書卷七八韓企先傳稱「七年，遷尚書左僕射兼侍中」，繫年與此異。

〔一二〕阿魯補戰于拓皋　「拓皋」，本書卷六八冶訶傳附子阿魯補傳同，卷七三宗雄傳附子阿鄰傳、卷八二烏延胡里改傳、卷一三二逆臣完顏元宜傳作「柘皋」。

〔一三〕蒲察鶻拔魯完顏忒里討張萬敵于白馬湖　「張萬敵」，會編卷一四五引金虜節要曰「撻懶攻淮東，撻不也攻張敵萬泰州縮頭湖水寨，爲敵萬所敗，獲撻懶之壻户不剌蘆達」；同書卷一四三、要録卷三三均稱泰州水寨張榮「軍中號爲張敵萬」。疑「張萬敵」當作「張敵萬」，爲張榮綽號。

〔一四〕詔分遣鶻沙虎等十三人閲諸路丁壯　「十三」，南監本、北監本、殿本、局本並作「十二」。

〔一五〕蔚州節度使蕭特謀葛自殺　「蕭特謀葛」，本書卷一三三叛臣耶律余睹傳作「蕭特謀」。

〔一六〕十三年正月丙午朔日有食之　宋史卷二八高宗紀五記載，紹興「五年春正月乙巳朔，日有食之」，會編卷一六六、要録卷八四所載朔日相同，與此「丙午朔」相差一日。金史詳校卷一：「案宋高紀紹興五年作正月乙巳朔，日食不合。宋金兩史所載日食互失者有之，並詳金源雜興大明曆詩注。不同月者有之，不同朔者止此年。」劉次沅考證：「疑原文只是『正月朔日食』，後來加注干支時差了一天。」

金史卷四

本紀第四

熙宗

熙宗弘基纘武莊靖孝成皇帝，諱亶，本諱合剌，太祖孫，景宣皇帝子。母蒲察氏。天輔三年己亥歲生。

天會八年，諳班勃極烈杲薨，太宗意久未決。十年，左副元帥宗翰、右副元帥宗輔、左監軍完顏希尹入朝，與宗幹議曰：「諳班勃極烈虛位已久，今不早定，恐授非其人。合剌，先帝嫡孫，當立。」相與請於太宗者再三，廼從之。四月庚午，詔曰：「爾爲太祖之嫡孫，故命爾爲諳班勃極烈，其無自謂沖幼，狎于童戲，惟敬厥德。」諳班勃極烈者，太宗嘗居是官，及登大位，以命弟杲。杲薨，帝定議爲儲嗣，故以是命焉。

十三年正月己巳，太宗崩。庚午，即皇帝位。甲戌，詔中外。詔公私禁酒。癸酉，遣使告哀于齊、高麗、夏及報即位，仍詔齊自今稱臣勿稱子〔一〕。

二月乙巳〔二〕，追謚太祖后唐括氏曰聖穆皇后，裴滿氏曰光懿皇后。追册太祖妃僕散氏曰德妃，烏古論氏曰賢妃。辛酉，改葬太祖于和陵。

三月己卯，齊、高麗使來弔祭。庚辰，謚大行皇帝曰文烈，廟號太宗。乙酉，葬太宗于和陵。甲午，以國論右勃極烈、都元帥宗翰爲太保，領三省事，封晉國王。戊戌，詔諸國使賜宴，不舉樂。

四月戊午，齊、高麗遣使賀即位。丙寅，昏德公趙佶薨，遣使致祭及賻贈。是月，甘露降于熊岳縣〔三〕。

五月甲申，左副元帥宗輔薨。

九月壬申，追尊皇考豐王爲景宣皇帝，廟號徽宗，皇妣蒲察氏爲惠昭皇后。戊寅，尊太祖后紇石烈氏、太宗后唐括氏皆爲太皇太后，詔中外。乙酉，改葬徽宗及惠昭后于興陵。

十一月，以尚書令宋國王宗磐爲太師。乙亥，初頒曆。己卯，以元帥左監軍完顔希尹爲尚書左丞相兼侍中，太子少保高慶裔爲左丞，平陽尹蕭慶爲右丞。己丑，建天開殿于爻剌。

十二月癸亥，始定齊、高麗、夏朝賀、賜宴、朝辭儀。以京西鹿囿賜農民。

十四年正月己巳朔，上朝太皇太后于兩宫。齊、高麗、夏遣使來賀。癸酉，頒曆于高麗。丁丑，太皇太后紇石烈氏崩。乙酉，萬壽節，齊、高麗、夏遣使來賀。上本七月七日生，以同皇考忌日，改用正月十七日。

二月癸卯，上尊謚曰欽獻皇后〔四〕，葬睿陵。

三月壬午，以太保宗翰、太師宗磐、太傅宗幹並領三省事。丁酉，高麗遣使來弔。

八月丙辰，追尊九代祖以下曰皇帝、皇后，定始祖、景祖、世祖、太祖、太宗廟皆不祧。癸亥，詔齊國與本朝軍民訴訟相關者，文移署年，止用天會。

十月甲寅，以吴激爲高麗王生日使，蕭仲恭爲齊劉豫回謝并生日正旦使。

十五年正月癸亥朔，上朝太皇太后于明德宫。齊、高麗、夏遣使來賀。初用大明曆。己卯，萬壽節，齊、高麗、夏遣使來賀。

六月庚戌，尚書左丞高慶裔、轉運使劉思有罪伏誅。

七月辛巳，太保、領三省事、晉國王宗翰薨〔五〕。丙戌夜，京師地震。封皇叔宗雋、宗固，叔祖暈皆爲王。丁亥，汰兵興濫爵。

十月乙卯，以元帥左監軍撻懶爲左副元帥，封魯國王。宗弼右副元帥，封瀋王。知樞密院事兼侍中時立愛致仕。

十一月丙午，廢齊國，降封劉豫爲蜀王，詔中外。置行臺尚書省于汴〔六〕。

十二月戊辰，劉豫上表謝封爵。癸未，詔改明年爲天眷元年。大赦。命韓昉、耶律紹文等編修國史。以勗爲尚書左丞、同中書門下平章事。徙蜀王劉豫臨潢府。

天眷元年正月戊子朔，上朝明德宮。高麗、夏遣使來賀。頒女直小字。封大司空昱爲王。甲辰，萬壽節，高麗、夏遣使來賀。

二月壬戌，上如爻剌春水。乙丑，幸天開殿。己巳，詔罷來流水、混同江護邏地與民耕牧。

三月庚寅，以禁苑隙地分給百姓。戊申，以韓昉爲翰林學士〔七〕。

四月丁卯，命少府監盧彥倫營建宮室，止從儉素。壬午，朝享于天元殿。立裴滿氏爲貴妃。

五月己亥，詔以經義、詞賦兩科取士。

六月戊午，上至自天開殿。

秋七月辛卯，左副元帥撻懶、東京留守宗雋來朝。丁酉，按出滸河溢，壞廬舍，民多溺死。壬寅，左丞相希尹罷。

八月甲寅朔，頒行官制。癸亥，回鶻遣使朝貢。己卯，以河南地與宋。以右司侍郎張通古等使江南。以京師爲上京，府曰會寧，舊上京爲北京。

九月甲申朔，以奭爲會寧牧，封鄧王。乙未，詔百官誥命，女直、契丹、漢人各用本字，渤海同漢人。丁酉，改燕京樞密院爲行臺尚書省。戊戌，上朝明德宮。甲辰，以奕爲平章政事。己酉，省燕中西三京、平州東西等路州縣。辛亥，權行臺左丞相張孝純致仕。

十月甲寅朔，以御前管勾契丹文字李德固爲參知政事。丙寅，封叔宗强爲紀王，宗敏邢王，太宗子斛魯補等十三人爲王〔八〕。己巳，始禁親王以下佩刀入宮。辛未，定封國制。癸酉，以東京留守宗雋爲尚書左丞相兼侍中〔九〕，封陳王。

十一月丙辰〔一〇〕，以康宗以上畫像工畢，奠獻于乾元殿。

十二月癸亥，新宮成。甲戌，高麗遣使入貢。丁丑，立貴妃裴滿氏爲皇后。

二年正月壬午朔，高麗、夏遣使來賀。戊戌，萬壽節，高麗、夏遣使來賀。以左丞相宗雋爲太保、領三省事，進封兗國王。興中尹完顏希尹復爲尚書左丞相兼侍中。

二月乙未〔二〕，上如天開殿。

三月丙辰〔三〕，命百官詳定儀制。

四月甲戌，百官朝參，初用朝服。己卯，宋遣使謝河南地。

五月戊子，太白晝見。乙巳，上至自天開殿。

六月己酉朔，初御冠服。辛亥，吴十謀反，伏誅。己未，上從容謂侍臣曰：「朕每閲貞觀政要，見其君臣議論，大可規法。」翰林學士韓昉對曰：「皆由太宗温顏訪問，房、杜輩竭忠盡誠。其書雖簡，足以爲法。」上曰：「太宗固一代賢君，明皇何如？」昉曰：「唐自太宗以來，惟明皇、憲宗可數。明皇所謂有始而無終者。初以艱危得位，用姚崇、宋璟，惟正是行，故能成開元之治。末年怠于萬機，委政李林甫，姦諛是用，以致天寶之亂。苟能慎終如始，則貞觀之風不難追矣。」上稱善。又曰：「周成王何如主？」昉對曰：「古之賢君。」上曰：「成王雖賢，亦周公輔佐之力。後世疑周公殺其兄，以朕觀之，爲社稷大計，亦不當非也。」

七月辛巳，宋國王宗磐、兗國王宗雋謀反，伏誅。丙戌，以右副元帥宗弼爲都元帥，進封越國王。丁亥，以誅宗磐等詔中外。己丑，以左副元帥撻懶爲行臺左丞相，杜充爲行臺右丞相，蕭寶、耶律暉行臺平章政事。甲午，咸州詳穩沂王暈坐與宗磐謀反，伏誅。辛丑，以太傅、領三省事宗幹爲太師，領三省如故，進封梁宋國王。

八月辛亥，行臺左丞相撻懶、翼王鶻懶及活离胡土、撻懶子斡帶、烏達補謀反，伏誅。丁丑，太白晝見。

九月戊寅朔，降封太宗諸子。大司空昱罷。丙申，初居新宮。立太祖原廟于慶元宮。壬寅，宋遣王倫等乞歸父喪及母韋氏等，拘倫不遣。以温都思忠諸路廉問。

十月癸酉，夏國使來告喪。

十二月，豫國公昱薨。

三年正月丁丑朔，高麗、夏遣使來賀。癸巳，萬壽節，高麗、夏遣使來賀。以都元帥宗弼領行臺尚書省事。

四月乙巳朔，温都思忠廉問諸路，得廉吏杜遵晦以下百二十四人，各進一階，貪吏張軫以下二十一人皆罷之。癸丑，蜀國公完顏銀朮哥薨。丁卯，上如燕京。

五月丙子，詔元帥府復取河南、陝西地。己卯，詔册李仁孝爲夏國王。命都元帥宗弼以兵自黎陽趨汴，右監軍撒离合出河中趍陝西。是月，河南平。六月，陝西平。上次涼陘〔一三〕。大旱。使蕭彦讓、田瑴決西京囚。秋七月癸卯朔，日有食之。乙卯，宗弼遣使奏河南、陝西捷。丁卯，詔文武官五品以上致仕，給俸禄之半，職三品者仍給傔人。

八月辛巳，招撫諭陝西五路。壬午，初定公主、郡縣主及駙馬官品。

九月壬寅朔，宗弼來朝。戊申，上至燕京。己酉，親饗太祖廟。庚申，宗弼還軍中。夏國遣使謝賻贈。癸亥，殺左丞相完顔希尹、右丞蕭慶及希尹子昭武大將軍把搭〔一四〕、符寶郎漫帶。戊辰，夏國遣使謝封册。

十一月癸丑，以孔子四十九代孫璠襲封衍聖公。癸亥，以都點檢蕭仲恭爲尚書右丞，前西京留守昂爲平章政事。甲子，行臺尚書右丞相杜充薨。

十二月乙亥，都元帥宗弼上言宋將岳飛、張俊、韓世忠率衆渡江，詔命擊之。丁丑，地震。己亥，以元帥左監軍阿离補爲左副元帥，右監軍撒离合爲右副元帥。

皇統元年正月辛丑朔，高麗、夏遣使來賀。庚戌，羣臣上尊號曰崇天體道欽明文武聖德皇帝。初御衮冕。癸丑，謁太廟。大赦。改元。丁巳，萬壽節，高麗、夏遣使來賀。己未，初定命婦封號。夏國請置榷場，許之。己巳，封平章政事昂爲漆水郡王。

二月戊寅，詔諸致仕官職俱至三品者，俸禄人力各給其半。宗弼克廬州。乙酉，改封海濱王耶律延禧爲豫王，昏德公趙佶爲天水郡王，重昏侯趙桓爲天水郡公。

三月戊午，上親祭孔子廟〔一五〕，北面再拜。退謂侍臣曰：「朕幼年游佚，不知志學，歲月逾邁，深以爲悔。孔子雖無位，其道可尊，使萬世景仰。大凡爲善，不可不勉。」自是頗讀尚書、論語及五代、遼史諸書，或以夜繼焉。己未，上宴羣臣于瑤池殿，適宗弼遣使奏捷，侍臣多進詩稱賀。帝覽之曰：「太平之世，當尚文物，自古致治，皆由是也。」

四月丙子，以濟南尹韓昉參知政事。辛巳，宗弼請伐江南，從之。

五月己酉，太師、領三省事、梁宋國王宗幹薨。庚戌，上親臨。日官奏，戌、亥不宜哭泣。上曰：「君臣之義，骨肉之親，豈可避之。」遂哭之慟，命輟朝七日。

六月甲戌，詔都元帥宗弼與宰執同入奏事。庚寅，行臺平章政事耶律暉致仕。壬辰，有司請舉樂，上以宗幹新喪不允。甲午，衞王宗强薨〔一六〕，上親臨，輟朝如宗幹喪。

七月癸卯，以景宣皇帝忌辰，命尚食徹肉。丙午，以宗弼爲尚書左丞相兼侍中，都元帥、領行臺如故。己酉，宗弼還軍中。辛亥，參知政事耶律讓罷。

九月戊申，上至自燕京。朝太皇太后于明德宮。詔賜鰥寡孤獨不能自存者，人絹二疋、絮三斤。

是秋，蝗。都元帥宗弼伐宋，渡淮。以書讓宋，宋復書乞罷兵，宗弼以便宜畫淮爲界。

十一月己酉，高麗國賀受尊號。稽古殿火。

十二月癸巳，夏國賀受尊號。天水郡公趙桓乞本品俸，詔賙濟之。左丞勗進先朝實録三卷，上焚香立受之。

二年正月乙未朔，高麗、夏遣使來賀。己亥，上獵于來流河。乙巳，命伐高麗〔一七〕。丁未，上至自來流河。辛亥，萬壽節，高麗、夏遣使來賀。壬子，衍聖公孔璠薨，子拯襲〔一八〕。

二月丁卯，上如天開殿。甲戌，賑熙河路。戊子，皇子濟安生。辛卯，宋使曹勛來許歲幣銀、絹二十五萬兩、匹，畫淮爲界，世世子孫，永守誓言。改封蜀王劉豫爲曹王。壬辰，以皇子生赦中外。

三月辛丑，還自天開殿。大雪。丙午，以宗弼爲太傅。丙辰，遣左宣徽使劉筈以袞冕圭册册宋康王爲帝。歸宋帝母韋氏及故妻邢氏、天水郡王并妻鄭氏喪于江南。戊午，立子濟安爲皇太子〔一九〕。

四月丙寅〔二〇〕，以臣宋告中外。庚午，五雲樓、重明等殿成。

五月癸巳朔，不視朝。上自去年荒于酒，與近臣飲，或繼以夜。宰相入諫，輒飲以酒，曰：「知卿等意，今既飲矣，明日當戒。」因復飲。乙卯，賜宋誓詔。辛酉，宴羣臣於五雲樓，皆盡醉而罷。

七月甲午，回鶻遣使來貢。北京、廣寧府蝗。丁酉，賜宗弼金券。

八月丁卯，詔歸朱弁、張邵、洪皓于宋。辛未，復太宗子胡盧爲王。賑陝西。

九月壬辰，詔給天水郡王子、姪、壻、天水郡公子俸給。

十一月甲寅，平章政事漆水郡王昂薨，追封鄆王。

十二月乙丑，高麗王遣使謝封册。庚午，宋遣使謝歸三喪及母韋氏。壬申，上獵于核耶呆米路。癸未，還宮。甲申，皇太子濟安薨。

三年正月己丑朔，以皇太子喪不御正殿，羣臣詣便殿稱賀。宋、高麗、夏使詣皇極殿遥賀。乙巳，萬壽節，如正旦儀。

三月辛卯，以尚書左丞勗爲平章政事，殿前都點檢宗憲爲尚書左丞。丁酉，太皇太后唐括氏崩。己酉，封子道濟爲魏王。

五月丁巳朔，京兆進瑞麥。癸亥，上致祭太皇太后。甲申，初立太廟、社稷。

六月己酉，初置驍毅軍。

七月丙寅，上致祭太皇太后。庚辰，太原路進獬豸并瑞麥〔二二〕。

八月辛卯，詔給天水郡王孫及天水郡公壻俸禄。丙申，老人星見。乙巳，謚太皇太后曰欽仁皇后。戊申，葬恭陵。

十二月癸未朔，日有食之。

四年正月癸丑朔，宋、高麗、夏遣使來賀。甲寅，詔以去年宋幣賜始祖以下宗室。己未，以宋使王倫爲平州轉運使，既受命，復辭，罪其反覆，誅之。乙丑，陝西進嘉禾十有二莖，莖皆七穗。己巳，萬壽節，宋、高麗、夏遣使來賀。乙亥，上祭欽仁皇后，哭盡哀。

二月癸未，上如東京。丙申，次百泊河春水。丁酉，回鶻遣使來賀，以粘合韓奴報之。

五月辛亥朔，次薰風殿。

六月辛巳朔，日有食之。

七月庚午，建原廟于東京。

八月癸未，殺魏王道濟。

九月乙酉〔三二〕，上如東京。壬子，畋于沙河，射虎獲之。乙卯〔三三〕，遣使祭遼主陵。辛酉，詔薰風殿二十里内及巡幸所過五里内，並復一歲。癸酉，行臺左丞相張孝純薨。

十月壬辰〔三四〕，立借貸飢民酬賞格。甲辰，以河朔諸郡地震，詔復百姓一年，其壓死無人收葬者，官爲斂藏之。陝西、蒲、解、汝、蔡等處因歲饑，流民典顧爲奴婢者，官給絹贖爲良，放還其鄉。

十一月己酉，上獵于海島。

十二月甲午，至東京。

五年正月丁未朔，宋、高麗、夏遣使來賀。癸亥，萬壽節，宋、高麗、夏遣使來賀。

二月乙未，次濟州春水。

三月戊辰，次天開殿。

五月戊午，初用御製小字。壬申，以平章政事勗諫，上爲止酒，仍布告廷臣。

六月乙亥朔，日有食之。

八月戊戌，發天開殿。

九月庚申，至自東京。

十月辛卯，增謚太祖。

閏月戊寅，大名府進牛生麟。壬辰，懷州進嘉禾。

十二月戊申，增謚始祖以下十帝及太宗、徽宗。丁巳，赦。

六年正月辛未朔，宋、高麗、夏遣使來賀。壬申，封太祖諸孫爲王。乙亥，畋于謀勒。甲申，還京師。丁亥，萬壽節，宋、高麗、夏遣使來賀。庚寅，以邊地賜夏國。壬辰，如春水。帝從禽，導騎悞入大澤中，帝馬陷，因步出，亦不罪導者。乙未，封偎喝爲王。

二月丙寅，右丞相韓企先薨。

三月壬申，以阿离補爲行臺右丞相〔二五〕。

四月庚子朔，上至自春水。以同判大宗正事宗固爲太保、右丞相兼中書令。戊午，行臺右丞相阿离補薨。

五月壬申，高麗王楷薨。辛卯，以左宣徽使劉筈爲行臺右丞相〔二六〕。

六月乙巳，殺宇文虛中及高士談。乙丑，遣使弔祭高麗，并起復嗣王晛。

九月戊辰朔，以許王破汴，睿宗平陝西，鄭王克遼，及婁室、銀朮可皆有大功，並爲立碑。戊寅，曹王劉豫薨。

是歲，遣粘割韓奴招耶律大石，被害。

七年正月乙丑朔，宋、高麗、夏遣使來賀。辛巳，萬壽節，宋、高麗、夏遣使來賀。癸未，以西京鹿囿爲民田〔二七〕。丁亥，太白經天。

三月戊寅，高麗遣使謝弔祭、起復。

四月戊午，宴便殿，上醉酒，殺户部尚書宗禮。

六月丁酉，殺横海軍節度使田瑴、左司郎中奚毅、翰林待制邢具瞻及王植、高鳳廷〔二八〕、王傚、趙益興、龔夷鑒等。

七月己巳，太白經天，曲赦畿内。

九月，太保、右丞相宗固薨〔二九〕。以都元帥宗弼爲太師、領三省事，都元帥、行臺尚書省事如故，平章政事勗爲左丞相兼侍中，都點檢宗賢爲右丞相兼中書令，行臺右丞相劉筈、右丞蕭仲恭爲平章政事，李德固爲尚書右丞，秘書監蕭肄爲參知政事。

十月壬子，平章行臺尚書省事奚寶薨。

十一月癸酉，以工部侍郎僕散太彎爲御史大夫。乙亥，兵部尚書秉德進三角羊〔三〇〕。己卯，詔減常膳羊豕五之二。癸未，以尚書左丞宗憲爲行臺平章政事，同判大宗正事亮爲尚書左丞〔三一〕。

十二月戊午，參知政事韓昉罷〔三二〕。兵部尚書秉德爲參知政事。

八年正月庚申朔，宋、高麗、夏遣使來賀。丙子，萬壽節，宋、高麗、夏遣使來賀。

二月壬子，以哥魯葛波古等爲横賜高麗、夏國使。甲寅，以大理卿宗安等爲高麗王晛封册使。乙卯，上如天開殿。

四月戊子朔，日有食之。辛丑，遣參知政事秉德等廉察官吏。庚戌，至自天開殿。甲寅，遼史成。

六月乙卯，平章政事蕭仲恭爲行臺左丞相，左丞亮爲平章政事，都點檢唐括辯爲尚書左丞〔三三〕。高麗王遣使謝封册。

七月乙亥，御史大夫僕散太彎罷，以侍衛親軍都指揮使阿魯帶爲御史大夫。戊寅，以尚書左丞唐括辯奉職不謹，杖之。

八月戊戌，宗弼進太祖實録〔三四〕，上焚香立受之。庚子，以尚書左丞相勗領行臺尚書省事，右丞相宗賢爲太保、尚書左丞相。丙午，以行臺左丞相蕭仲恭爲尚書右丞相。閏月庚申，宰臣以西林多鹿，請上獵，上恐害稼，不允。丙寅，太廟成。

九月丙申，尚書左丞唐括辯罷。以左宣徽使禀爲尚書左丞。

十月辛酉，太師、領三省事、都元帥、越國王宗弼薨。

十一月壬辰，太白經天。乙未，左丞相宗賢、左丞禀等言，州郡長吏當並用本國人。上曰：「四海之內，皆朕臣子，若分别待之，豈能致一。諺不云乎，『疑人勿使，使人勿疑』。自今本國及諸色人，量才通用之。」辛丑，以尚書左丞相宗賢爲左副元帥，平章政事亮爲尚書左丞相兼侍中，參知政事秉德爲平章政事。庚戌，左副元帥宗賢復爲太保，左丞相、左副元帥如故。

十二月乙卯，以右丞相蕭仲恭爲太傅、領三省事，左丞相亮爲尚書右丞相。乙亥，以左丞相宗賢爲太師、領三省事兼都元帥。

九年正月甲申朔，宋、高麗、夏遣使來賀。戊戌，太師、領三省事、都元帥宗賢罷。領行臺尚書省事勗爲太師、領三省事，同判大宗正事充爲尚書左丞相，右丞相亮兼都元帥。庚子，萬壽節，宋、高麗、夏遣使來賀。壬寅，左丞相充薨。丙午，以右丞相亮爲左丞相，判大宗正事宗本爲尚書右丞相，左副元帥宗敏爲都元帥，南京留守宗賢爲左副元帥兼西京留守。己酉，宗賢復爲太保、領三省事。

二月甲寅，會寧牧唐括辯復爲尚書左丞，尚書左丞稟爲行臺平章政事。

三月癸未朔，日有食之。辛丑，以司空宗本爲尚書右丞相兼中書令，左丞相亮爲太保、領三省事。

四月壬申夜，大風雨，雷電震壞寢殿鴟尾，有火入上寢，燒幃幔，帝趨别殿避之。丁丑，有龍鬭於利州榆林河水上。大風壞民居、官舍，瓦木人畜皆飄颺十數里，死傷者數百人。

五月戊子，以四月壬申、丁丑天變，肆赦。命翰林學士張鈞草詔，參知政事蕭肄擿其語以爲誹謗，上怒，殺鈞。是日，曲赦上京囚。庚寅，出太保、領三省事亮領行臺尚書省事。戊申，武庫署令耶律八斤妄稱上言宿直將軍蕭榮與胙王元爲黨，誅之。

六月己未，以都元帥宗敏爲太保、領三省事兼左副元帥，左丞相宗賢兼都元帥。

八月庚申，以劉筈爲司空，行臺右丞相如故。辛巳，議從遼陽渤海之民於燕南，從之。

九月丙申，以領行臺尚書省事亮復爲平章政事。戊戌，以右丞相宗本爲太保、領三省事兼左副元帥。侍從高壽星等當遷，訴於后，后以白上，上怒議者，杖平章政事秉德，殺左司郎中三合。

事，左副元帥宗敏領行臺尚書省事，平章政事秉德爲尚書左丞相兼中書令〔三五〕，司空劉筈爲平章政事。庚子，以御史大夫宗甫爲參知政事。

十月乙丑，殺北京留守胙王元及弟安武軍節度使查剌、左衛將軍特思。大赦。癸酉，以翰林學士京爲御史大夫。

十一月癸未，殺皇后裴滿氏。召胙王妃撒卯入宫。戊子，殺故鄧王子阿懶、達懶。癸巳，上獵于忽刺渾土溫。遣使殺德妃烏古論氏及夾谷氏、張氏。

十二月己酉朔，上至自獵所。丙辰，殺妃裴滿氏於寢殿。而平章政事亮因羣臣震恐，與所親駙馬唐括辯、寢殿小底大興國、護衛十人長忽土、阿里出虎等謀爲亂。丁巳，以忽土、阿里出虎當內直，命省令史李老僧語興國。夜二鼓，興國竊符，矯詔開宫門，召辯等。亮懷刀與其妹夫特厮隨辯入，至宫門，守者以辯駙馬，不疑，内之。及殿門，衛士覺，抽刃劫之，莫敢動。忽土、阿里出虎至帝前，帝求榻上常所置佩刀，不知已爲興國易置其處，忽土、阿里出虎遂進弑帝，亮復前手刃之，血濺滿其面與衣。帝崩，時年三十一。左丞相秉德等遂奉亮坐，羅拜呼萬歲，立以爲帝。降帝爲東昏王，葬于皇后裴滿氏墓中。貞元三年，改葬于大房山蓼香甸，諸王同兆域。大定初，追謚武靈皇帝，廟號閔宗，陵曰思陵。別立廟。十九年，升祔于太廟，增謚弘基纘武莊靖孝成皇帝。二十七年，改廟號熙宗。二十八年，以思陵狹小，改葬于峨眉谷，仍號思陵，詔中外。

贊曰：熙宗之時，四方無事，敬禮宗室大臣，委以國政，其繼體守文之治，有足觀者。末年酗酒妄殺，人懷危懼，所謂前有讒而不見，後有賊而不知，馴致其道〔三六〕，非一朝一夕故也。

校勘記

〔一〕「甲戌詔中外」至「稱臣勿稱子」　按，甲戌爲癸酉之次日，當將甲戌條記事移至癸酉條記事之後。

〔二〕二月乙巳　「二月」上疑脱「閏」字。按，宋遼金元四史朔閏考，是年閏二月乙巳朔。集禮卷三天會十三年奉上太宗謚號載册文：「維天會十三年歲次乙卯三月甲戌朔。」則此處乙巳及下文辛酉，皆在閏二月。

〔三〕是月甘露降于熊岳縣　此處承上文爲四月。本書卷二三五行志：「熙宗天會十三年五月，甘露降於盧州熊岳縣。」與此異。

〔四〕上尊謚曰欽獻皇后　「欽獻」，集禮卷六同。本書卷六三后妃傳上太祖欽憲皇后傳作「欽憲」，凡五見，卷六九太祖諸子傳亦作「欽憲」。

〔五〕七月辛巳太保領三省事晉國王宗翰薨　本書卷七四宗翰傳，「天會十四年薨」，繫年與此異。

〔六〕置行臺尚書省于汴　本書卷八六李石傳，「天眷元年，置行臺省於汴，石爲汴京都巡檢使」，繫年與此異。

〔七〕以韓昉爲翰林學士　按，集禮卷三天會十三年奉上太宗謚號，天會十三年三月有「翰林學士韓昉攝中書侍郎，讀册」。韓昉爲翰林學士時間與此異。

〔八〕太宗子斛魯補等十三人爲王　諸本皆作「十三人」。按，本書卷七六太宗諸子傳，太宗十四子，其中宗順「天會二年薨，皇統五年贈金紫光禄大夫，後封徐王」；宗磐，天會十三年已封王，則天眷元年受封者實爲十二人。

〔九〕以東京留守宗雋爲尚書左丞相兼侍中　本書卷七六太宗諸子宗磐傳，「宗雋遂爲右丞相」，與此異。

〔一〇〕十一月丙辰　此處月份或干支有誤。按，是月癸未朔，丙辰當在十二月。

〔一一〕二月乙未　疑此處干支有誤。按，是年二月壬子朔，無乙未。又熙宗春水多在二月，正月春水僅見皇統六年。

〔一二〕三月丙辰　「三月」，疑當作「二月」。按，宋遼金元四史朔閏考，是年三月辛巳朔，無丙辰。二月壬子朔，丙辰爲二月初五。

〔一三〕上次涼陘　「涼陘」，原作「涼涇」，據局本改。按，局本考證：「按舊刻訛『涼涇』，今據海陵本紀及伊喇子敬傳改正。」本書卷二四地理志上西京路桓州亦作「涼陘」。

〔一四〕右丞蕭慶　「右丞」，原作「右丞相」。按，上文天會十三年十一月己卯，以「平陽尹蕭慶爲右丞」，本書卷七三完顏希尹傳記賜希尹死，「并殺右丞蕭慶」，皆作「右丞」。「相」字衍，今删。

〔一五〕三月戊午上親祭孔子廟　「三月」二字原脱。按，二月庚午朔，無戊午。本書卷一〇五孔璠傳：「皇統元年三月戊午，上謁奠孔子廟」，今據補。另，集禮卷三六宣聖廟作「皇統元年二月戊子日」，與此異。

〔一六〕衛王宗强薨　「衛王」，原作「紀王」，據殿本改。按，本書卷五九宗室表、卷六九太祖諸子宗强傳亦作「衛王」。另，宗强去世時間，此作皇統元年六月甲午，卷六九太祖諸子宗强傳繫於皇統二年十月，與此異。

〔一七〕乙巳命伐高麗　「伐」字疑誤。按，本書卷六〇交聘表上，皇統二年正月「乙巳，詔加高麗國王王楷開府儀同三司、上柱國」，卷一三五外國傳下高麗傳皇統二年亦記此事。高麗史卷一七仁宗世家，二十年（即金皇統二年）五月「庚戌，金遣大府監完顏宗禮、翰林直學士田㲄來册王」。各書皆不記此時金與高麗有戰事。

〔一八〕衍聖公孔璠薨子拯襲　按，本書卷一〇五孔璠傳：「皇統三年，璠卒。子拯襲封。」與此處繫年異。

〔一九〕戊午立子濟安爲皇太子　「戊午」，疑當作「己未」。按，集禮卷八：「委司天臺選定，翦鬌，三月二十五日戊午乙巳時；奏告用三月二十八日辛酉。」並將立太子的册文繫於二十六日，即己未。戊午是濟安翦鬌而非立爲太子的時間。

〔二〇〕四月丙寅　「四月」二字原脱。按，是年三月甲午朔，無丙寅。據宋遼金元四史朔閏考，是年四月甲子朔，丙寅爲四月初三。今據補。

〔二一〕庚辰太原路進獬豸并瑞麥　本書卷二三五行志：皇統三年「七月丙寅，太原進獬豸及瑞麥」，繫日與此異。

〔二二〕九月乙酉　按，九月己酉朔，無乙酉，月份或干支有誤。

〔二三〕乙卯　「乙卯」上原衍「十月」二字。按，十月戊寅朔，無乙卯。九月己酉朔，乙卯爲九月初七，下文的辛酉爲九月十三，皆在九月。今據删。

〔二四〕十月壬辰　「十月」，原作「十一月」。按，十一月戊申朔，無壬辰。十月戊寅朔，壬辰爲十月十五，下文的甲辰爲十月二十七，皆在十月。本書卷二三五行志，皇統四年「十月甲辰，地震」，記事與此合。今據改。

〔二五〕以阿离補爲行臺右丞相　「行臺右丞相」，按，本書卷五九宗室表「阿魯補係出景祖。行臺左丞相」，卷八〇阿离補傳「六年，爲行臺左丞相」，卷一三二逆臣烏帶傳「行臺左丞相阿魯補子也」（阿魯補即阿离補），皆作「行臺左丞相」，與此異。

〔二六〕以左宣徽使劉筈爲行臺右丞相　按，本書卷七八劉筈傳：「五年，爲行臺尚書右丞相」，繫年與此異。

〔二七〕以西京鹿囿爲民田　「西京」，諸本同。許子榮金史點校拾補云，金京師鹿囿有兩處，皆在京西，故此「西京」當爲「京西」之誤。

〔二八〕高鳳廷　本書卷八九孟浩傳作「高鳳庭」。

〔二九〕九月太保右丞相宗固薨　本書卷七六太宗諸子宗固傳繫此事於皇統六年，與此異。

〔三〇〕兵部尚書秉德進三角羊　本書卷二三五行志：「完顏秉德進三角牛」，與此異。

〔三一〕同判大宗正事亮爲尚書左丞　按，下文皇統八年六月乙卯，「左丞亮爲平章政事」，與此並爲「左丞」。但本書卷五海陵紀作「拜尚書右丞」，與此異。

〔三二〕參知政事韓昉罷　按，本書卷一二五文藝傳上韓昉傳，皇統「六年，再表乞致仕，乃除汴京留守」，與此處繫年異。

〔三三〕都點檢唐括辯爲尚書左丞　「唐括辯」，原作「唐括辨」，據北監本、局本改。按，本書卷一三二本傳亦作「唐括辯」。

〔三四〕宗弼進太祖實録　此處記載疑誤。按，本書卷七七宗弼傳無進太祖實録之事，卷六六始祖以下諸子勗傳，皇統「八年，奏上太祖實録二十卷」。

〔三五〕平章政事秉德爲尚書左丞相兼中書令　「左丞相」，疑當作「右丞相」。按，本書卷一三二逆臣烏帶傳，「右丞相秉德、左丞唐括辯謀廢立」。又同卷秉德傳，弑熙宗後，「忽土奉海陵坐，秉德等皆拜稱萬歲。殺曹國王宗敏、左丞相宗賢」，時左丞相爲宗賢。海陵既立，「以秉德爲左丞相，兼侍中」。

〔三六〕馴致其道　「道」，北監本、殿本、局本並作「禍」。

金史卷五

本紀第五

海陵

廢帝海陵庶人亮，字元功，本諱迪古乃，遼王宗幹第二子也。母大氏。天輔六年壬寅歲生。

天眷三年，年十八〔一〕，以宗室子爲奉國上將軍，赴梁王宗弼軍前任使，以爲行軍萬户，遷驃騎上將軍。

皇統四年，加龍虎衛上將軍，爲中京留守，遷光禄大夫。爲人僄急，多猜忌，殘忍任數。初，熙宗以太祖嫡孫嗣位，亮意以爲宗幹太祖長子，而己亦太祖孫，遂懷覬覦。在中京，專務立威，以厭伏小人。猛安蕭裕傾險敢決，亮結納之，每與論天下事。裕揣知其意，因勸海陵舉大事，語在裕傳。

七年五月，召爲同判大宗正事，加特進。十一月，拜尚書右丞〔二〕，務攬持權柄，用其腹心爲省臺要職，引蕭裕爲兵部侍郎。一日因召對，語及太祖創業艱難，亮因嗚咽流涕，熙宗以爲忠。

八年六月，拜平章政事。十一月，拜右丞相〔三〕。

九年正月，兼都元帥。熙宗使小底大興國賜亮生日，悼后亦附賜禮物，熙宗不悅，杖興國百，追其賜物，海陵由此不自安。三月，拜太保、領三省事，益邀求人譽，引用勢望子孫，結其驩心。四月，學士張鈞草詔忤旨死，熙宗問：「誰使爲之？」左丞相宗賢對曰：「太保實然。」熙宗不悅，遂出爲領行臺尚書省事。過中京，與蕭裕定約而去。至良鄉，召還。海陵莫測所以召還之意，大恐。既至，復爲平章政事，由是益危迫。

熙宗嘗以事杖左丞唐括辯及右丞相秉德，辯乃與大理卿烏帶謀廢立，而烏帶先以此謀告海陵。他日，海陵與辯語及廢立事，曰：「若舉大事，誰可立者？」辯曰：「胙王常勝乎？」問其次，曰：「鄧王子阿懶。」亮曰：「阿懶屬疎，安得立？」辯曰：「公豈有意邪？」海陵曰：「果不得已，捨我其誰！」於是旦夕相與密謀。護衛將軍特思疑之，以告悼后曰：「辯等公餘每竊竊聚語，竊疑之。」后以告熙宗。熙宗怒，召辯謂曰：「爾與亮謀何事，將如我何。」杖之。亮因此忌常勝、阿懶，且惡特思。因河南兵士孫進自稱皇弟按察大王，而熙宗之弟止有常勝、查剌，海陵乘此構常勝、查剌、阿懶、達懶。熙宗使特思鞫之，無狀。海陵曰：「特思鞫不以實。」遂俱殺之。

護衛十人長僕散忽土舊受宗幹恩。徒單阿里出虎與海陵姻家。大興國給事寢殿，時時乘夜從主者取符鑰歸家，以爲常。興國嘗以李老僧屬海陵，得爲尚書省令史，故使老僧結興國爲内應，而興國亦以被杖怨熙宗，遂與亮約。十二月丁巳，忽土、阿里出虎内直。是夜，興國取符鑰，啓門納海陵、秉德、辯、烏帶、徒單貞、李老僧等，入至寢殿，遂弒熙宗。秉德等未有所屬。忽土曰：「始者議立平章，今復何疑。」乃奉海陵坐，皆拜，稱萬歲。詐以熙宗欲議立后，召大臣，遂殺曹國王宗敏，左丞相宗賢。是日，以秉德爲左丞相兼侍中、左副元帥，辯爲右丞相兼中書令，烏帶爲平章政事，忽土爲左副點檢，阿里出虎爲右副點檢，貞爲左衛將軍，興國爲廣寧尹。於是自太師、領三省事勗以下二十人進爵增職各有差。

己未，大赦。改皇統九年爲天德元年。參知政事蕭肄除名。鎮南統軍孛極爲尚書左丞。賜左丞相秉德、右丞相辯、平章政事烏帶、廣寧尹興國、點檢忽土、阿里出虎、左衛將軍貞、尚書省令史老僧、辯父刑部尚書阿里等錢絹馬牛羊有差。甲子，誓太祖廟，召秉德、辯、烏帶、忽土、阿里出虎、興國六人賜誓券。丙寅，以燕京路都轉運使劉麟爲參知政事。癸酉，太傅、領三省事蕭仲恭，尚書右丞稟罷。以行臺尚書左丞溫都思忠爲右丞。乙亥，追謚皇考太師憲古弘道文昭武烈章孝睿明皇帝，廟號德宗，名其故居曰興聖宮。宋、高麗、夏賀正旦使中道遣還。

二年正月辛巳，以同知中京留守事蕭裕爲秘書監。癸巳，尊嫡母徒單氏及母大氏皆爲皇太后。名徒單氏宮曰永壽，大氏宮曰永寧。乙巳，以勵官守、務農時、慎刑罰、揚側陋、恤窮民、節財用、審才實七事詔中外。遣侍衛親軍步軍都指揮使完顏思恭等以廢立事報諭宋、高麗、夏國〔四〕。以左丞相兼左副元帥秉德領行臺尚書省事。

二月戊申朔，封子元壽爲崇王〔五〕。庚戌，降前帝爲東昏王。給天水郡公孫女二人月俸。甲子，以兵部尚書完顏元宜等充賀宋生日使〔六〕。戊辰，羣臣上尊號曰法天膺運睿武宣文大明聖孝皇帝〔七〕，詔中外。永壽、永寧兩太后父祖贈官有差。以右丞相唐括辯爲左丞相，平章政事烏帶爲右丞相。

三月丙戌，宋、高麗遣使賀即位〔八〕。以弟兖爲司徒兼都元帥。詔以天水郡王玉帶歸宋。

四月戊午，殺太傅、領三省事宗本，尚書左丞相唐括辯，判大宗正府事宗美。遣使殺領行臺尚書省事秉德，東京留守宗懿，北京留守卞及太宗子孫七十餘人，周宋國王宗翰子孫三十餘人，諸宗室五十餘人。辛酉，以尚書省譯史蕭玉爲禮部尚書，祕書監蕭裕爲尚書左丞，司徒兗領三省事、封王，都元帥如故，右丞相烏帶爲司空、左丞相兼侍中，平章政事劉筈爲尚書右丞相兼中書令，左丞宗義、右丞溫都思忠爲平章政事，參知政事劉麟爲尚書右丞，殿前左副點檢僕散忽土爲殿前都點檢。

五月戊子，以平章行臺尚書省事、右副元帥大臭爲行臺尚書右丞相，元帥如故。壬辰，以左副元帥撒离喝爲行臺尚書左丞相，元帥如故。同判大宗正事宗安爲御史大夫。

六月丙午朔，高麗遣使賀即位〔九〕。甲子，太廟初設四神門及四隅罘罳。

七月己丑，司空、左丞相兼侍中烏帶罷。以平章政事溫都思忠爲左丞相，尚書左丞蕭裕爲平章政事，右丞劉麟爲左丞，侍衛親軍步軍都指揮使完顏思恭爲右丞。參知政事張浩丁憂，起復如故。戊戌，夏國遣使賀即位及受尊號。

八月戊申，以司徒兗爲太尉，領三省事、都元帥如故。以禮部尚書蕭玉爲參知政事。

九月甲午，立惠妃徒單氏爲皇后。

十月癸卯，太師、領三省事勗致仕。辛未，殺太皇太妃蕭氏及其子任王偎喝。使使殺行臺左丞相、左副元帥撒离喝于汴，并殺平章政事宗義、前工部尚書謀里野、御史大夫宗安，皆夷其族。以魏王斡帶之孫活里甲好脩飾，亦族之。

十一月癸未，尚書右丞相劉筈罷〔一〇〕。以會寧牧徒單恭爲平章政事。尚書左丞劉麟、右丞完顏思恭罷。以參知政事張浩爲尚書右丞。乙酉，以行臺尚書左丞張通古爲尚書左丞。丙戌，白虹貫日。丁亥，以太后旨稱令旨。戊子，以十二事戒約官吏。己丑，命庶官許求次室二人，百姓亦許置妾。

十二月癸卯朔，詔去羣臣所上尊號。丙午，初定襲封衍聖公俸格。命外官去所屬百里外者不許參謁，百里内者往還不得過三日。癸丑，立太祖射碑于紇石烈部中〔一一〕，上及皇后致奠于碑下。甲寅，野人來獻異香，却之。乙卯，有司奏慶雲見，上曰：「朕何德以當此。自今瑞應毋得上聞，若有妖異，當以諭朕，使自警焉。」己未，罷行臺尚書省。改都元帥府爲樞密院。詔改定繼絶法。以右副元帥大臬爲尚書右丞相兼中書令，參知行臺尚書省事張中孚爲參知政事，都元帥兗爲樞密使，太尉、領三省事如故，元帥左監軍昂爲樞密副使，刑部尚書趙資福爲御史大夫。

三年正月癸酉朔，宋、夏、高麗遣使來賀。乙亥，參知政事蕭玉丁憂，起復如故。癸未，立春，觀擊土牛。丁亥，初造燈山于宮中。戊子，生辰，宋、高麗、夏遣使來賀。甲午，初置國子監。謂御史大夫趙資福曰：「汝等多徇私情，未聞有所彈劾，朕甚不取。自今百官有不法者，必當舉劾，無憚權貴。」乙未，上出獵，宰相以下辭於近郊。上駐馬戒之曰：「朕不惜高爵厚禄以任汝等，比聞事多留滯，豈汝等苟圖自安不以民事爲念耶？自今朕將察其勤惰，以爲賞罰，其各勉之。」丁酉，白虹貫日。

二月丁巳，還宮。

三月庚寅，以翰林學士劉長言等爲宋生日使。壬辰，詔廣燕城，建宮室。己亥，謂侍臣曰：「昨太子生日，皇后獻朕一物，大是珍異，卿試觀之。」即出諸絳囊中，乃田家稼穡圖。「后意太子生深宮之中，不知民間稼穡之艱難，故以爲獻，朕甚賢之」。

四月丙午，詔遷都燕京。辛酉，有司圖上燕城宮室制度，營建陰陽五姓所宜。海陵曰：「國家吉凶，在德不在地。使桀、紂居之，雖卜善地何益。使堯、舜居之，何用卜爲。」丙寅，罷歲貢鷹隼。沂州男子吴真犯法當死，有司以其母老疾無侍爲請，命官與養濟，著爲令。

閏月辛未朔，命尚書右丞張浩調選燕京，仍諭浩無私徇。丙子，命太官常膳惟進魚肉，舊貢鵝鴨等悉罷之。丁丑，罷皇統間苑中所養禽獸。歸德軍節度使阿魯補以撤官舍材木構私第，賜死。戊戌，詔朝官稱疾不治事者，尚書省令監察御史與太醫同診視，無實者坐之。

五月壬子，以戒敕宰相以下官，詔中外。戊辰，宰臣請益嬪御以廣嗣續。上命徒單貞語宰臣，前所誅黨人諸婦人中多朕中表親，欲納之宮中。平章政事蕭裕不可，上不從。遂納宗本子莎魯啜，宗固子胡里剌、胡失打，秉德弟糺里等妻宮中。

六月丙子，殺太府監完顏馮六。宋遣使祈請山陵，不許。

九月庚戌，賜燕京役夫帛，人一匹。以東京路兵馬都總管府判官蕭子敏爲高麗生日使，修起居注蕭彭哥爲夏國生日使。

十月己巳，殺蘭子山猛安蕭拱。以右副點檢不朮魯阿海等爲宋正旦使。

十一月癸亥，詔罷世襲萬户官，前後賜姓人各復本姓。

十二月戊辰，杖壽寧縣主徐輦〔三〕。癸酉，獵于近郊。乙酉，還宮。是歲，子崇王元壽薨。

四年正月丁酉朔，宋、高麗、夏遣使來賀。羣臣請立皇太子，從之。戊戌，初定東宮官屬。立捕盜賞格。癸卯，太白經天。壬子，生辰，宋、高麗、夏遣使來賀。癸亥，朝謁世祖、太祖、太宗、德宗陵。甲子，還宫。

二月丁卯，立子光英爲皇太子，庚午，詔中外。甲戌，如燕京。昭義軍節度使蕭仲宣家奴告其主怨謗。上曰：「仲宣之姪迪輦阿不近以誹謗誅，故敢妄愬。」命殺告者。迪輦阿不者，蕭拱也。戊子，次泰州。

三月丙申朔，以刑部尚書田秀穎等爲宋生日使。

四月丙寅朔，有司請今歲河南、北選人並赴中京銓注，從之。壬辰，上自泰州如涼陘。

五月丁酉，獵于立列只山。甲寅，賜獵士，人一羊。乙卯，次臨潢府。丁巳，太白經天。

六月甲子朔，駐綿山。戊寅，權楚底部猛安那野伏誅。

七月癸卯，命崇義軍節度使烏帶之妻唐括定哥殺其夫而納之。

八月癸亥朔，獵于途你山。甲戌，以侍御史保魯鞫事不實，杖之。丙子，次于鐸瓦。

九月甲午，次中京。丙午，尚書右丞相大臭罷。殺太府少監劉景。以都水使者完顔麻潑爲高麗生日使，吏部郎中蕭中立爲夏國生日使。

十月壬戌朔，使使奉遷太廟神主。御史大夫趙資福罷。甲申，以太子詹事張用直等爲賀宋正旦使。殺太祖長公主兀魯，杖罷其夫平章政事徒單恭，封其侍婢忽撻爲國夫人。恭之兄定哥初尚兀魯，定哥死，恭强納焉，而不相能，又與侍婢忽撻不協。忽撻得幸于后，遂譖于上，故見殺，而并罷恭。

十一月戊戌，以咸平尹李德固爲平章政事。辛丑，買珠于烏古迪烈部及蒲與路，禁百姓私相貿易，仍調兩路民夫，採珠一年。戊申，以前平章政事徒單恭爲司徒。

十二月甲子，斬妄人敲仙于中京市。辛未，以汴京路都轉運使左瀛等爲賀宋正旦使。庚寅，太尉、領三省事、樞密使兗薨。

貞元元年正月辛卯朔，上不視朝。詔有司受宋、高麗、夏、回紇貢獻。丙午，生辰，宋、高麗、夏遣使來賀。以中京留守高楨爲御史大夫。

二月庚申，上自中京如燕京。

三月辛亥，上至燕京，初備法駕。甲寅，親選良家子百三十餘人充後宮。乙卯，以遷都詔中外。改元貞元。改燕京爲中都，府曰大興，汴京爲南京，中京爲北京。丙辰，以司徒徒單恭爲太保、領三省事，平章政事蕭裕爲右丞相兼中書令，右丞張浩、左丞張通古爲平章政事，參知政事張中孚爲左丞，蕭玉爲右丞，平章政事李德固爲司空，左宣徽使劉萼爲參知政事，樞密副使昂爲樞密使，工部尚書僕散師恭爲樞密副使。

四月辛酉，以右宣徽使紇石烈撒合輦等爲賀宋生日使〔一三〕。辛未，特封唐括定哥爲貴妃。戊寅，皇太后大氏崩。

五月辛卯，殺弟西京留守蒲家。西京兵馬完顏謨盧瓦、編修官圓福奴、通進孛迭坐與蒲家善，并殺之。乙卯，以京城隙地賜朝官及衞士。

六月乙丑，以安國軍節度使耶律恕爲參知政事。

七月戊子朔，元賜朝官京城隙地，徵錢有差。

八月壬戌，司空李德固薨。禁中都路捕射麞兔。戊寅，賜營建宮室工匠及役夫帛。

九月丁亥朔，以翰林待制謀良虎爲夏國生日使，吏部郎中窊合山爲高麗生日使。

十月丁巳，獵于良鄉。封料石岡神爲靈應王。初，海陵嘗過此祠，持杯珓禱曰〔一四〕：「使吾有天命，當得吉卜。」投之，吉。又禱曰：「果如所卜，他日當有報，否則毁爾祠宇。」投之，又吉，故封之。戊午，還宮。壬戌，有司言，太后園陵未畢，合停冬享及祫祭，從之。丙子，命内外官聞大功以上喪，止給當日假，若父母喪，聽給假三日，著爲令。

十一月丙戌朔，定州獻嘉禾，詔自今不得復進。己丑，瑶池殿成。丙申，以户部尚書蔡松年等爲賀宋正旦使。戊戌，左丞相耨盌温都思忠致仕〔一五〕。庚戌，以樞密使昂爲左丞相，樞密副使僕散師恭爲樞密使。

十二月，太白經天。戊午，特賜貴妃唐括定哥家奴孫梅進士及第。壬戌，以簽書樞密院事南撒爲樞密副使。辛未，封所納皇叔曹國王宗敏妃阿懶爲昭妃。丙子，貴妃唐括定哥坐與舊奴姦，賜死。

閏月乙酉朔，殺護衞特謨葛。癸巳，定社稷制度。太白經天。癸卯，以太保、領三省事徒單恭爲太師，領三省事如故。命西京路統軍撻懶、西北路招討蕭懷忠、臨潢府總管馬和尚、烏古迪烈司招討斜野等北巡。

二年正月甲寅朔，上不豫，不視朝。賜宋、高麗、夏使就館燕。庚申，太白經天。尚書右丞相蕭裕與前真定尹蕭馮家奴、前御史中丞蕭招折、博州同知遥設等謀反，伏誅，詔中外。己巳，生辰，宋、高麗、夏遣使來賀。

二月甲申朔，以平章政事張浩爲尚書右丞相兼中書令〔一六〕。甲午，以尚書右丞蕭玉爲平章政事，前河南路統軍使張暉爲尚書右丞，西北路招討使蕭好胡爲樞密副使。

三月戊辰，夏遣使賀遷都。

四月丙戌〔一七〕，幸大興府及都轉運使司。遣薦含桃于衍慶宮〔一八〕。

五月癸丑朔，日有食之，避正殿，勑百官勿治事。己未，詔自今每月上七日不奏刑名，尚食進饌不進肉。丁卯，始置交鈔庫，設使副員。丁丑，太原尹徒單阿里出虎伏誅，復命其子术斯剌乘傳焚其骨，擲水中。

七月庚申，初設鹽鈔香茶文引印造庫使副。丙子，參知政事耶律恕罷。

八月丙午，以左丞相昂去衣杖其弟婦，命杖之。戊申，以御史大夫高楨爲司空，御史大夫如故。

九月己未，常武殿擊鞠，令百姓縱觀。辛酉，以吏部尚書蕭賾爲參知政事。癸亥，獵于近郊。丁卯，次順州。太師、領三省事徒單恭薨。是夜，還宫。乙亥，復獵于近郊。

十月庚辰朔，殺廣寧尹韓王亨。庚寅，還宫。庚子，以左丞相致仕温都思忠起爲太傅、領三省事。以刑部侍郎白彦恭等爲賀宋正旦使。

十一月戊辰，上命諸從姊妹皆分屬諸妃，出入禁中，與爲淫亂，卧内徧設地衣，裸逐爲戲。是月，初置惠民局。高麗遣使謝賜生日。

十二月乙酉，以太傅温都思忠爲太師，領三省事如故，平章政事張通古爲司徒，平章政事如故。

三年正月己酉朔，宋、高麗、夏遣使來賀。辛酉，以判東京留守大㚖爲太傅，領三省事。甲子，生辰，宋、高麗、夏遣使來賀。

二月壬午，以左丞相昂爲太尉、樞密使，右丞相張浩爲左丞相兼侍中，樞密使僕散師恭爲右丞相兼中書令。尚書左丞張中孚罷，右丞張暉爲平章政事。參知政事劉萼爲左丞，參知政事蕭賾爲右丞，吏部尚書蔡松年爲參知政事。

三月壬子，以左丞相張浩、平章政事張暉每見僧法寶必坐其下，失大臣體，各杖二十。僧法寶妄自尊大，杖二百。乙卯，命以大房山雲峯寺爲山陵，建行宮其麓。庚午，以左司郎中李通爲賀宋生日使〔一九〕。

夏四月丁丑朔，昏霧四塞，日無光，凡十有七日。

五月丁未朔，日有食之。癸丑，南京大内火。乙卯，命判大宗正事京等如上京，奉遷太祖、太宗梓宮。丙寅，如大房山，營山陵。

六月丙戌，登寶昌門觀角抵，百姓縱觀。乙未，命右丞相僕散師恭、大宗正丞胡拔魯如上京，奉遷山陵及迎永壽宫皇太后。

七月癸丑，太白晝見。辛酉，如大房山，杖提舉營造官吏部尚書耶律安禮等。乙亥，還宫。

八月壬午，如大房山。甲申，啓土，賜役夫，人絹一匹。是日，還宮。甲午，遣平章政事蕭玉迎祭祖宗梓宮於廣寧。乙未，增置教坊人數。庚子，杖左宣徽使敬嗣暉、同知宣徽事烏居仁及尚食官。

九月戊申，平章政事張暉迎祭梓宮于宗州。乙卯，上謂宰臣及左司官曰：「朝廷之事，尤在慎密。昨授張中孚、趙慶襲官，除書未到，先已知之，皆汝等泄之也。敢復爾者，殺無赦。」己未，如大房山。庚申，還宮。丙寅，以殿前都點檢納合椿年爲參知政事。丁卯，上親迎梓宮及皇太后于沙流河，命左右持杖二束，跽太后前，曰：「某不孝，久失温清，願痛笞之。」太后掖起之，曰：「凡民有子克家，猶愛之，況我有子如此。」叱持杖者退。庚午，獵，親射麞以薦梓宮。壬申，至自沙流河。

十月丙子，皇太后至中都，居壽康宮。戊寅，權奉安太廟神主于延聖寺，致奠梓宮于東郊，舉哀。己卯，梓宮至中都，以大安殿爲丕承殿，安置。壬午，命省部諸司便服治事，不奏死刑一月。辛卯，告于丕承殿。乙未，如葴宮，册謚永寧皇太后曰慈憲皇后。丁酉，大房山行宮成，名曰磐寧。戊戌，還宮。己亥，以翰林學士承旨耶律歸一等爲賀宋正旦使。

十一月乙巳朔，梓宮發丕承殿。戊申，山陵禮成。甲寅，詔内外大小職官覃遷一重，貞元四年租稅並與放免，軍士久於屯戍不經替換者，人賜絹三匹、銀三兩。羣臣稱賀。丙辰，燕百官於泰和殿。丁卯，奉安神主于太廟。戊辰，羣臣稱賀。辛未，獵于近郊。

十二月己丑，還宮。木冰。乙未，上朝太后于壽康宮。己亥，太傅、領三省事大臭薨，親臨哭之，命有司廢務及禁樂三日。

正隆元年正月癸卯朔，宋、高麗、夏遣使來賀。己酉，羣臣奉上尊號曰聖文神武皇帝。上自九月廢朝，常數月不出，有急奏，召左右司郎中省于卧内。庚戌，始視朝。戊午，生辰，宋、高麗、夏遣使來賀。乙丑，觀角抵戲。罷中書門下省。以太師、領三省事温都思忠爲尚書令，太尉、樞密使昂爲太保，右丞相僕散師恭爲太尉、樞密使。左丞劉萼、右丞蕭賾罷，參知政事蔡松年爲尚書右丞。樞密副使蕭懷忠罷，吏部尚書耶律安禮爲樞密副使。平章政事蕭玉爲右丞相，平章政事張暉罷，不置平章政事官。

二月癸酉朔，改元正隆，大赦。庚辰，御宣華門觀迎佛，賜諸寺僧絹五百匹、綵五十段、銀五百兩。辛巳，改定内外諸司印記。乙未，司徒張通古致仕。庚子，謁山陵。辛丑，還都。

三月壬寅朔，始定職事官朝參等格。仍罷兵衞。庚申，以左宣徽使敬嗣暉等爲賀宋生日使。

四月，太尉、樞密使僕散師恭以父憂，起復如故。

五月辛亥，脩容安氏閤女御爲妖所憑，舞譟宮中，命殺之。是月，頒行正隆官制。

六月庚辰，天水郡公趙桓薨。丙戌，以尚書右丞蔡松年爲左丞，樞密副使耶律安禮爲右丞，駙馬都尉烏古論當海爲樞密副使。

七月己酉，命太保昂如上京，奉遷始祖以下梓宮。

八月丁丑，如大房山行視山陵。

十月乙酉，葬始祖以下十帝于大房山。丁酉，還宮。

閏月己亥朔，山陵禮成，羣臣稱賀。甲辰，回鶻使使寅朮烏籠骨來貢。庚寅〔二〇〕，杖右丞相蕭玉、左丞蔡松年、右丞耶律安禮、御史中丞馬諷等。

十一月己巳朔，以右司郎中梁銶等爲賀宋正旦使。癸巳，禁二月八日迎佛。

二年正月戊辰朔，宋、高麗、夏遣使來賀。庚辰，太白晝見。癸未，生辰，宋、高麗、夏遣使來賀。庚寅，以工部侍郎韓錫同知宣徽院事，錫不謝，杖百二十，奪所授官。

二月辛丑，初定太廟時享牲牢禮儀。癸卯，改定親王以下封爵等第，命置局追取存亡告身，存者二品以上，死者一品，參酌削降。公私文書，但有王爵字者，皆立限毀抹，雖墳墓碑志並發而毀之。

三月丙寅朔，高麗遣使賀受尊號。

四月戊戌，追降景宣皇帝爲遼王〔二二〕。以簽書宣徽院事張喆爲橫賜高麗使，宿直將軍温敦斡喝爲橫賜夏國使。

六月乙未，參知政事納合椿年薨。以禮部尚書耶律守素等爲賀宋生日使〔二三〕。

八月癸卯，始置登聞院。甲寅，罷上京留守司。

九月乙丑，以宿直將軍僕散烏里黑爲夏國生日使。戊子，罷護駕軍，置龍翔虎步軍。罷尚書省文資令史出爲外官〔二三〕。

是秋，中都、山東、河東蝗。

十月壬寅，命會寧府毀舊宫殿、諸大族第宅及儲慶寺，仍夷其址而耕種之。丁未，禁賣古器入他境。乙卯，初鑄銅錢〔二四〕。

十一月辛未，以侍衛親軍副指揮使高助不古等爲賀宋正旦使。

十二月己亥，以侍衛親軍都指揮使紇石烈良弼爲參知政事。

三年正月壬戌朔，宋、高麗、夏遣使來賀。丙寅，子矧思阿不死，殺太醫副使謝友正及其乳母等。丁丑，生辰，宋、高麗、夏遣使來賀。己卯，杖右諫議大夫楊伯雄。

二月壬辰朔，都城及京兆初置錢監。甲午，遣使檢視隨路金銀銅鐵冶。

三月辛酉朔，司天奏日食，候之不見。命自今遇日食，面奏，不須頒告。辛巳，以兵部尚書蕭恭等爲賀宋生日使。

四月丙辰，樞密副使烏古論當海罷，以北京留守張暉爲樞密副使。

六月壬辰，蝗入京師。

七月庚申，封子廣陽爲滕王。甲申，以右丞相蕭玉爲司徒，尚書左丞蔡松年爲右丞相，右丞耶律安禮爲左丞，參知政事紇石烈良弼爲右丞，左宣徽使敬嗣暉、户部尚書李通爲參知政事〔二五〕。

九月己未，太白經天。甲子，滕王廣陽薨。庚午，以宿直將軍阿魯保爲夏國生日使。丁丑，以教坊提點高存福爲高麗生日使。辛巳，遷中都屯軍二猛安於南京〔二六〕，遣吏部尚書李惇等分地安置。

十月戊戌，詔尚書省：「凡事理不當者，許詣登聞檢院投狀，院類奏覽訖，付御史臺理問。」

十一月辛酉，以工部尚書蘇保衡等爲賀宋正旦使。癸亥，詔有司勤政安民。癸未，尚書左丞耶律安禮罷。參知政事李通以憂制，起復如故。詔左丞相張浩、參知政事敬嗣暉營建南京宮室。

十二月乙卯，以樞密副使張暉爲尚書左丞。歸德尹致仕高召和式起爲樞密副使。

四年正月丙辰朔，宋、高麗、夏遣使來賀。上朝太后于壽康宮〔二七〕。丁巳，御史大夫高楨薨。庚申，更定私相越境法，並論死。辛酉，罷鳳翔、唐、鄧、潁、蔡、鞏、洮、膠西諸榷場，置場泗州。辛未，生辰，宋、高麗、夏遣使來賀。

二月己丑，以左宣徽使許霖爲御史大夫。丁未，修中都城。造戰船于通州。詔諭宰臣以伐宋事。調諸路猛安謀克軍年二十以上、五十以下者，皆籍之，雖親老丁多亦不許留侍。

三月丙辰朔，遣兵部尚書蕭恭經畫夏國邊界。遣使分詣諸道總管府督造兵器。

四月辛丑，命增山東路泉水、畢括兩營兵士廩給。庚戌，詔諸路舊貯軍器並致于中都。時方建宮室於南京，又中都與四方所造軍器材用皆賦於民，箭翎一尺至千錢，村落間往往椎牛以供筋革，至於烏鵲狗彘無不被害者。辛亥，尚書左丞張暉、御史大夫許霖罷。

以大興尹徒單貞爲樞密副使。以祕書監王可道等爲賀宋生日使。

八月，詔諸路調馬，以户口爲差，計五十六萬餘疋，富室有至六十疋者，仍令户自養飼以俟。己卯，尚書右丞相蔡松年薨。

九月，以翰林待制完顏達紀爲高麗生日使，宿直將軍加古撻懶爲夏國生日使。

十月乙亥，獵于近郊，觀造船于通州。賜尚書右丞紇石烈良弼、樞密副使徒單貞佩刀入宫。

十一月甲辰，以翰林侍講學士施宜生等爲賀宋正旦使。

十二月乙卯，宋遣使告母韋氏哀。甲子，太白晝見。乙丑，以左副點檢大懷忠等爲宋弔祭使。乙亥，太醫使祁宰上疏諫伐宋〔二八〕，殺之。

五年正月庚辰朔，宋、高麗、夏遣使來賀。乙未，生辰，宋、高麗、夏遣使來賀。

二月壬子，宋遣使獻母后遺留物。丁卯，太白晝見。辛未，河東、陝西地震，鎮戎、德順軍大風，壞廬舍，人多壓死。甲戌，遣引進使高植、刑部郎中海狗分道監視所獲盜賊，並淩遲處死，或鋸灼去皮截手足。仍戒屯戍千户謀克等，後有獲者，並處死，總管府官亦決罰。

三月辛巳，東海縣民張旺、徐元等反，遣都水監徐文、步軍指揮使張弘信、同知大興尹事李惟忠、宿直將軍蕭阿窊率舟師九百，浮海討之，命之曰：「朕意不在一邑，將試舟師耳。」庚子，以司徒判大宗正事蕭玉爲御史大夫，司徒如故，尚書右丞紇石烈良弼爲左丞，橫海軍節度使致仕劉長言起爲右丞。

四月庚戌，昭妃蒲察阿里忽有罪賜死。甲寅，宿州防禦使耶律翼使宋失體，杖二百，除名。甲戌，太白晝見。

六月，徐文等破賊張旺、徐元，東海平。

七月辛巳，詔東海縣徐元、張旺詿誤者，並釋之。壬午，以張弘信被命討賊，稱疾逗遛萊州，與妓樂飲燕，杖之二百。癸卯，遣使簽諸路漢軍。

八月丙午朔，日有食之。辛亥，命榷貨務并印造鈔引庫起赴南京。己巳，樞密副使徒單貞罷，以太子少保徒單永年爲樞密副使。辛未，謁山陵，見田間穫者，問其豐耗，以衣賜之。

九月己卯，還宮。

十月庚午，遣護衞完顏普連等二十四人督捕山東、河東、河北、中都盜賊。籍諸路水手得三萬人。

十一月乙酉，以濟南尹僕散烏者等爲賀宋正旦使。尚書右丞劉長言罷。命親軍司以所掌付大興府。置左右驍騎都副指揮使，隸點檢司。步軍都副指揮使〔二九〕，隸宣徽院。

十二月癸丑，禁中都、河北、山東、河南、河東、京兆軍民網捕禽獸及畜養雕隼者。戊辰，禁朝官飲酒，犯者死，三國人使燕飲者非〔三〇〕。

六年正月甲戌朔，宋、高麗、夏遣使來賀。丁丑，判大宗正徒單貞、益都尹京、安武軍節度使爽、金吾衞上將軍阿速飲酒，以近屬故，杖貞七十，餘皆杖百。壬午，上將如南京，以司徒、御史大夫蕭玉爲大興尹，司徒如故。樞密副使徒單永年罷，以都點檢紇石烈志寧爲樞密副使。己丑，生辰，宋、高麗、夏遣使來賀。癸巳，命參知政事李通諭宋使徐度等曰：「朕昔從梁王軍，樂南京風土，常欲巡幸。今營繕將畢功，期以二月末先往河南。帝王巡守，自古有之。以淮右多隙地，欲校獵其間，從兵不踰萬人。況朕祖宗陵廟在此，安能久于彼乎。汝等歸告汝主，令有司宣諭朕意，使淮南之民無懷疑懼。」庚子，詔自中都至河南府所過州縣調從獵騎士二千。辛丑，殺蒲察阿虎迭女叉察。叉察，慶宜公主出，幼鞠宮中，上屢欲納之，太后不可。至是，以罪殺之。

二月乙巳，杖衞王襄之妃及左宣徽使許霖。甲寅，以參知政事李通爲尚書右丞。己未，禁扈從縱獵擾民。庚申，徵諸道水手運戰船。癸亥，發中都。丙寅，次安肅州。

三月己卯，改河南北邙山爲太平山，稱舊名者以違制論。丁亥，將至獲嘉，有男子上書言事，斬之，所言莫得聞。癸巳，次河南府，因出獵，幸汝州温湯，視行宫地。自中都至河南，所過麥皆爲空。復禁扈從毋輒離次及游賞飲酒，犯者罪皆死，而莫有從者。詔内地諸猛安赴山後牧馬，俟秋並發。弟兗之妻烏延氏有罪，賜死。烏延氏之弟南京兵馬副都指揮使習泥烈亦以罪誅〔三二〕。

四月丁未，詔百官先赴南京治事，尚書省、樞密院、大宗正府、勸農司、太府、少府皆從行，吏、户、兵、刑部，四方舘，都水監，大理司官各留一員。以簽書樞密院事高景山等爲賀宋生日使。戊申，詔汝州百五十里内州縣，量遣商賈赴温湯置市。詔有司移問宋人，蔡、潁、壽諸州對境創置堡戍者。庚戌，發河南府。契丹不補自山馳下，伏道左，自陳破東海賊有功，爲李惟忠所抑，立命斬之。丁卯，次温湯。誡扈從毋輒過汝水。上獵，奔鹿突之墮馬，嘔血數日。遣使徵諸道兵。

五月庚辰，太師、尚書令耨盌温都思忠薨。契丹諸部反，遣右將軍蕭禿剌等討之〔三三〕。

六月癸卯，命樞密使僕散師恭、西京留守蕭懷忠將兵一萬討契丹諸部。上自汝州如南京。壬戌，次南京近郊，左丞相張浩率百官迎謁。是夜，大風，壞承天門鴟尾。癸亥，上備法駕入于南京。

七月丁亥，以左丞相張浩爲太傅、尚書令，司徒、大興尹蕭玉爲尚書左丞相，吏部尚書白彥恭爲樞密副使，樞密副使紇石烈志寧爲開封尹，安武軍節度使徒單貞爲御史大夫。己丑，賜從駕、從行、從軍及千户謀克錢帛。大括天下驘馬。殺亡遼耶律氏、宋趙氏子男凡百三十餘人。

八月壬寅，單州賊杜奎據城叛，遣都點檢耶律湛、右驍騎副都指揮使大磐討之。以樞密副使白彥恭爲北面兵馬都統，開封尹紇石烈志寧副之，中都留守完顏穀英爲西北面兵馬都統〔三三〕，西北路招討使唐括孛古的副之，討契丹。癸丑，以諫伐宋弑皇太后徒單氏于寧德宫，仍命即宫中焚之，棄其骨水中，并殺其侍婢等十餘人。癸亥，殺右將軍蕭禿剌、護衛十人長斡盧保，族樞密使僕散師恭、北京留守蕭賾、西京留守蕭懷忠，杖尚書令張浩、左丞相蕭玉。以太常博士張崇爲高麗生日使，蕭誼忠爲夏國生日使。甲子，封所幸太后侍婢高福娘爲鄖國夫人。

九月庚午朔，以太保、判大宗正事昂爲樞密使，太保如故。戊子，殺前壽州刺史毛良虎。

庚寅，大名府賊王九據城叛，衆至數萬，所至盜賊蜂起，大者連城邑，小者保山澤，或以十數騎張旗幟而行，官軍莫敢近。上又惡聞盜賊事，言者輒罪之。

上自將三十二總管兵伐宋，進自壽春。以太保、樞密使昂爲左領軍大都督，尚書右丞李通副之，尚書左丞紇石烈良弼爲右領軍大都督，判大宗正烏延蒲盧渾副之，御史大夫徒單貞爲左監軍，同判大宗正事徒單永年爲右監軍，左宣徽使許霖爲左都監，河南尹蒲察斡論爲右都監，皆從。工部尚書蘇保衡爲浙東道水軍都統制，益都尹鄭家副之，由海道徑趨臨安。太原尹劉萼爲漢南道行營兵馬都統制，濟南尹僕散烏者副之，進自蔡州。河中尹徒單合喜爲西蜀道行營兵馬都統制，平陽尹張中彥副之，由鳳翔取散關，駐軍以俟後命。武勝、武平、武捷三軍爲前鋒。徒單貞別將兵二萬入淮陰。

甲午，上發南京，詔皇后及太子光英居守，尚書令張浩、左丞相蕭玉、參知政事敬嗣暉留治省事。丙申，太白晝見。將士自軍中亡歸者相屬于道。曷蘇館猛安福壽、東京謀克金住等始授甲于大名，即舉部亡歸，從者衆至萬餘，皆公言於路曰：「我輩今往東京，立新天子矣。」

十月乙巳，陰迷失道，二鼓始達營所。丙午，慶雲見。

東京留守曹國公烏祿即位于遼陽，改元大定，大赦。數海陵過惡：弑皇太后徒單氏，殺太宗及宗翰、宗弼子孫及宗本諸王，毀上京宮室，殺遼豫王、宋天水郡王、郡公子孫等數十事。

丁未，大軍渡淮，將至廬州，獲白鹿，以爲武王白魚之兆〔三四〕。漢南道劉蕚取通化軍、蔣州、信陽軍。徒單貞敗宋將王權于盱眙，進取揚州。前鋒軍至段寨，宋戍兵皆遁去，敗宋兵于蔚子橋〔三五〕，敗宋兵于巢縣，斬二百級，至和州。王權夜以兵千餘來襲，射却之。翼日，雨。宋人夜焚其積聚遁去。詰旦追之，宋人逆戰，猛安韓棠軍却，遂失利。温都奥剌奔北，武捷軍副總管阿散率猛安謀克力戰，却之。王權退保南岸。癸亥，上次和州，阿散等進階賞賚有差。西蜀道徒單合喜駐散關，宋人攻秦州臘家城、德順州，克之。浙東道蘇保衡與宋人戰于海道，敗績，副統制鄭家死之。

十一月庚午，左司郎中兀不喝等聞赦，入白東京即位改元事，上拊髀歎曰：「我本欲滅宋後改元大定，豈非天命乎。」出其書示之，即預志改元事也。

以勸農使完顏元宜爲浙西道兵馬都統制，刑部尚書郭安國副之。上駐軍江北。遣武平總管阿隣先渡江至南岸，失利。上還和州，遂進兵揚州。甲午，會舟師于瓜洲渡，期以明日渡江。乙未，浙西兵馬都統制完顏元宜等軍反，帝遇弒，崩，年四十。

海陵在位十餘年，每飾情貌以御臣下。却尚食進鵝以示儉，及游獵頓次，不時需索，一鵝一鶉，民間或用數萬售之，有以一牛易一鶉者。或以弊衾覆衣，以示近臣。或服補綴，令記注官見之。或取軍士陳米飯與尚食同進，先食軍士飯幾盡。或見民車陷泥澤，令衛士下挽，俟車出然後行。與近臣燕語，輒引古昔賢君以自況。顯責大臣，使進直言。使張仲軻輩爲諫官，而祁宰竟以直諫死。比昵羣小，官賞無度，左右有曠僚者，人或以名呼之，即授以顯階。常置黄金裀褥間，有喜之者，令自取之。而淫嬖不擇骨肉，刑殺不問有罪。至營南京宫殿，運一木之費至二千萬，牽一車之力至五百人。宫殿之飾，徧傅黄金而後間以五采，金屑飛空如落雪。一殿之費以億萬計，成而復毁，務極華麗。其南征造戰艦江上，毁民廬舍以爲材，煮死人膏以爲油，殫民力如馬牛，費財用如土苴，空國以圖人國，遂至於敗。

都督府以其柩置之南京班荆館。大定二年，降封爲海陵郡王，謚曰煬。二月，世宗使小底婁室與南京官遷其柩於寧德宫。四月，葬于大房山鹿門谷諸王兆域中。二十年，熙宗既祔廟，有司奏曰：「煬王之罪未正。準晉趙王倫廢惠帝自立，惠帝反正，誅倫，廢爲庶人。煬帝罪惡過於倫，不當有王封，亦不當在諸王塋域。」乃詔降爲海陵庶人，改葬于山陵西南四十里。

贊曰：海陵智足以拒諫，言足以飾非。欲爲君則弑其君，欲伐國則弑其母，欲奪人之妻則使之殺其夫。三綱絶矣，何暇他論。至於屠滅宗族，翦刈忠良，婦姑姊妹盡入嬪御。方以三十二總管之兵圖一天下，卒之戾氣感召，身由惡終，使天下後世稱無道主以海陵爲首。可不戒哉，可不戒哉。

校勘記

〔一〕天眷三年年十八　金史詳校卷一：「『八』當作『九』。」按，海陵生於天輔六年壬寅，天眷三年當爲年十九。

〔二〕拜尚書右丞　「右丞」，本書卷四熙宗紀，皇統七年十一月「癸未，以尚書左丞宗憲爲行臺平章政事，同判大宗正事亮爲尚書左丞」。八年六月乙卯，「左丞亮爲平章政事」。並爲「左丞」，與此異。

〔三〕十一月拜右丞相　按，本書卷四熙宗紀，皇統八年十一月，「平章政事亮爲尚書左丞相兼侍中」，十二月，「左丞相亮爲尚書右丞相」。則其十一月爲左丞相，至十二月始改任右丞相。

〔四〕遣侍衛親軍步軍都指揮使完顏思恭等以廢立事報諭宋高麗夏國　「侍衛親軍步軍都指揮使」，按，要録卷一六一，完顏思恭出使時官爲「侍衛親軍馬步軍都指揮使」，與此異。

〔五〕二月戊申朔封子元壽爲崇王　本書卷八二海陵諸子元壽傳：「元壽，天德元年封崇王。三年，薨。」與此異。

〔六〕以兵部尚書完顏元宜等充賀宋生日使　按，宋史卷三〇高宗紀七，「三月庚辰，金遣完顏思恭等來報即位」，五月「甲午，金就遣完顏思恭等來賀天申節」。要録卷一六一：「金國賀生辰使副，侍衛馬步軍都指揮使完顏思恭、翰林直學士翟永固見於紫宸殿。」金賀宋生日使是完顏思恭，與此異。

〔七〕羣臣上尊號曰法天膺運睿武宣文大明聖孝皇帝　「睿武宣文」，集禮卷一天德貞元册禮作「睿文宣武」，與此異。

〔八〕三月丙戌宋高麗遣使賀即位　按，上文本年正月乙巳，「遣侍衛親軍步軍都指揮使完顏思恭等以廢立事報諭宋、高麗、夏國」。宋史卷三〇高宗紀七，是年三月丙戌，遣使「賀金主即位」，行程約需兩月，進賀當在五月以後，此處「宋」字疑衍。

〔九〕六月丙午朔高麗遣使賀即位　按，高麗賀即位已見上文三月丙戌，本書卷六〇交聘表上同。此處重出。又，宋使賀即位似當在此時，疑「高麗」是「宋國」之誤。

〔一〇〕尚書右丞相劉筈罷　「右丞相」，南監本、北監本、殿本、局本並作「左丞相」。

〔一一〕立太祖射碑于紇石烈部中　本書卷二太祖紀，「天德三年，立射碑以識焉」，時間與此異。

〔一二〕杖壽寧縣主徐輦　「徐輦」，本書卷六三后妃傳上海陵后徒單氏傳附海陵諸嬖傳作「什古」。

〔一三〕以右宣徽使紇石烈撒合輦等爲賀宋生日使　「賀宋」，原作「宋賀」，據局本乙正。按，本書卷六〇交聘表上亦作「賀宋」。

〔一四〕持杯玟禱曰　「玟」，原作「校」，據局本改。

〔一五〕左丞相耨盌温都思忠致仕　本書卷八四耨盌温敦思忠傳：「天德三年，致仕。」繫年與此異。

〔一六〕以平章政事張浩爲尚書右丞相兼中書令　本書卷八三張浩傳作「拜尚書右丞相兼侍中」，與此異。

〔一七〕四月丙戌　「四月」二字原脱。按，下文五月癸丑朔，則丙戌當在四月，今據補。

〔一八〕遣薦含桃于衍慶宫　「含桃」，原作「舍桃」，據元刻本改。

〔一九〕以左司郎中李通爲賀宋生日使　本書卷一二九佞幸李通傳，「累官右司郎中，遷吏部尚書」，與此異。

〔二〇〕庚寅　按，是年閏十月己亥朔，十一月己巳朔，中間不容有庚寅，干支有誤，或以他月事誤繫於此。

〔二一〕追降景宣皇帝爲遼王　「遼王」，本書卷一九世紀補景宣皇帝紀：「海陵弑立，（中略）降帝爲豐王。」與此異。

〔二二〕以禮部尚書耶律守素等爲賀宋生日使　按，宋高宗生日爲五月二十日，金使例以十九日致賀，絶不可能六月始遣使。據宋史卷三一高宗紀八，紹興二十七年（即金正隆二年）「五月癸未，金遣耶律守素等來賀天申節」，知此處繫月錯誤。

〔二三〕罷尚書省文資令史出爲外官　本書卷五二選舉志二繫此事於正隆元年，與此異。

〔二四〕初鑄銅錢　按，本書卷四八食貨志三錢幣：「正隆二年，歷四十餘歲，始議鼓鑄。冬十月，初禁銅越外界，懸罪賞格。括民間銅鍮器，陝西、南京者輸京兆，他路悉輸中都。三年二月，中都置錢監二，東曰寶源，西曰寶豐。京兆置監一，曰利用。三監鑄錢，文曰『正隆通寶』。」本卷下文正隆三年二月，「都城及京兆初置錢監」。則金之始鑄銅錢當在正隆三年二月。此時當是始議鑄錢一事。

〔二五〕户部尚書李通爲參知政事　按，本書卷一二九佞幸李通傳，「累官右司郎中，遷吏部尚書。（中略）渤海、漢人仕進者，必賴吏部尚書李通、户部尚書許霖爲之先容，（中略）頃之，拜參知政事」，皆作「吏部尚書」，與此異。

〔二六〕遷中都屯軍二猛安於南京　「二」，南監本、北監本、殿本、局本並作「一」。

〔二七〕上朝太后于壽康宮　本書卷八九翟永固傳，「正隆四年正月丁巳，海陵朝永壽宮」，與此異。

〔二八〕太醫使祁宰上疏諫伐宋　「祁宰」，原作「祈宰」，據局本改。按，本書卷八三祁宰傳，「海陵將伐宋，（中略）即上疏諫，（中略）海陵怒，命戮於市」。又，本卷末、本書卷七世宗紀中、卷八三傳贊、卷八四耨盌温敦思忠傳皆作「祁宰」。

〔二九〕步軍都副指揮使　「副」字原脱。按，本書卷四四兵志禁軍之制，海陵正隆五年置「步軍都副指揮使隸宣徽院」，今據補。

〔三〇〕三國人使燕飲者非　「非」，南監本、北監本、殿本、局本並作「罪」。

〔二一〕烏延氏之弟南京兵馬副都指揮使習泥烈亦以罪誅　「烈」字原脱。按，本書卷七六兗傳：「正隆六年（中略）南京兵馬副都指揮使習泥烈」，以下「習泥烈」又三見，今據補。

〔二二〕遣右將軍蕭禿剌等討之　「右將軍」，疑當作「右衞將軍」。按，本書兵志及百官志皆無「右將軍」。卷九一蕭懷忠傳：「契丹撒八反，（中略）右衞將軍蕭禿剌、（中略）往討之。」卷一三三叛臣移剌窩斡傳，「海陵使（中略）與右衞將軍蕭禿剌討平之」，皆作「右衞將軍」。

〔二三〕中都留守完顏彀英爲西北面兵馬都統　「完顏彀英」，原作「完顏彀亨」。按，本書卷六世宗紀上、卷一三三叛臣移剌窩斡傳並載此事，皆作「完顏彀英」，卷七二銀术可傳、彀英傳等亦皆作「彀英」。今據改。

〔二四〕獲白鹿以爲武王白魚之兆　「白鹿」，按，本書卷一二九佞幸李通傳：「將至廬州，見白兔，馳射不中。既而，後軍獲之以進，海陵大喜，以金帛賜之，顧謂李通曰：『昔武王伐紂，白魚躍於舟中。今朕獲此，亦吉兆也。』」所獲爲「白兔」。

〔二五〕敗宋兵于蔚子橋　「蔚子橋」，宋史卷三二高宗紀九、卷四五三忠義傳八姚興傳，要録卷一九三皆作「尉子橋」。本書卷七三宗雄傳附子阿鄰傳：「是歲十月，至廬州，與宋將王權軍十萬戰于柘皋鎮、渭子橋，敗之。」與此異。

金史卷六

本紀第六

世宗上

世宗光天興運文德武功聖明仁孝皇帝，諱雍，本諱烏祿，太祖孫，睿宗子也。母曰貞懿皇后李氏。天輔七年癸卯歲，生于上京。體貌奇偉。美鬚髯，長過其腹。胸間有七子如北斗形。性仁孝，沉靜明達。善騎射，國人推爲第一，每出獵，耆老皆隨而觀之。

皇統間，以宗室子例授光祿大夫，封葛王，爲兵部尚書。天德初，判會寧牧。明年，判大宗正事，改中京留守，俄改燕京，未幾，爲濟南尹。貞元初，爲西京留守，二年，改東京，進封趙王。正隆二年，例降封鄭國公，進封衛國。三年，再任留守，徙封曹國。六年五月，居貞懿皇后喪。一日方寢，有紅光照室，及黃龍見寢室上。又嘗夜有大星流入留守第中。

是歲，東梁水漲溢，暴至城下，水與城等，決女墻石罅中流入城，湍激如涌，城中人惶駭，上親登城，舉酒酹之，水退。

海陵南伐，天下騷動。是時，籍契丹部人丁壯爲兵，部人不願行，以告使者，使者燥合畏海陵不以告，部人遂反。至是，咸平府謀克括里攻陷韓州，據咸平，將犯東京。

八月，起復東京留守。婆速路兵四百來會討括里，復得城中子弟願爲兵者數百人。帝舅興中少尹李石以病免，家居遼陽。戊午，發東京，以石主留務。賊覘者聞鼙鼓聲震天，見旌旗蔽野，傳言國公兵十萬且至，賊衆至瀋州，遯去。會烏延查剌等敗賊兵，還至常安縣，海陵使婆速路總管完顏謀衍來討賊，以兵屬之。

九月，至東京。副留守高存福，其女在海陵後宮，海陵使存福伺起居。適以造兵器餘材造甲數十，存福宣言，留守何爲造甲，密使人以白海陵，遂與推官李彥隆託爲擊毬，謀不利。存福家人以其謀來告，平定知軍李蒲速越亦言其事。海陵嘗聞上有疾，即使近習來覘動靜，至是，又使謀良虎圖淮北諸王，上知之，心常隱憂。及討括里還至清河，遇故吏六斤乘傳自南來，具言海陵殺其母，殺兄子檀奴、阿里白及樞密使僕散忽土等，又曰「且遣人來害宗室兄弟矣」。上聞之，益懼。及聞存福圖己，事且有迹，李石勸上早圖之。於是，以議備賊事，召官屬會清安寺，彥隆先到，存福累召始來，並於座上執之。是月，復有雲來自西，黄龍見雲中。

十月辛丑，南征萬户完顔福壽、高忠建、盧萬家奴等自山東率所領兵二萬，完顔謀衍自常安率兵五千皆來附〔一〕。謀衍即以臣禮上謁。乙巳，諸軍入城，共擊殺存福等。是夜，諸軍被甲環衛皇城。丙午，慶雲見，官屬諸軍勸進，固讓良久，於是親告于太祖廟，還御宣政殿，即皇帝位。以完顔謀衍爲右副元帥，高忠建元帥左監軍，完顔福壽右監軍，盧萬家奴顯德軍節度使。丁未，大赦，改元大定。下詔暴揚海陵罪惡數十事。己酉，饗將士，賜官賞各有差，仍給復三年。會寧、胡里改、速頻等路南伐諸軍，會尚書省，奏請以從軍來者補諸局司承應人及官吏闕員。上曰：「舊人南征者即還，何以處之。必不可闕者，量用新人可也。」辛亥，以利涉軍節度使獨吉義爲參知政事。中都留守、西北面行營都統完顔彀英將兵三萬駐歸化，以爲左副元帥。丁巳，出内府金銀器物賚軍，吏民出財物佐官用者甚衆。壬戌，以前臨潢尹晏爲左丞相。癸亥，詔諭南京太傅、尚書令張浩。甲子，興平軍節度使張玄素上謁。尚書省奏，正隆軍興之餘，進錢粟者宜量授以官，從之。詔遣移剌札八招契丹諸部爲亂者。以前肇州防禦使神土懣爲元帥右都監。

十一月己巳朔，以左丞相晏兼都元帥。辛未，以户部尚書李石爲參知政事。己卯，詔調民間馬充軍用，事畢還主，死者給價。阿瑣、璋殺同知中都留守事沙离只，阿瑣自稱中都留守，璋自稱同知留守事，使石家奴等來上表賀〔二〕。辛巳，以如中都期日詔羣臣。壬午，詔中都都轉運使左淵曰：「凡宮殿張設毋得增置，無役一夫以擾百姓，但謹圍禁、嚴出入而已。」以尚書右司員外郎完顏兀古出爲詔諭高麗使。癸未，遣權元帥左都監吾札忽、右都監神土懣、廣寧尹僕散渾坦討契丹諸部。甲申，追尊皇考豳王爲皇帝，謚簡肅，廟號睿宗，皇妣蒲察氏曰欽慈皇后，李氏曰貞懿皇后。羣臣上尊號曰仁明聖孝皇帝〔三〕。乙酉，追復東昏王帝號，謚武靈，廟號閔宗，詔中外。封子實魯剌爲許王，胡土瓦爲楚王。戊子，辭謁太祖廟及貞懿皇后園陵。己丑，如中都。次小遼口〔四〕。使中都留守宗憲先往。壬辰，次梁魚務。樞密副使、北面行營都統白彥敬、南京留守北面行營副統紇石烈志寧以所統軍數來上。安武軍節度使爽來歸。乙未，完顏元宜等弑海陵於揚州。丙申，次義州。丁酉，宋人破陝州，防禦使折可直降，同知防禦使事李柔立死之。

十二月乙卯，次三河縣，左副元帥完顏穀英來朝。丙辰，次通州，延安尹唐括德溫來朝。丁巳，至中都。戊午，謁太祖廟。己未，御貞元殿，受羣臣朝。庚申，以元帥左監軍高忠建等爲報諭宋國使。壬戌，詔軍士自東京扈從至京師者復三年。同知河間尹高昌福上書陳便宜，上覽之再三。詔內外大小職官陳便宜。丙寅，詔左副元帥完顏穀英規措南邊及陝西等路事。

二年正月戊辰朔，日有食之。伐鼓用幣。上徹樂減膳，不視朝。庚午，上謂宰相曰：「進賢退不肖，宰相之職也。有才能高於己者，或懼其分權，往往不肯引置同列，朕甚不取。卿等毋以此爲心。」以前翰林學士承旨致仕翟永固爲尚書左丞，濟南尹僕散忠義爲右丞。都統斜哥、副統完顏布輝坐擅易置中都官吏，斜哥除名，布輝削兩階，罷之。辛未，御太和殿，宴百官，宗戚命婦賜賚有差。壬申，勑御史臺檢察六部文移，稽而不行，行而失當，皆舉劾之。甲戌，除迎賽神佛禁令。乙亥，如大房山。丙子，獻享山陵，禮畢，欲獵而還，左丞相晏等諫曰：「邊事未寧，不宜游幸。」戊寅，還宮。因諭晏等曰：「朕常慕古之帝王，虛心受諫。卿等有言即言，毋緘默以自便。」辛巳，以兵部尚書可喜等謀反，伏誅，詔中外。是日，賜扈從猛安謀克甲士下至阿里喜有差。遣左副點檢蒲察阿孛罕等賞賚河南將士。以前勸農使移剌元宜爲御史大夫。詔前工部尚書蘇保衡、太子少保高思廉振賜山東百姓粟帛〔五〕，無妻者具姓名以聞。庚寅，行納粟補官法。遣右副元帥完顏謀衍率師討蕭窩斡〔六〕。壬辰，上謂宰執曰：「朕即位未半年，可行之事甚多，近日全無敷奏。朕深居九重，正賴卿等贊襄，各思所長以聞，朕豈有倦怠。」癸巳，太白晝見。甲午，上謂宰執曰：「卿等當參民間利害，及時事之可否，以時敷奏。不可公餘輒從自便，優游而已。」命河北、山東、陝西等路征南步軍並放還家。咸平、濟州軍二萬入屯京師〔七〕。丙申，以西南路招討使完顏思敬、兵部尚書阿鄰督北邊將士。

二月己亥，前翰林待制大穎以言盜賊忤海陵，杖而除名，起爲秘書丞。補闕馬欽以諂事海陵得幸，除名。庚子，詔前户部尚書梁球〔八〕、户部郎中耶律道安撫山東百姓。招諭盜賊或避賊及避徭役在他所者，並令歸業，及時農種，無問罪名輕重，並與原免。壬寅，太傅、尚書令張浩來見。癸卯，以上初即位，遣遼陽主簿石抹移迭、東京麴院都監移剌葛補招契丹叛人，爲白彦敬、紇石烈志寧所害，並贈鎮國上將軍，令其家各食五品俸，仍收録其子。甲辰，以張浩爲太師，尚書令如故，御史大夫移剌元宜爲平章政事。辛亥，定世襲猛安謀克遷授格。壬子，以太保、左領軍大都督奔睹爲都元帥，太保如故。癸丑，詔降蕭玉、敬嗣暉、許霖等官，放歸田里。甲寅，復用進士爲尚書省令史。丙辰，嵩州刺史石抹术突刺等敗宋兵於壽安縣〔九〕。丁巳，鄭州防禦使蒲察世傑取陝州。甲子，詔都元帥奔睹開府山東，經略邊事。澤州刺史特末哥及其妻高福娘伏誅。

閏月甲戌，上謂宰臣曰：「比聞外議言，奏事甚難。朕於可行者未嘗不從。自今敷奏勿有所隱，朕固樂聞之。」戊子，上謂宰臣曰：「臣民上書者，多勑尚書省詳閲，而不即具奏，天下將謂朕徒受其言而不行也。其亟條具以聞。」庚寅，詔平章政事移剌元宜泰州路規措邊事。辛卯，太和、厚德殿火〔一〇〕。乙未，尚書兵部侍郎温敦朮突剌等與窩斡戰，敗于勝州〔一一〕。

三月癸卯，參知政事獨吉義罷。元帥左都監徒單合喜敗宋將吴璘于德順州。甲辰，追削李通官職。乙巳，免南京正隆丁夫貸役錢。辛亥，以廉平誡諭中外官吏。癸亥，詔河南、陝西、山東，昨因捕賊，良民被虜爲賊者，釐正之。

四月己巳，右副元帥完顔謀衍等敗窩斡于長濼。辛未，降廢帝亮爲海陵郡王。乙亥，詔減御膳及宫中食物之半。夏國遣使來賀即位，及進方物，及賀萬春節。右副元帥完顔謀衍復敗窩斡於霿䨔河。辛巳，宴夏使貞元殿。故事，外國使三節人從皆坐廡下賜食。上察其食不精腆，曰：「何以服遠人之心。」掌食官皆杖六十。癸未，夏使朝辭，乞互市，從之。己丑，以左丞相晏爲太尉〔一二〕。壬辰，詔征契丹部將士曰：「應契丹與大軍未戰而降者，不得殺傷，仍安撫之。後招誘來降者，除奴婢以已虜爲定，其親屬使各還其家，仍官爲贖之。」

五月丁酉朔，以曷速館節度使白彦敬爲御史大夫。戊戌，遣元帥左監軍高忠建會北征將帥討契丹。己亥，以臨海軍節度使紇石烈志寧爲元帥右監軍。右副元帥完顔謀衍、元帥右監軍完顔福壽坐逗遛，召還京師，皆罷之。壬寅，立楚王允迪爲皇太子，詔中外。

丁巳，押軍萬户裴滿按剌、猛安移剌沙里剌敗宋兵于華州。

六月戊辰，命御史大夫白彦敬西北路市馬。庚午，以尚書右丞僕散忠義爲平章政事兼右副元帥，經略契丹。詔出内府金銀給征契丹軍用。戊寅，詔居庸關、古北口譏察契丹姦細，捕獲者加官賞。己卯，詔守禦古北口及石門關。庚辰，宋遣使賀即位。壬午，右副元帥僕散忠義與窩斡戰于花道。戊子，以南京留守紇石烈良弼爲尚書右丞。庚寅，右副元帥僕散忠義大敗窩斡于裊嶺西陷泉〔一三〕，獲其弟裊。壬辰，以西南路招討使完顏思敬爲元帥右都監。

七月丁酉，復取原州。丙午，宋主傳位于子眘。甲寅，詔諭契丹。丁巳，速頻軍士术里古等誣完顏謀衍子斜哥寄書其父謀反，并以其書上之。上覽書曰：「此誣也，止訊告者。」訊之，果誣也。术里古伏誅。庚申，太尉、尚書左丞相晏致仕。壬戌，詔發濟州、會寧府軍在京師者，以五千人赴北京都統府。陝西都統璋敗宋將吴璘于張義堡。

八月乙丑朔，奚抹白謀克徐列等降。左監軍高忠建破奚于栲栳山，及招降旁近奚六營，有不降者，攻破之，盡殺其男子，以其婦女童孺分給諸軍。丁卯，永興縣進嘉禾。壬申，萬户温迪罕阿魯帶與奚戰于古北口，敗焉，詔同判大宗正事完顏謀衍等禦之。癸酉，上謂宰臣曰：「百姓上書陳時政，其言猶有所補。卿等位居機要，略無獻替，可乎。夫聽斷獄訟，簿書期會，何人不能。唐、虞之聖，猶務兼覽博照，乃能成治。正隆專任獨見，故取敗亡。朕早夜孜孜，冀聞讜論，卿等宜體朕意。」詔「百司官吏，凡上書言事或爲有司所抑，許進表以聞，朕將親覽，以觀人材優劣」。夏國遣使賀尊號。丁丑，免齊國妃、韓王亨、樞密忽土、留守䪍等家親屬在宫籍者。詔元帥右都監完顏思敬以所部軍與大軍會討窩斡。乙酉，詔左諫議大夫石琚、監察御史馮仲尹廉察河北東路。丁亥，詔御史臺曰：「卿等所劾，惟諸局行移稽緩，及緩於赴局者耳，此細事也。自三公以下，官僚善惡邪正，當審察之。若止理細務而略其大者，將治卿等罪矣。」契丹老和尚降。辛卯，罷諸關征稅。

九月甲午朔，完顏謀衍擒奚猛安合住。元帥左都監徒單合喜大敗宋將吴璘于德順州。乙未，詔尚書右丞紇石烈良弼以便宜招撫奚、契丹之叛者。庚子，元帥右都監完顏思敬獲契丹窩斡，餘衆悉平。以尚書左司員外郎完顏正臣爲夏國生日使。壬寅，獵于近郊。乙巳，以移剌窩斡平，詔中外。庚戌，改葬睿宗皇帝。壬子，以元帥右都監完顏思敬爲右副元帥。戊午，詔思敬經略南邊。辛酉，奉遷睿宗皇帝梓宫于磐寧宫。癸亥，元帥左監軍徒單合喜等敗宋兵于德順州。河南統軍使宗尹復取汝州。

十月丁卯，以左副元帥完顏穀英爲平章政事。戊辰，如山陵，謁睿宗皇帝梓宫，哭盡哀。平章政事、右副元帥僕散忠義等還自軍，上謁。丙戌，以僕散忠義爲尚書右丞相、元帥左監軍紇石烈志寧爲左副元帥。戊子，葬睿宗皇帝于景陵，大赦。己丑，詔左副元帥紇石烈志寧經略南邊。壬辰，華州防禦使蒲察世傑、丹州刺史赤盞胡速魯改敗宋兵于德順州。

十一月癸巳朔，詔右丞相僕散忠義伐宋。丁酉，第職官，廉能、污濫、不職各爲三等而黜陟之。

十二月乙酉，遣尚書刑部侍郎劉仲淵等廉察宣諭東京、北京等路。

三年正月壬辰朔，高麗、夏遣使來賀。庚子，太白晝見。壬子，遣客省使烏居仁賞勞河南軍士。癸丑，復取德順州。

二月甲子，詔太子少詹事楊伯雄等廉問山西路。庚午，上謂宰相曰：「灤州饑民，流散逐食，甚可矜恤。移於山西，富民贍濟，仍于道路計口給食。」壬申，詔撫諭陝西。庚辰，太保、都元帥奔睹薨。丙戌，趙景元等以亂言伏誅。庚寅，高麗、夏遣使來賀萬春節。高麗遣使賀即位。東京僧法通以妖術亂衆，都統府討平之。

三月丙申，中都以南八路蝗，詔尚書省遣官捕之。壬寅，詔户部侍郎魏子平等九人〔一四〕，分詣諸路猛安謀克，勸農及廉問。詔臨潢漢民逐食於會寧府、濟、信等州。庚戌，詔免去年租税。

四月辛酉朔，右副元帥完顔思敬罷。丁卯，平章政事完顔穀英、御史大夫白彦敬罷。以參知政事李石爲御史大夫。丁丑，詔吏犯贓罪，雖會赦不敍。己卯，以引進使韓綱爲横賜高麗使。乙酉，賑山西路猛安謀克貧民，給六十日糧。是月，取商、虢、環州，宋所侵一十六州至是皆復。

五月辛卯朔，右丞相僕散忠義朝京師。乙未，以重五，幸廣樂園射柳，命皇太子、親王、百官皆射，勝者賜物有差。上復御常武殿，賜宴擊毬。自是歲以爲常。丙申，宋人攻破靈壁、虹縣。己亥，罷河南、山東、陝西統軍司，置都統、副統。以太子詹事完顔守道從皇太子，上召諭守道曰：「卿任執政，所責非輕，自今毋從行。」辛丑，以右丞相僕散忠義兼都元帥。癸卯，僕散忠義還軍。河南路都統奚撻不也叛入于宋。丙午，宋人攻破宿州。辛亥，更定出征軍逃亡法。尚書省請籍天德間被誅大臣諸奴隸及從窩斡亂者爲軍，上以四方甫定，民意稍蘇，而復簽軍，非長策，不聽。癸丑，詔諭契丹餘黨蒲速越等，如能自新，並釋其罪。若執蒲速越父子以來者，仍官賞之。左副元帥紇石烈志寧復取宿州，河南副統孛朮魯定方死于陣。乙卯，以北京留守完顔思敬復爲右副元帥。中都蝗。詔參知政事完顔守道按問大興府捕蝗官。

六月庚申朔，日有食之。以刑部尚書蘇保衡爲參知政事。丙子，詔曰：「正隆之末，濟州路逃回軍士爲中都官軍所邀殺者，官爲收葬。」己卯，觀稼于近郊。甲申，太師、尚書令張浩罷。以宿直將軍阿勒根和衍爲橫賜夏國使。

七月庚戌，太白晝見。以太子太師宗憲爲平章政事。以孔捴爲襲封衍聖公。

八月丙寅，太白經天。庚午，詔曰：「祖宗時有勞效未曾遷賞者，五品以上聞奏，六品以下及無職事者尚書省約量升除。」甲戌，詔參知政事完顔守道招撫契丹餘黨。戊寅，詔罷契丹猛安謀克，其户分隸女直猛安謀克。命諸官員年老者，許存馬一二疋，餘並括買入官。敕殿前都點檢唐括德温，「重九出獵，國朝舊俗。今扈從軍二千，能無擾民，可嚴爲約束，仍以錢萬貫分賜之」。乙酉，如大房山。丁亥，薦享于睿陵。戊子，還宫。

九月癸巳〔一五〕，以宿直將軍僕散習尼列爲夏國生日使〔一六〕。丁酉，秋獵。以重九，拜天于北郊。丙午，詔翰林待制劉仲誨等廉問車駕所經州縣。乙卯，還宫。

十月甲子，大享于太廟〔一七〕。丙寅，以許王府長史移剌天佛留爲高麗生日使。癸酉，冬獵。

十一月庚寅，太白晝見，經天。壬辰，還都。戊申，詔「求仕官輒入權要之門，追一官，仍降除。以請求有所饋獻及受之者，具狀奏裁」。庚戌，百官請上尊號，不允。詔「中都、平州及畿荒地并經契丹剽掠，有質賣妻子者，官爲收贖」。壬子，尚書左丞翟永固罷。癸丑，罷貢金線段疋。甲寅，以尚書右丞紇石烈良弼爲左丞，吏部尚書石琚爲參知政事。

十二月丁丑，臘，獵于近郊，以所獲薦山陵，自是歲以爲常。詔流民未復業，增限招誘。己卯，參知政事蘇保衡至自軍，辛巳，以爲尚書右丞。

四年正月丁亥朔，高麗、夏遣使來賀。戊子，罷路府州元日及萬春節貢獻。上謂侍臣曰：「秦王宗翰有功於國，何乃無嗣？」皆未知所對。上曰：「朕嘗聞宗翰在西京坑殺匄者千人，得非其報耶。」癸巳，百官復請上尊號，不允。丁酉，如安州春水。壬寅，至安州。大雪。詔扈從人舍民家者，人日支錢一百與其主。甲辰，元帥府言「宋遣審議官胡昉致尚書右僕射書，來議和好」。以其言失信，拘昉軍中，以書荅之」。及以書進，上覽之曰：「宋之失信，行人何罪，當即遣還。邊事令元帥府從宜措畫。」乙巳，尚書省奏「徐州民曹珪討賊江志，而子弼亦在賊中，并殺之。法當補二官，敍雜班」。上以所奏未當，進一官，正班用之。辛亥，獲頭鵞，遣使薦山陵，自是歲以爲常。

二月丁巳，免安州今年賦役，及保塞縣御城、邊吳二村凡扈從人嘗止其家者，亦復一年。辛酉，獵于高陽之北。庚午，還都。庚辰，以北京粟價踴貴，詔免今年課甲。

三月丙戌朔，萬春節，高麗、夏遣使來賀。詔免北京歲課段匹一年。庚子，京師地震。壬寅，百官復請上尊號，不允。

四月丁巳，平章政事完顏元宜罷。甲戌，出宮女二十一人。

五月，旱。癸卯，敕有司審冤獄，禁宮中音樂，放毬場役夫。乙巳，詔禮部尚書王競禱雨于北岳。己酉，命參知政事石琚等於北郊望祭禱雨。壬子，雨。窩斡餘黨蒲速越伏誅。

六月甲寅朔，日有食之。壬戌，尚書左丞紇石烈良弼至自征南元帥府。甲子，以雨足，命有司祭謝嶽鎮海瀆于北郊。己巳，幸東宮，視皇太子疾。庚午，初定祭五嶽四瀆禮。辛未，觀稼于近郊。庚辰，詔諭元帥府曰：「所請伐宋軍萬五千，今以騎三千、步四千赴之。」詔陝西元帥府議入蜀利害以聞。

七月壬辰，故衞王襄妃及其子和尚以妖妄伏誅。庚子，以尚書左丞紇石烈良弼爲平章政事。辛丑，大風雷雨，拔木。

八月甲寅朔，詔征南元帥府曰：「前所請收復舊疆，乞候秋涼進發，今已秋涼，復俟何時。」戊午，以參知政事完顏守道爲尚書左丞，大興尹唐括安禮爲參知政事。壬申，上謂宰臣曰：「卿每奏皆常事，凡治國安民及朝政不便於民者，未嘗及也。如此，則宰相之任誰不能之。」己卯，如大房山。辛巳，致祭于山陵。

九月癸未朔，還都。乙酉，上謂宰臣曰：「形勢之家，親識訴訟，請屬道達，官吏往往屈法徇情，宜一切禁止。」己丑，上謂宰臣曰：「北京、懿州、臨潢等路嘗經契丹寇掠，平、薊二州近復蝗旱，百姓艱食，父母兄弟不能相保，多冒鬻爲奴，朕甚閔之。可速遣使閱實其數，出内庫物贖之。」乙未，幸鷹房，主者以鷹隼置内省堂上，上怒曰：「此宰相聽事，豈置鷹隼處耶。」痛責其人，俾置他所。己亥，以宿直將軍烏里雅爲夏國生日使。辛亥，以太子少詹事烏古論三合爲高麗生日使。

十月癸丑朔〔一八〕，獵于密雲縣。丙寅，還都。己卯，命泰寧軍節度使張弘信等二十四人分路通檢諸路物力。

十一月乙酉，征南都統徒單克寧敗宋兵，取楚州。己丑，封子永功爲鄭王。辛卯，冬獵。乙未，詔進師伐宋。戊戌，次河間府。辛丑，尚書省火。甲辰，次清州。

閏月壬子朔，還都。

十二月丁亥，尚書省奏都統高景山取商州。己丑，臘，獵于近郊。辛卯，太白晝見，經天。是歲，大有年。斷死罪十有七人。

五年正月辛亥朔，高麗、夏遣使來賀。乙卯，詔泰州、臨潢接境〔一九〕設邊堡七十，駐兵萬三千。己未，宋通問使魏杞等以國書來。書不稱「大」，稱「姪宋皇帝」，稱名，「再拜奉書于叔大金皇帝」。歲幣二十萬。辛未，詔中外。復命有司，旱、蝗、水溢之處，與免租賦。癸酉，命元帥府諸新舊軍以六萬人留戍，餘並放還。以宋國歲幣悉賞諸軍。

二月壬午，以左副都點檢完顏仲等爲宋報問使。壬寅，罷納粟補官令。戊申，萬春節〔二〇〕，宋、高麗、夏遣使來賀。

三月壬申，羣臣奉上尊號曰應天興祚仁德聖孝皇帝，詔中外。

四月癸卯，西京留守壽王京謀反，獄成，特免死，杖之，除名，嵐州安置。乙巳，右副元帥完顏思敬罷。丁未，右丞相、都元帥僕散忠義還自軍。

五月壬子，左副元帥紇石烈志寧以召入見。丁巳，以僕散忠義爲尚書左丞相，紇石烈志寧爲平章政事，還軍。乙丑，以平章政事宗憲爲尚書右丞相。癸酉，罷山東路都統府，以其軍各隸總管府。

六月甲辰，芝産大安殿柱。丙午，京師地震，雨毛。

七月戊申朔，京師地復震。罷陝西都統府，復置統軍司京兆，徙陝西元帥府河中。

八月己卯，前宿州防禦使烏林荅剌撒以與宋李世輔交通，伏誅。癸巳，宋、夏遣使賀尊號。

九月丁未朔，以吏部尚書高衎等爲賀宋生日使。戊申，秋獵。庚戌，以宿直將軍朮虎蒲查爲夏國生日使。甲戌，還都。

十月丁丑朔，地震。辛巳，以大宗正丞璋爲高麗生日使。乙未，冬獵。辛丑，還都。

十一月丙午朔，上謂宰臣曰：「朕在位日淺，未能徧識臣下賢否，全賴卿等盡公舉薦。今六品以下殊乏人材，何以副朕求賢之意。」癸丑，幸東宮。戊午，以右副都點檢烏古論粘沒曷爲賀宋正旦使。癸亥，立諸路通檢地土等第稅法。癸酉，大霧，晝晦。

十二月己丑，獵于近郊。高麗遣使賀尊號。

六年正月丙午朔，宋、高麗、夏遣使來賀。庚午，敕有司，宮中張設毋以塗金爲飾。

二月丁亥，尚書左丞相兼都元帥沂國公僕散忠義薨〔二〕。壬寅，萬春節〔三〕，宋、高麗、夏遣使來賀。

三月甲寅，上如西京。庚申，次歸化州，西京留守唐括德温上謁。戊辰，至西京。庚午，朝謁太祖廟。壬申，擊毬，百姓縱觀。

四月甲戌朔，詔月朔禁屠宰。戊戌，以尚書右司郎中移剌道爲橫賜高麗使，宿直將軍斜卯攧剌爲横賜夏國使。辛丑，太白晝見。

五月戊申，幸華嚴寺，觀故遼諸帝銅像，詔主僧謹視之。壬子，詔雲中大同縣及警巡院給復一年。壬戌，詔將幸銀山，諸扈從軍士賜錢五萬貫，有敢損苗稼者，並償之。

六月辛巳，太白晝見，經天。丙戌，發自西京。庚子，獵于銀山。

七月辛酉，次三叉口。

八月辛未朔，次凉陘。庚辰，獵于望雲之南山。

九月辛丑朔，至自西京。丁未，以户部尚書魏子平爲賀宋生日使。辛亥，以翰林待制移剌熙載爲夏國生日使。澤州刺史劉德裕等以盜用官錢伏誅。壬子，太白晝見。癸丑，尚書右丞相宗憲薨。丙辰，太白晝見，經天。

十月己卯，以尚書兵部侍郎移剌按荅爲高麗生日使。甲申，朝享于太廟。詔免雄、莫等州今年租。壬辰，太白晝見，經天。丁酉，如安肅州。冬獵。

十一月丙午，還都。癸丑，以右副都點檢烏古論元忠爲賀宋正旦使。上謂宰臣曰：「朝官當慎選其人，庶可激勵其餘，若不當，則啓覬覦之心。卿等必知人才優劣，舉實才用之。」庚申，太白晝見，經天。丁卯，參知政事石琚以母憂罷。

十二月甲戌，詔有司，每月朔望及上七日毋奏刑名。戊子，太白晝見，經天。甲午，泰州民合住謀反，伏誅。丙申，以平章政事紇石烈良弼爲尚書右丞相，紇石烈志寧爲樞密使。

七年正月庚子朔，宋、高麗、夏遣使來賀。辛亥，石琚起復參知政事。壬子，上服衮冕，御大安殿，受尊號册寶禮〔二三〕。癸丑，大赦。庚申，以元帥左監軍徒單合喜爲樞密副使。

二月庚寅，尚書右丞蘇保衡薨。丙申，以參知政事石琚爲尚書右丞。

三月己亥朔，萬春節，宋、高麗、夏遣使來賀。

四月戊辰朔，日有食之。壬辰，以御史大夫李石爲司徒，大夫如故。

五月丙午，大興府獄空，詔賜錢三百貫爲宴樂之用，以勞之。甲寅，以北京留守耨盌温敦兀帶爲參知政事。

六月癸酉，命地衣用龍文者罷之。

七月戊申，禁服用金線，其織賣者，皆抵罪。丙辰，幸東宮。己未，幸東宮視皇太子疾。

閏月丁卯，觀稼于近郊。戊辰，許王永中進封越王〔二四〕，鄭王永功封隨王，永成封瀋王。甲戌，詔遣秘書監移剌子敬經略北邊。戊寅，幸東宮。己卯，慶雲環日。壬午，觀稼于近郊。戊子，觀稼于北郊。

八月辛亥，慶雲環日。癸丑，尚書右丞相監脩國史紇石烈良弼進太宗實録，上立受之。己未，如大房山。壬戌，致祭睿陵。

九月乙丑朔，還宮。己巳，右三部檢法官韓贇以捕蝗受賂，除名。詔吏人但犯贓罪，雖會赦，非特旨不敍。以勸農使蒲察莎魯窩等爲賀宋生日使。辛未，參知政事唐括安禮罷。乙亥，以宿直將軍唐括鶻魯爲夏國生日使。庚辰，地震。辛巳，以都水監李衞國爲高麗生日使。乙酉，秋獵。庚寅，次保州。詔修起居注王天祺察訪所經過州縣官。

十月乙未朔，上謂侍臣曰：「近聞朕所幸郡邑，曾宴寢堂宇，後皆避之，此甚無謂，可宣諭，令仍舊居止。」戊申，還都。丁巳，上謂宰臣曰：「海陵不辨人才優劣，惟徇己欲，多所升擢。朕即位以來，以此爲戒，止取實才用之。近聞蠡州同知移剌延壽在官污濫，詢其出身，乃正隆時鷹房子。如鷹房、厨人之類，可典城牧民耶？自今如此局分，不得授以臨民職任。」以御史中丞孟浩爲參知政事。是日，參知政事粘盌温敦兀帶薨。辛酉，勑有司於東宮涼樓前增建殿位，孟浩諫曰：「皇太子雖爲儲貳，宜示以儉德，不當與至尊宮室相侔。」乃罷之。

十一月乙丑朔，上謂宰臣曰：「聞縣令多非其人，其令吏部察其善惡，明加黜陟。」辛未，以河間尹徒單克寧等爲賀宋正旦使。壬申，太白晝見。丁丑，歲星晝見。丁亥，樞密副使徒單合喜罷。

十二月戊戌，東京留守徒單合喜、北京留守完顏謀衍、肇州防禦使蒲察通朝辭，賜通金帶，諭之曰：「卿雖有才，然用心多詐，朕左右須忠實人，故命卿補外。賜卿金帶者，荅卿服勞之久也。」又顧謂左宣徽使敬嗣暉曰〔二五〕：「如卿不可謂無才，所欠者純實耳。」甲辰，以北京留守完顏思敬爲平章政事。是歲，斷死囚二十人。

八年正月甲子朔，宋、高麗、夏遣使來賀。乙丑，上謂宰臣曰：「朕治天下，方與卿等共之，事有不可，各當面陳，以輔朕之不逮，慎毋阿順取容。卿等致位公相，正行道揚名之時，苟或偷安自便，雖爲今日之幸，後世以爲何如。」羣臣皆稱萬歲。辛未，謂秘書監移剌子敬等曰：「昔唐、虞之時，未有華飾，漢惟孝文務爲純儉。朕於宮室惟恐過度，其或興修，即損宮人歲費以充之，今亦不復營建矣。如宴飲之事，近惟太子生日及歲元嘗飲酒，往者亦止上元、中秋飲之，亦未嘗至醉。至於佛法，尤所未信。梁武帝爲同泰寺奴，遼道宗以民户賜寺僧，復加以三公之官，其惑深矣。」庚辰，行皇太子册禮。

二月甲午朔，制子爲改嫁母服喪三年。上諭左宣徽使敬嗣暉曰：「凡爲人臣，上欲要君之恩，下欲干民之譽，必虧忠節，卿宜戒之。」

三月癸亥朔，萬春節，宋、高麗、夏遣使來賀。己巳，命以職官子補令史。丁丑，命護衞親軍百户、五十户，非直日不得帶刀入宮〔二六〕。己丑，太白晝見。

四月丙午，詔曰：「馬者軍旅所用，牛者農耕之資，殺牛有禁，馬亦何殊，其令禁之。」戊申，擊毬常武殿，司天馬貴中諫曰：「陛下爲天下主，繫社稷之重，又春秋高，圍獵擊毬危事也，宜悉罷之。」上曰：「朕以示習武耳。」

五月甲子，北望淀大震、風、雨雹〔二七〕，廣十里，長六十里。詔户、工兩部，自今宮中之飾，並勿用黄金。乙丑，上如涼陘。丁卯，歲星晝見。庚寅，改旺國崖曰靜寧山，曷里滸東川曰金蓮川。

六月，河決李固渡，水入曹州。

七月甲子，制盜羣牧馬者死，告者給錢三百貫。戊辰，上謂平章政事完顔思敬等曰：「朕思得賢士，寤寐不忘。自今朝臣出外，即令體訪外任職官廉能者，及草萊之士可以助治者，具姓名以聞。」甲戌，秋獵。己卯，次三叉口。上諭點檢司曰：「沿路禾稼甚佳，其扈從人少有蹂踐，則當汝罪。」

八月乙卯，至自涼陘。

九月辛酉，上諭尚書右丞石琚、參政孟浩曰：「聞蔚州採地蕈，役夫數百千人，朕所用幾何，而擾動如此。自今差役凡稱御前者，皆須稟奏，仍令附册。」癸亥，以右宣徽使移剌神獨斡等爲賀宋生日使。己巳，以引進使高希甫爲夏國生日使。庚午，上幸東宮。癸酉，上諭宰臣曰：「卿等舉用人材，凡己所知識，必使他人舉奏，朕甚不喜。如其果賢，何必以親疎爲避忌也。」以户部尚書魏子平爲參知政事。辛巳，上謂御史大夫李石曰：「臺憲固在分别邪正，然内外百司豈謂無人。惟見卿等劾人之罪，不聞舉善。自今宜令監察御史分路刺舉善惡以聞。」上嘗命左衛將軍大磐訪求良弓，而磐多自取，護衛婁室以告，上命點檢司鞫磐。磐妹爲寶林，磐屬内侍僧兒言之寶林，寶林以聞，命杖僧兒百，出磐爲隴州防禦使。

十月己丑朔，以戒諭官吏貪墨，詔中外。乙未，命涿州刺史兼提點山陵，每以朔望致祭，朔則用素，望則用肉，仍以明年正月爲首。及命圖畫功臣於太祖廟，其未立碑者立之。以翰林待制靖爲高麗生日使。上謂宰臣曰：「海陵時，脩起居注不任直臣，故所書多不實。可訪求得實，詳而録之。」參政孟浩進曰：「良史直筆，君舉必書，自古帝王不自觀史，意正在此。」辛亥，詔罷復州歲貢鹿筋。

十一月乙丑，幸東宫。以同簽大宗正事闢合土等爲賀宋正旦使。

十二月戊子朔，遣武定軍節度使移剌按等招諭阻𩏂。

九年正月戊午朔，宋、高麗、夏遣使來賀。辛酉，上與宣徽使敬嗣暉、秘書監移剌子敬論古今事，因曰：「亡遼日屠食羊三百，亦豈能盡用，徒傷生耳。朕雖處至尊，每當食，常思貧民飢餒，猶在己也。彼身爲惡而口祈福，何益之有。如海陵以張仲軻爲諫議大夫，何以得聞忠言。朕與大臣論議一事，非正不言，卿等不以正對，豈人臣之道也。」庚午，詔諸州縣和糴，毋得抑配百姓。戊寅，契丹外失剌等謀叛，伏誅。丙戌，制漢人、渤海兄弟之妻，服闋歸宗，以禮續婚者，聽。

二月庚寅，制妄言邊關兵馬者，徒二年。丙申，詔改葬漢二燕王於城東。庚子，以中都等路水，免税，詔中外。又以曹、單二州被水尤甚，給復一年。甲寅，詔女直人與諸色人公事相關，只就女直理問。

三月丁巳朔，萬春節，宋、高麗、夏遣使來賀。丁卯，以尚書省定網捕走獸法，或至徒，上曰：「以禽獸之故而抵民以徒，是重禽獸而輕民命也，豈朕意哉。自今有犯，可杖而釋之。」詔御史中丞移剌道廉問山東、河南。辛未，禁民間稱言「銷金」，條理内舊有者，改作

「明金」字。辛巳，以大名路諸猛安民户艱食，遣使發倉廩減價出之。

四月己丑，謂宰臣曰：「朕觀在位之臣，初入仕時，競求聲譽以取爵位，亦既顯達，即徇默苟容爲自安計，朕甚不取。宜宣諭百官，使知朕意。」癸巳，遣翰林脩撰蒲察兀虎、監察御史完顏鶻沙分詣河北西路、大名、河南、山東等路勸猛安謀克農。

五月丙辰朔，以符寶郎徒單懷貞爲横賜高麗使，宿直將軍完顏賽也爲横賜夏國使。戊辰，尚書省奏越王永中、隋王永功二府有所興造，發役夫。上曰：「朕見宫中竹有枯瘁者，欲令更植，恐勞人而止。二王府各有引從人力，又奴婢甚多，何得更役百姓。爾等但以例爲請，海陵横役無度，可盡爲例耶。自今在都浮役，久爲例者仍舊，餘並官給傭直，重者奏聞。」

六月庚寅，冀州張和等反，伏誅。戊戌，以久旱，命宫中毋用扇。庚子，雨。

七月乙卯朔，罷東北路採珠。壬申，觀稼于近郊。

八月甲申朔，有司奏日食，以雨不見，伐鼓用幣如常禮。

九月甲寅朔，以刑部尚書高德基等爲賀宋生日使，宿直將軍僕散守中爲夏國生日使，提點司天臺馬貴中爲高麗生日使。罷皇太子月料，歲給錢五萬貫。上謂臺臣曰：「比聞朝官内有攬中官物以規貨利者，汝何不言？」皆對曰：「不知。」上曰：「朕尚知之，汝有不知者乎。朕若舉行，汝將安用。」壬戌，秋獵。

十月丁亥，還都。辛丑，以尚書右丞相紇石烈良弼爲左丞相，樞密使紇石烈志寧爲右丞相。詔宗廟之祭，以鹿代牛，著爲令。丙午，大享于太廟。辛亥，以平章政事完顏思敬爲樞密使。

十一月己未，以尚書左丞完顏守道爲平章政事，右丞石琚爲左丞，參知政事孟浩爲右丞。庚申，上幸東宮。辛酉，以京兆尹毅等爲賀宋正旦使。壬戌，冬獵。丙子，還都。

十二月丙戌，詔賑臨潢、泰州、山東東路、河北東路諸猛安民。以東京留守徒單合喜爲平章政事。丁酉，太白晝見。辛丑，獵于近郊。丙午，制職官犯公罪，在官已承伏者，雖去官猶論。

十年正月壬子朔，宋、高麗、夏遣使來賀。甲子，命宮中元宵無得張燈。甲戌，以司徒、御史大夫李石爲太尉、尚書令。

二月甲午，安化軍節度使徒單子温、副使老君奴以贓罪，伏誅。戊申，上謂近臣曰：「護衛以後皆是治民之官，其令教以讀書。」

三月壬子朔，萬春節，宋、高麗、夏遣使來賀。丙辰，上因命護衛中善射者押賜宋使射弓宴，宋使中五十，押宴者纔中其七，謂左右將軍曰：「護衞十年出爲五品職官，每三日上直，役亦輕矣，豈徒令飽食安卧而已。弓矢不習，將焉用之。」戊午，以河南統軍使宗敍爲參知政事。庚午，上謂參政宗敍曰：「卿昨爲河南統軍時，言黄河堤埽利害，甚合朕意。朕每念百姓差調，官吏互爲姦弊，不早計料，臨期星火率斂，所費倍蓰，爲害非細。卿既參朝政，皆當革弊，擇利行之。」又諭左丞石琚曰：「女直人徑居達要，不知閭閻疾苦。汝等自丞簿至是，民間何事不知，凡有利害，宜悉敷陳。」

四月丁酉，制命婦犯姦，不用夫廕以子封者，不拘此法。

五月乙卯，如柳河川。

閏月庚辰，夏國任得敬脅其主李仁孝〔二八〕，使上表，請中分其國。上問宰臣李石，石等以爲事繫彼國，不如許之。上曰：「彼刦於權臣耳。」詔不許，并却其貢物。

七月壬午，秋獵。戊戌，放圍場役夫。詔扈從糧食並從官給。乙巳，勑扈從人縱畜牧蹂踐禾稼者，杖之，仍償其直。

八月己未，至自柳河川。壬申，遣參知政事宗敍北巡。

九月庚辰，尚書左丞相紇石烈良弼丁憂，起復如故。壬午，以簽書樞密院事移剌子敬爲賀宋生日使。庚寅，以户部郎中夾谷阿里補爲夏國生日使。

十月己酉，以大宗正丞紇爲高麗生日使。甲寅，如霸州，冬獵。乙丑，上謂大臣曰：「比因巡獵，聞固安縣令高昌裔不職，已令罷之。霸州司候成奉先奉職謹恪，可進一階，除固安令。」辛未，上謂宰臣曰：「朕凡論事有未能深究其利害者，卿等宜悉心論列，無爲面從而退有後言。」

十一月辛巳，制盜太廟物者與盜宮中物論同。甲申，上幸東宮。丁亥，以太子詹事蒲察蒲速越等爲賀宋正旦使。癸巳，夏國以誅任得敬遣使來謝，詔慰諭之。

十二月丙寅，上謂宰臣曰：「比體中不佳，有妨朝事。今觀所奏事，皆依條格，殊無一利國之事。若一朝行一事，歲計有餘，則其利博矣。朕居深宮，豈能悉知外事，卿等尤當注意。」

十一年正月丙子朔，宋、夏遣使來賀。丁丑，封子永升爲徐王，永蹈爲滕王，永濟爲薛王。壬午，詔職官年七十以上致仕者，不拘官品，並給俸禄之半。丙申，命賑南京屯田猛安被水災者。戊戌，尚書省奏汾陽軍節度副使牛信昌生日受饋獻，法當奪官。上曰：「朝廷行事苟不自正，何以正天下。尚書省、樞密院生日節辰饋獻不少，此而不問，小官饋獻即加按劾，豈正天下之道。自今宰執樞密饋獻亦宜罷去。」上謂宰臣曰：「往歲清暑山西，近路禾稼甚廣，殆無畜牧之地，因命五里外乃得耕墾。今聞民皆去之他所，甚可矜憫，其令依舊耕種。事有類此，卿等宜即告朕。」

三月乙亥朔，萬春節，宋、夏遣使來賀。辛巳，命有司以天水郡公旅櫬依一品禮葬於鞏洛之原。

四月丁未，歸德府民臧安兒謀反，伏誅。大理卿李昌圖以廉問真定尹徒單貞、咸平尹石抹阿没剌受贓不法，既得罪狀，不即黜罷，杖之四十。癸亥，參知政事魏子平罷。高麗國王晛弟晧，廢其主自立，詐稱讓國，遣使以表來上。

五月辛卯，詔遣吏部侍郎靖使高麗問故。癸巳，以南京留守移剌成爲樞密副使。

六月己酉，詔曰：「諸路常貢數内，同州沙苑羊非急用，徒勞民爾，自今罷之。朕居深宫，勞民之事豈能盡知，似此當具以聞。」戊午，觀稼于近郊。甲子，平章政事徒單合喜薨〔二九〕。

七月甲申，參知政事宗敍薨。

八月癸卯朔，太白晝見。詔朝臣曰：「朕嘗諭汝等，國家利便，治體遺闕，皆可直言。外路官民亦嘗言事，汝等終無一語。凡政事所行，豈能皆當。自今直言得失，毋有所隱。」乙巳，上謂宰臣曰：「隨朝之官，自謂歷一考則當得某職，兩考則當得某職。第務因循，碌碌而已。自今以外路官與内除者，察其公勤則升用之，但苟簡於事，不須任滿，便以本品出之。賞罰不明，豈能勸勉。」庚戌，詔曰：「應因窩斡被掠女直及諸色人未經刷放者，官爲贖放。隱匿者，以違制論。其年幼不能稱説住貫者，從便住坐。」上謂宰臣曰：「五品以下闕員甚多，而難於得人。三品以上朕則知之，五品以下不能知也。卿等曾無一言見舉者。欲畫久安之計，興百姓之利，而無良輔佐，所行皆尋常事耳，雖日日視朝，何益之有。卿等宜勉思之。」己巳〔三〇〕，以尚書刑部侍郎烏林荅天錫等爲賀宋生日使，近侍局使劉珫爲夏國生日使。

九月癸未，獵于橫山。庚寅，還都。

十月壬寅朔，以左宣徽使敬嗣暉爲參知政事。甲寅，上謂宰臣曰：「朕已行之事，卿等以爲成命不可復更，但承順而已，一無執奏。且卿等凡有奏，何嘗不從。自今朕旨雖出，宜審而行，有未便者，即奏改之。或在下位有言尚書省所行未便，亦當從而改之，毋拒而不從。」丙寅，尚書左丞相紇石烈良弼進睿宗實録。戊辰，上謂宰臣曰：「衍慶宫圖畫功臣，已命增爲二十人。如丞相韓企先，自本朝興國以來，憲章法度，多出其手。至於關決大政，但與大臣謀議，終不使外人知覺。漢人宰相，前後無比，若褒顯之，亦足示勸，慎無遺之。」

十一月丁丑，以西南路招討使宗寧等爲賀宋正旦使。戊寅，幸東宮。上謂皇太子曰：「吾兒在儲貳之位，朕爲汝措天下，當無復有經營之事。汝惟無忘祖宗純厚之風，以勤修道德爲孝，明信賞罰爲治而已。昔唐太宗謂其子高宗曰：『吾伐高麗不克終，汝可繼之。』如此之事，朕不以遺汝。如遼之海濱王，以國人愛其子，嫉而殺之，此何理也。子爲衆愛，愈爲美事，所爲若此，安有不亡。唐太宗有道之君，而謂其子高宗曰：『爾於李勣無恩。今以事出之，我死，宜即授以僕射，彼必致死力矣。』君人者，焉用僞爲。受恩於父，安有忘報於子者乎。朕御臣下，惟以誠實耳。」羣臣皆稱萬歲。丙戌，朝享于太廟。丁亥，有事于圓丘，大赦。癸巳，羣臣奉上尊號曰應天興祚欽文廣武仁德聖孝皇帝，乙未，詔中外。

十二月癸卯，冬獵。乙卯，還宮。丙辰，參知政事敬嗣暉薨。辛酉，進封越王永中趙王，隋王永功曹王〔三二〕，潘王永成豳王，徐王永升虞王，滕王永蹈徐王，薛王永濟滕王。乙丑，趙王永中、曹王永功俱授猛安〔三三〕，仍命永功親治事，以習爲政。

校勘記

〔一〕完顏謀衍自常安率兵五千皆來附　「常安」，原作「長安」。按，上文作「常安縣」，本書卷七二謀衍傳亦記「世宗爲東京留守，自將討括里還，遇謀衍于常安縣，盡以甲士付之」。今據改。

〔二〕使石家奴等來上表賀　「石家奴」，原作「后家奴」，南監本、北監本、殿本作「後家奴」。按，金史詳校卷一：「『後』當作『石』。案：阿瑣傳、璋傳並作『石』，元本誤『石』爲『后』，明人復改『后』爲『後』。」今據改。

〔三〕羣臣上尊號曰仁明聖孝皇帝　「仁明聖孝」，集禮卷二帝號下大定七年册禮作「聖明仁孝」。本書卷八七僕散忠義傳亦作「聖明仁孝」。

〔四〕次小遼口　「遼」字原脱。按，本書卷七〇宗憲傳，「宗憲聞世宗即位，先已棄官來歸，（中略）遂見上于小遼口，除中都留守，即遣赴任」。今據補。

〔五〕詔前工部尚書蘇保衡太子少保高思廉振賜山東百姓粟帛　「山東」下疑脱「臨潢」二字。按，本書卷八九蘇保衡傳：「大定二年，召赴中都。是時，山東盜賊嘯聚，契丹攻掠臨潢等州郡，百姓困弊。詔保衡安撫山東，前太子少保高思廉安撫臨潢，發倉粟以賑之，無衣者賜以幣帛，或官粟有闕，則收糴以給之，無妻室者具姓名以聞。」

〔六〕遣右副元帥完顏謀衍率師討蕭窩斡　「蕭窩斡」，本書卷一三三叛臣移剌窩斡傳，大定「二年正月，右副元帥完顏謀衍率諸軍北征窩斡」。「蕭窩斡」或名「移剌窩斡」。

〔七〕咸平濟州軍二萬入屯京師　「二萬」，南監本、北監本、殿本、局本並作「三萬」。

〔八〕詔前户部尚書梁球　「梁球」，本書卷八八移剌道傳、卷九一石抹榮傳記此事皆作「梁銶」，與此異。

〔九〕嵩州刺史石抹朮突剌等敗宋兵於壽安縣　「石抹朮突剌」，本書卷八六蒲察斡論傳作「石抹突剌」，與此異。

〔一〇〕辛卯太和厚德殿火　本書卷八四耨盌温敦思忠傳附子乙迭傳：「大定二年閏二月癸巳夜，遂於十六位放火，延燒太和、神龍殿。」時間、殿名皆與此異。

〔一一〕敗于勝州　「勝州」，按，本書卷二四地理志上，西京路有東勝州，此外並無「勝州」。

〔一二〕以左丞相晏爲太尉　「左丞相」，原作「右丞相」，據殿本、局本改。按，上文大定元年十月壬戌，「以前臨潢尹晏爲左丞相」。以下晏兩見，皆是「左丞相」。

〔一三〕庚寅右副元帥僕散忠義大敗窩斡于裊嶺西陷泉　「庚寅」二字原錯置於「右副元帥」下。按，上文大定二年五月己亥，「右副元帥完顔謀衍、元帥右監軍完顔福壽坐逗遛，召還京師，皆罷之」。六月庚午，「以尚書右丞僕散忠義爲平章政事兼右副元帥，經略契丹」。下文亦見「右副元帥僕散忠義」。今據乙正。

〔一四〕詔户部侍郎魏子平等九人　按，本書卷九二曹望之傳，大定三年，「詔遣户部侍郎魏子平、大興少尹同知中都轉運事李滌、禮部侍郎李愿、禮部郎中移剌道、户部員外郎完顔兀古出、監察御史夾谷阿里補及望之分道勸農，廉問職官臧否」，實七人，與此數目不同。

〔一五〕九月癸巳　「九月」二字原在下文「丁酉」之上。按，是年八月庚申朔，無癸巳。金史詳校卷一：「據交聘表文，又下文丁酉爲重九日，知九月己丑朔，癸巳乃五日。」今據乙正。

〔一六〕以宿直將軍僕散習尼列爲夏國生日使　「以」字原脱。按，本書卷六一交聘表中，大定三年「九月癸巳，以宿直將軍僕散習尼列爲夏生日使」。今據補。

〔一七〕十月甲子大享于太廟　十月甲子爲十月七日，本書卷三一禮志四雜儀作「九月五日祫享」，與此異。另，集禮卷一九時享下攝行禮稱大定三年七月奏「擬今年十月擇日祫享升祔以後時享，有司依時舉行」，亦謂大定三年祫享在十月。

〔一八〕十月癸丑朔　「癸丑」，原作「癸亥」，據局本改。殿本考證：「原文訛『癸亥』。案是年八月甲寅朔，小盡，九月癸未朔，大盡，則十月朔應爲癸丑，若癸亥，則多衍一旬矣。」

〔一九〕詔泰州臨潢接境　「臨潢」，原作「臨湟」，據北監本、殿本、局本改。按，本書地理志無「臨湟」，卷九〇阿勒根彦忠傳記此事作「臨潢」，正與泰州接境。

〔二〇〕戊申萬春節　「戊申」上原有「三月」二字。按，金史詳校卷一：「此亦賀使到闕日也。上文正月辛亥朔，則戊申尚屬二月。」是年正月辛亥朔，戊申當在二月末，「三月」二字當在下文「壬申」之上。今據乙正。

〔二一〕二月丁亥尚書左丞相兼都元帥沂國公僕散忠義薨　本書卷八七僕散忠義傳，「大定六年正月，忠義有疾，（中略）是月，薨」，時間與此異。

〔二二〕壬寅萬春節　「壬寅」上原有「三月」二字。按，金史詳校卷一：「案表三月甲辰朔，則壬寅尚屬二月，乃使人到闕之日也。」是年三月甲辰朔，壬寅當在二月末，「三月」二字當在下文「甲寅」之上。今據乙正。

〔二三〕壬子上服袞冕御大安殿受尊號册寶禮　「壬子」，按，大定七年正月庚子朔，壬子爲十三日。集禮卷二大定七年册禮謂正月「十一日，皇帝服袞冕，御大安殿，右丞相紇石烈良弼等恭奉册禮」，下文「上册寶儀」文下小字注亦作「正月十一日」。時間與此異。

〔二四〕許王永中進封越王　原作「越王永中進封許王」。按，本書卷八五世宗諸子永中傳，「大定元年，封許王。（中略）七年，進封越王」。今據改。

〔二五〕又顧謂左宣徽使敬嗣暉　「敬嗣暉」，原作「敬嗣輝」，據南監本、北監本、殿本、局本改。按，本卷下文大定九年正月亦作「敬嗣暉」，本書卷九一有敬嗣暉傳。下同改。

〔二六〕命護衛親軍百户五十户非直日不得帶刀入宫　本書卷四五刑志繫此事於大定七年，時間與此異。

〔二七〕北望淀大震風雨雹　本書卷二三五行志無「震」字。

〔二八〕閏月庚辰夏國任得敬脅其主李仁孝　「庚辰」，本書卷六一交聘表中記夏國任得敬事在乙未。按，庚辰是閏五月朔，庚辰下當有闕文，並脱「乙未」二字。

〔二九〕徒單合喜薨　「徒單合喜」，原作「徒單合嘉」，據殿本改。按，本書卷八七有徒單合喜傳。

〔三〇〕己巳　本書卷六一交聘表中：「丁卯，以近侍局使劉珫爲夏生日使。」按，金史詳校卷一：「下文夏生日使，表云丁卯，此在丁卯前，則非己巳也，當爲『丁巳』或『己未』之譌。」

〔三一〕隋王永功曹王　「隋王」，原作「隨王」，據南監本、北監本、殿本、局本改。按，集禮卷九親王，大定格封號無「隨」，次國封號三十，第一個即「隋」。

〔三二〕趙王永中曹王永功俱授猛安　本書卷八五世宗諸子永功傳，「十七年，授活活土世襲猛安」，繫年與此異。

金史卷七

本紀第七

世宗中

十二年正月庚午朔，宋、高麗、夏遣使來賀。戊寅，詔有司，「凡陳言文字，皆國政利害，自今言有可行，以其本封送秘書監，當行者録副付所司」。丙申，以水旱，免中都、西京、南京、河北、河東、山東、陝西去年租稅。

二月壬寅，上召諸王府長史諭之曰：「朕選汝等，正欲勸導諸王，使之爲善。如諸王所爲有所未善，當力陳之，尚或不從，則具某日行某事以奏。若阿意不言，朕惟汝罪。」丙午，尚書省奏，廉察到同知城陽軍事山和尚等清强官，上曰：「此輩暗察明訪皆著政聲，可第其政績，各進官旌賞。其速議升除。」庚戌，上如順州春水。癸丑，還都。丙辰，詔「自今官長不法，其僚佐不能糾正又不言上者，並坐之」。户部尚書高德基濫支朝官俸錢四十萬貫，杖八十。

三月己巳朔，萬春節，宋、高麗、夏遣使來賀。乙亥，詔尚書省，「贓汙之官，已被廉問，若仍舊職，必復害民。其遣使諸道，即日罷之」。丁丑，詔遣宿直將軍烏古論思列，册封王晧爲高麗國王。庚寅，雨土。癸巳，以前西北路招討使移剌道爲參知政事。回紇遣使來貢。丁酉，北京曹貴等謀反，伏誅。

四月，旱。癸卯，尚書右丞孟浩罷。丁巳，西北路納合七斤等謀反，伏誅。癸亥，以久旱，命禱祠山川。詔宰臣曰：「諸府少尹多闕員，當選進士雖資敘未至而有政聲者，擢用之。」以宿直將軍唐括阿忽里爲横賜夏國使。乙丑，大名尹荆王文以贓罪奪王爵，降授德州防禦使。回紇使使來貢。丙寅，尚書右丞相紇石烈志寧薨。丁卯，宋、高麗遣使賀尊號。阻𩢰來貢。

五月癸酉，上如百花川。甲戌，命賑山東東路胡剌温猛安民饑。丁丑，次阻居。久旱而雨。戊寅，觀稼。禁扈從蹂踐民田〔一〕。禁百官及承應人不得服純黄油衣。癸未，諭宰臣曰：「朕每次舍，凡秣馬之具皆假於民間，多亡失不還其主。此彈壓官不職，可擇人代之。所過即令詢問，但亡失民間什物，並償其直。」乙酉，詔給西北路人户牛。

六月甲寅，如金蓮川。

九月丙子，至自金蓮川。辛巳，以右副都點檢夾谷清臣等爲賀宋生日使，右衛將軍粘割斡特剌爲夏國生日使。丁亥，太白晝見，在日前。鄜州李方等謀反，伏誅。

十月，高麗國王王晧遣使謝封册。乙未，臨奠故右丞相紇石烈志寧喪，志寧妻永安縣主進鎧甲、弓矢、鷹鶻、重綵。壬子，召皇太子及趙王永中上殿，上顧謂宰臣曰：「京嘗圖逆，今不除之，恐爲後患。」〔二〕又曰：「天下大器歸於有德。海陵失道，朕乃得之。但務脩德，餘何足慮。」皇太子及永中皆曰：「誠如聖訓。」遂釋之。丙辰，以德州防禦使文貲産賜其兄之子咬住，且諭其母：「文之罪，汝等皆當連坐。念宋王有大功於國，故置不問，仍以家産賜汝子。」

十一月甲戌，上謂宰臣曰：「宗室中有不任官事者，若不加恩澤，於親親之道，有所未弘。朕欲授以散官，量予廩禄，未知前代何如？」左丞石琚曰：「陶唐之親九族，周家之内睦九族，見於詩、書，皆帝王美事也。」丙子，上以曹國公主家奴犯事，宛平令劉彦弼杖之，主乃折辱令，既深責公主，又以臺臣徇勢偷安，畏忌不敢言，奪俸一月。以陝西統軍使璋爲御史大夫。以户部尚書曹望之爲賀宋正旦使。壬午，同州民屈立等謀反，伏誅。戊子，上屏侍臣，與宰臣議事，記注官亦退，上曰：「史官記人君善惡，朕之言動及與卿等所議，皆當與知，其於記録無或有隱。可以朕意諭之。」

十二月乙未朔，以濟南尹劉萼在定武軍貪墨不道，命大理少卿張九思鞫之。丁酉，詔遣官及護衛二十人，分路選年二十以上四十以下有門地才行及善射者，充護衛，不得過百人。冀州王瓊等謀反，伏誅。德州防禦使文以謀反，伏誅。辛丑，出宫女二十餘人。己酉，樞密副使移剌成罷。辛亥，禁審録官以宴飲廢公務。詔金、銀坑冶聽民開採，毋得收税。癸丑，獵于近郊。以殿前都點檢徒單克寧爲樞密副使。己未，詔自今除名人子孫有在仕者並取奏裁。

十三年正月乙丑朔，宋、高麗、夏遣使來賀。癸酉，尚書省奏，南客車俊等因榷場貿易，誤犯邊界，罪當死。上曰：「本非故意，可免罪發還，毋令彼國知之，恐復治其罪。」詔有司嚴禁州縣坊里爲民害者。

閏月壬子，詔太子詹事曰：「東宫官屬尤當選用正人，如行檢不脩及不稱職者，具以名聞。」辛酉，太白晝見。洛陽縣賊聚衆攻盧氏縣，殺縣令李庭才，亡入于宋。

三月癸巳朔，萬春節，宋、高麗、夏遣使來賀。乙卯，上謂宰臣曰：「會寧乃國家興王之地，自海陵遷都永安，女直人寖忘舊風。朕時嘗見女直風俗，迄今不忘。今之燕飲音樂，皆習漢風，蓋以備禮也，非朕心所好。東宮不知女直風俗，第以朕故，猶尚存之。恐異時一變此風，非長久之計。甚欲一至會寧，使子孫得見舊俗，庶幾習效之。」太子詹事劉仲誨請增東宮牧人及張設，上曰：「東宮諸司局人自有常數，張設已具，尚何增益。太子生於富貴，易入於侈，惟當導以淳儉。朕自即位以來，服御器物，往往仍舊，卿以此意諭之。」

四月己巳，定出繼子所繼財産不及本家者，以所繼與本家財産通數均分制。以有司言，特授洺州孝子劉政太子掌飲丞。乙亥，上御睿思殿，命歌者歌女直詞。顧謂皇太子及諸王曰：「朕思先朝所行之事，未嘗暫忘，故時聽此詞，亦欲令汝輩知之。汝輩自幼惟習漢人風俗，不知女直純實之風，至於文字語言，或不通曉，是忘本也。汝輩當體朕意，至於子孫，亦當遵朕教誡也。」辛巳，更定盜宗廟祭物法。

五月壬辰朔，日有食之。戊戌，禁女直人毋得譯爲漢姓。壬寅，真定尹孟浩薨。甲辰，尚書省奏，鄧州民范三毆殺人，當死，而親老無侍。上曰：「在醜不爭謂之孝，孝然後能養。斯人以一朝之忿忘其身，而有事親之心乎。可論如法。其親，官與養濟。」

六月，樞密使完顏思敬薨。

七月庚子，復以會寧府爲上京。庚戌，罷歲課雉尾。

八月丁卯，以判大興尹趙王永中爲樞密使。詔賜諸猛安謀克廉能三等官賞。己卯，御史大夫璋罷。丙戌，以左副都點檢襄等爲賀宋生日使。丁亥，秋獮。

九月辛卯朔，以宿直將軍胡什賚爲夏國生日使。辛亥，還都。大名府僧李智究等謀反，伏誅。

十月乙丑，歲星晝見。丙子，以前南京留守唐括安禮爲尚書右丞。

十一月，以大興尹璋爲賀宋正旦使，引進使大洞爲高麗生日使。上謂宰臣曰：「外路正五品職事多闕員，何也？」太尉李石對曰：「資考少有及者。」上曰：「苟有賢能，當不次用之。」壬子，吏部尚書梁肅請禁奴婢服羅綺。上曰：「近已禁其服明金。行之以漸可也。且教化之行，當自貴近始。朕宫中服御，常自節約，舊服明金者，已減太半矣。近民間風俗，比正隆時聞稍淳儉，卿等當更務從儉素，使民知所效也。」

十四年正月己丑朔，宋、高麗、夏遣使來賀。

二月壬戌，以大興尹璋使宋有罪，杖百五十，除名，仍以所受禮物入官。丙寅，以刑部尚書梁肅等爲宋詳問使。庚午，以太尉、尚書令李石爲太保，致仕。戊寅，詔免去年被水旱百姓租稅。

三月戊子朔，萬春節，宋、高麗、夏遣使來賀。甲午，上謂大臣曰：「海陵純尚吏事，當時宰執止以案牘爲功。卿等當思經濟之術，不可狃于故常也。」又詔，「猛安謀克之民，今後不許殺生祈祭。若遇節辰及祭天日，許得飲會。自二月一日至八月終，並禁絶飲燕，亦不許赴會他所，恐妨農功。雖閒月亦不許痛飲，犯者抵罪。可徧諭之」。又命，「應衞士有不閑女直語者，並勒習學，仍自後不得漢語」。辛丑，太白、歲星晝見。甲辰，上更名雍，詔中外。丙辰，太白、歲星晝見，經天。

四月乙丑，上諭宰臣曰：「聞愚民祈福，多建佛寺，雖已條禁，尚多犯者，宜申約束，無令徒費財用。」戊辰，有事于太廟，以皇太子攝行事。乙亥，以勸農副使完顏蒲涅爲橫賜高麗使。上御垂拱殿，顧謂皇太子及親王曰：「人之行，莫大於孝弟。孝弟無不蒙天日之祐。汝等宜盡孝于父母，友于兄弟。自古兄弟之際，多因妻妾離間，以至相違。且妻者乃外屬耳，可比兄弟之親乎。若妻言是聽，而兄弟相違，甚非理也。汝等當以朕言常銘于心。」戊子，以樞密副使徒單克寧兼大興尹〔三〕。

五月丙戌朔，詳問使梁肅等還自宋。甲午，如金蓮川。

六月己未，太白晝見。

八月丁巳，次糺里舌。日中，白龍見御帳東小港中，須臾，乘雲雷而去。癸亥，獵于彌離補。己卯，太白晝見。

九月丁亥，還都。乙未，以兵部尚書完顏讓等爲賀宋生日使，宿直將軍崇肅爲夏國生日使。癸卯，上退朝，謂侍臣曰：「朕自在潛邸及踐阼以至于今，於親屬舊知未嘗欺心有徇。近御史臺奏，樞密使永中嘗致書河南統軍使完顏仲，託以賣馬。朕知而不問。朕之欺心，此一事耳，夙夜思之，其如有疚。」己酉，宋遣使報聘。

十月乙卯朔，詔圖畫功臣二十人衍慶宮聖武殿之左右廡。

十一月甲申朔，日有食之。丙申，御史中丞劉仲誨等爲賀宋正旦使。戊戌，召尚食局使，諭之曰：「太官之食，皆民脂膏。日者品味太多，不可徧舉，徒爲虛費。自今止進可口者數品而已。」戊申，以儀鸞局使曹士元爲高麗國生日使。

十二月戊寅，以平章政事完顏守道爲右丞相，樞密副使徒單克寧爲平章政事。

十五年正月。此下闕。

七月丙午，粘拔恩與所部康里孛古等內附。

九月戊子，至自金蓮川。辛卯，高麗西京留守趙位寵叛其君，請以慈悲嶺以西，鴨渌江以東四十餘城內附，不納。丙申，幸新宮。

閏月己酉朔，定應禁弓箭槍刀路分品官家奴客旅等許帶弓箭制。上謂左丞相良弼曰：「今之在官者，須職位稱愜所望，然後始加勉力。其或稍不如意，則止以度日爲務，是豈忠臣之道耶。」丁巳，又謂良弼曰：「海陵時，領省秉德、左丞相言皆有能名〔四〕，然爲政不務遠圖，止以苛刻爲事。言及可喜等在會寧時，一月之間，杖而殺之者二十人，罪皆不至於死，於理可乎。海陵爲人如虎，此輩尚欲以術數要之，以至賣直取死，得爲能乎。」己未，以歸德尹完顔王祥等爲賀宋生日使，符寶郎斜卯和尚爲夏國生日使。辛酉，高麗國王奏告趙位寵伏誅，詔慰荅之。詔親王、百官傔人所服紅紫改爲黑紫。甲戌，詔年老之人毋注縣令。年老而任從政，其佐亦擇壯者參用。

十月乙未，冬獵。丁未，還都。

十一月乙卯，上幸東宫。初，唐古部族節度使移剌毛得之子殺其妻而逃，上命捕之。至是，皇姑梁國公主請赦之。上謂宰臣曰：「公主婦人，不識典法，罪尚可恕。毛得請託至此，豈可貸宥。」不許。戊午，以右宣徽使靖等爲賀宋正旦使。甲子，太白晝見。戊辰，以宿直將軍阿典蒲魯虎爲高麗生日使。

十六年正月戊申朔，宋、高麗、夏遣使來賀。甲寅，詔免去年被水、旱路分租稅。甲子，詔宗屬未附玉牒者並與編次。丙寅，上與親王、宰執、從官從容論古今興廢事，曰：

「經籍之興，其來久矣，垂教後世，無不盡善。今之學者，既能誦之，必須行之。然知而不能行者多矣，苟不能行，誦之何益。女直舊風最爲純直，雖不知書，然其祭天地，敬親戚，尊耆老，接賓客，信朋友，禮意款曲，皆出自然，其善與古書所載無異。汝輩當習學之，舊風不可忘也。」戊辰，宮中火。庚午，上按鷹高橋，見道側醉人墮驢而卧，命左右扶而乘之，送至其家。辛未，皇姑邀上至私第，諸妃皆從，宴飲甚歡。公主每進酒，上立飲之。

二月庚寅，皇子瀋王妃徒單氏以姦〔五〕，伏誅。己亥，平章政事徒單克寧罷，以女故。

三月丙午朔，日有食之。是日，萬春節，改用明日，宋、高麗、夏遣使來賀。戊申，雨豆於臨潢之境。戊午，上御廣仁殿，皇太子、親王皆侍膳，上從容訓之曰：「大凡資用當務節省，如其有餘，可周親戚，勿妄費也。」因舉所御服曰：「此服已三年未嘗更換，尚爾完好，汝等宜識之。」壬申，復置吾都椀部禿里。

四月丙戌，詔京府設學養士，及定宗室、宰相子程試等第。戊子，制商賈舟車不得用馬。以東京留守崇尹爲樞密副使。壬寅，如金蓮川。

五月戊申，南京宮殿火。甲寅，太白晝見。庚申，遣使禱雨靜寧山神，有頃而雨。

六月，山東兩路蝗。

七月壬子，夏津縣令移剌山住坐贓，伏誅。

八月辛巳，次霹靂濼。

九月乙巳，至自金蓮川。己酉，諭左丞相紇石烈良弼曰：「西邊自來不備儲蓄，其令所在和糴，以爲緩急之備。」癸丑，以殿前都點檢蒲察通等爲賀宋生日使，宿直將軍完顏覿古速爲夏國生日使。諭左丞相良弼曰：「海陵非理殺戮臣下，甚可哀憫。其孛論出等遺骸，仰逐處訪求，官爲收葬。」辛酉，以南京宫殿火，留守、轉運兩司官皆抵罪。

十月丙申，詔諭宰執曰：「諸王小字未嘗以女直語命之，今皆當更易，卿等擇名以上。」

十一月壬寅朔，參知政事王蔚罷。尚書省奏，河北東路胡剌温猛安所轄謀克孛朮魯舍厮，以謀克讓其兄子蒲速列。上賢而從之，仍令議加舍厮恩賞。戊午，以同知宣徽院事劉玩等爲賀宋正旦使。庚申，以吏部尚書張汝弼爲參知政事。甲子，以粘割韓奴之子詳古爲尚輦局直長，婁室爲武器直長。初，韓奴被旨招契丹大石，後不知所終，至是因粘拔恩部長撒里雅、寅特斯等來，詢知其死節之詳，故録其後。遣兵部郎中移剌子元爲高麗國生日使。

十二月壬申朔，詔諸科人出身四十年方注縣令，年歲太遠，今後仕及三十二年，別無負犯贓染追奪，便與縣令。丙子，詔諸流移人老病者，官與養濟。上諭宰臣曰：「凡已經奏斷事有未當，卿等勿謂已行，不爲奏聞改正。朕以萬幾之繁，豈無一失，卿等但言之，朕當更改，必無吝也。」庚寅，定榷場香、茶罪賞法。

十七年正月壬寅朔，宋、高麗、夏遣使來賀。高麗并表謝不納趙位寵。丙午，有司奏，高麗所進玉帶乃石似玉者，上曰：「小國無能辨識者，誤以爲玉耳。且人不易物，惟德其物，若復却之，豈禮體耶。」戊申，詔於衍慶宮聖武殿西建世祖神御殿，東建太宗、睿宗神御殿〔六〕。詔西北路招討司契丹民户，其嘗叛亂者已行措置，其不與叛亂及放良奴隸可徙烏古里石壘部，令及春耕作。尚書省奏，吾都椀部體土胡魯雅里密斯請入獻，許之。庚戌，詔諸大臣家應請功臣號者，既不許其子孫自陳，吏部考功郎其詳考其勞績，當賜號者，即以聞。壬子，上謂宰臣曰：「宗室中年高者，往往未有官稱。其先皆有功於國，朕欲稍加以官，使有名位可稱，如何？」對曰：「親親報功，先王之令則。」丁巳，詔朝官嫁娶給假三日，不須申告。壬戌，詔宰臣：「海陵時，大臣無辜被戮家屬籍没者，並釋爲良。遼豫王、宋天水郡王被害子孫，各葬於廣寧、河南舊塋。」其後復詔「天水郡王親屬於都北安葬外，咸平所寄骨殖，官爲葬於本處。遼豫王親屬未入本塋者，亦遷祔之」。

三月辛丑朔，宋、高麗、夏遣使來賀〔七〕。辛亥，詔免河北、山東、陝西、河東、西京、遼東等十路去年被旱、蝗租税。賑東京、婆速、曷速館三路。乙丑，尚書省奏，三路之粟，不能周給。上曰：「朕嘗語卿等，遇豐年即廣糴以備凶歉。卿等皆言天下倉廩盈溢。今欲賑濟，乃云不給。自古帝王皆以蓄積爲國家長計，朕之積粟，豈欲獨用之耶。今既不給，可於隣道取之以濟。自今預備，當以爲常。」

四月甲戌，制世襲猛安謀克若出仕者，雖年未及六十，欲令子孫襲者，聽。戊寅，諭宰臣曰：「郡縣之官雖以罪解，一二歲後，亦須再用。猛安謀克皆太祖創業之際於國勤勞有功之人，其世襲之官，不宜以小罪奪免。」戊子，以滕王府長史徒單烏者爲横賜高麗使。

五月，尚書省奏，定皇家袒免以上親燕饗班次，並從唐制。癸卯，幸姚村淀，閱七品以下官及宗室子、諸局承應人射柳，賞有差。

六月己卯，謂宰臣曰：「朕年老矣。恐因一時喜怒，處置有所不當，卿等即當執奏，毋爲面從，成朕之失。」乙未，以英王爽之子思列爲忠順軍節度副使。爽入謝，上曰：「朕以卿疾故，特任卿子，所冀卿因喜而愈也。欲即加峻授，恐思列年幼，未閑政事。汝當訓之，使有善可觀，更當升擢。」

七月壬子，尚書省奏，歲以羊三萬賜西北路戍兵〔八〕，上問如何運致，宰臣不能對。上曰：「朕雖退朝，留心政務，不遑安寧。卿等勿謂細事非帝王所宜問，以卿等於國家之事未嘗用心，故問之耳。」是月，大雨，河決。

八月己巳，觀稼于近郊。壬申，以監察御史體察東北路官吏，輒受訟牒，爲不稱職，笞之五十。庚辰，上謂宰臣曰：「今之在官者，同僚所見，事雖當理，必以爲非，意謂從之則恐人謂政非己出。如此者多，朕甚不取。今觀大理寺所斷，雖制有正條，理不能行者别具情見，朕惟取其所長。夫爲人之理，他人之善者從之，則可謂善矣。」壬午，上謂宰臣曰：「今在下僚豈無人材，但在上者不爲汲引，惡其材勝己故耳。」丙戌，上謂御史中丞紇石烈邈曰：「臺臣糾察吏治之能否，務去其擾民，且冀其得賢也。今所至輒受訟牒，聽其妄告，使爲政者如何則可也。」

九月丁酉朔，日有食之。辛丑，封子永德爲薛王〔九〕。以右副都點檢完顔習尼列等爲賀宋生日使。癸卯，以兵部郎中石抹忽土爲夏國生日使。戊申，秋獵。庚戌，歲星、熒惑、太白聚於尾。甲子，還都。

十月己巳，夏國進百頭帳，詔却之境上。癸酉，有司奏，「衍慶宫所畫功臣二十人，惟五人有謚，今考檢餘十五人功狀，擬定謚號以進」。詔可。詔以羊十萬付烏古里石壘部畜牧，其滋息以予貧民。丁丑，制諸猛安，父任别職，子須年二十五以上方許承襲。辛巳，上謂宰臣曰：「今在位不聞薦賢何也。昔狄仁傑起自下僚，力扶唐祚，使既危而安，延數百年之永。仁傑雖賢，非婁師德何以自薦乎。」癸未，更護送罪人逃亡制。上謂宰臣曰：「近觀上封章者，殊無大利害。且古之諫者既忠於國，亦以求名，今之諫者爲利而已。如戶部尚書曹望之、濟南尹梁肅皆上書言事，蓋覬覦執政耳，其於國政竟何所補。達官如此，況餘人乎。昔海陵南伐，太醫使祁宰極諫，至戮於市，此本朝以來一人而已。」丁亥，上命宰臣曰：「監察御史田忠孺嘗上書言事，今當升擢，以勵其餘。」

十一月戊戌，以南京留守徒單克寧爲平章政事。庚戌，上謂宰臣曰：「朕常恐重斂以困吾民，自今諸路差科之煩細者，亦具以聞。」有司奏，夏國進御帳使因邊臣懇求進入，乃許之。以尚書左丞石琚爲平章政事。丙辰，以延安尹完顏蒲剌睹等爲賀宋正旦使。

十二月戊辰，以渤海舊俗男女婚娶多不以禮，必先攘竊以奔，詔禁絶之，犯者以姦論。以宿直將軍僕散懷忠爲高麗生日使。己巳，太白晝見。壬申，以尚書右丞唐括安禮爲左丞，殿前都點檢蒲察通爲右丞。上謂宰執曰：「朕今年已五十有五，若年踰六十，雖欲有爲，而莫之能矣。宜及朕之康强，其女直人猛安謀克及國家政事之未完，與夫法令之未一者，宜皆修舉之。凡所施行，朕不爲怠。」

十八年正月丙申朔，宋、高麗、夏遣使來賀。壬寅，定殺異居周親奴婢、同居卑幼，輒殺奴婢及妻無罪而輒毆殺者罪。庚戌，修起居注移剌傑上書言：「每屏人議事，雖史官亦不與聞，無由紀録。」上以問平章政事石琚、左丞唐括安禮〔一〇〕，對曰：「古者，天子置史官於左右，言動必書，所以儆戒人君，庶幾有所畏也。」庚申，免中都、河北、河東、山東、河南、陝西等路前年被災租税。壬戌，如春水。

二月丙寅朔，次管莊。丙子，次華港。己丑，還宫。

三月乙未朔，萬春節，宋、高麗、夏遣使來賀。乙巳，命戍邊女直人遇祭祀、婚嫁、節辰許自造酒。丁未，上謂宰執曰：「縣令之職最爲親民，當得賢材用之。邇來犯法者衆，殊不聞有能者。比在春水，見石城、玉田兩縣令，皆年老，苟禄而已。畿甸尚爾，遠縣可知。」平章政事石琚對曰：「良鄉令焦旭、慶都令李伯達皆能吏，可任。」上曰：「審如卿言，可擢用之。」己酉，禁民閒無得刱興寺觀。獻州人殷小二等謀反，伏誅。

四月己巳，上謂宰臣曰：「朕巡幸所至，必令體訪官吏臧否。向玉田知主簿石抹杳乃能吏也，可授本縣令。」己丑，以太子左贊善阿不罕德甫爲横賜夏國使〔一一〕。

五月丙午，上如金蓮川。

六月庚午，尚書左丞相紇石烈良弼薨。

閏月辛丑，命賑西南、西北兩招討司民，及烏古里石壘部轉户饑。

七月丙子，上謂宰臣曰：「職官始犯贓罪，容有過誤，至於再犯，是無改過之心。自今再犯不以贓數多寡，並除名。」

八月乙巳，至自金蓮川。丙辰，以尚書右丞相完顏守道爲左丞相，平章政事石琚爲右丞相。

九月辛未，以大理卿張九思等爲賀宋生日使，侍御史完顏蒲魯虎爲夏國生日使。癸酉，以尚書左丞唐括安禮爲平章政事。乙亥，以右丞蒲察通爲左丞，參知政事移剌道爲右丞，刑部尚書粘割斡特剌爲參知政事。

十月庚寅朔，陝州防禦使石抹靳家奴以罪除名。甲午，御史中丞劉仲誨〔一三〕、侍御史李瑜坐失糾察大長公主事，各削官一階。

十一月庚申朔，尚書省奏，擬同知永寧軍節度使事阿可爲刺史，上曰：「阿可年幼，於事未練，授佐貳官可也。」平章政事唐括安禮奏曰：「臣等以阿可宗室，故擬是職。」上曰：「郡守係千里休戚，安可不擇人而私其親耶。若以親親之恩，賜與雖厚，無害於政。使之治郡而非其才，一境何賴焉。」壬申，以靜難軍節度使烏延查剌等爲賀宋正旦使。丙子，尚書省奏，崇信縣令石安節買車材於部民，三日不償其直，當削官一階，解職。上因言：「凡在官者，但當取其貪污與清白之尤者數人黜陟之，則人自知懲勸矣。夫朝廷之政，太寬則人不知懼，太猛則小玷亦將不免於罪，惟當用中典耳。」戊寅，上責宰臣曰：「近問趙承元何故再任，卿等言，曹王嘗遣人言其才能幹敏，故再任之。官爵擬注，雖由卿輩，予奪之權，當出于朕。曹王之言尚從之，假皇太子有所諭，則其從可知矣。此事因卿言始知，其不知者知復幾何。且卿等公受請屬，可乎？」蓋承元前爲曹王府文學，與王邸婢姦，杖百五十除名，而復用也〔一三〕。丙戌，以吏部尚書烏古論元忠爲御史大夫，以東上閤門使左光慶爲高麗生日使。

十二月庚戌，封孫吾都補温國公，麻達葛金源郡王，承慶道國公。壬子，羣臣奉上「大金受命萬世之寶」。

十九年正月庚申朔，宋、高麗、夏遣使來賀。丁卯，如春水。

二月己酉，還宮。乙卯，免去年被水旱民田租稅。

三月己未朔，萬春節，宋、高麗、夏遣使來賀。乙丑，尚書省奏，虧課院務官顔葵等六十八人，各合削官一階。上曰：「以承廕人主榷沽，此遼法也。法弊則當更張，唐、宋法有可行者則行之。」己巳，上與宰臣論史事，且曰：「朕觀前史多溢美。大抵史書載事貴實，不必浮辭諂諛也。」辛未，上謂宰臣曰：「姦邪之臣，欲有規求，往往私其黨與，不肯明言，託以他事，陽不與而陰爲之力。朕觀古之姦人，當國家建儲之時，恐其聰明不利於己，往往風以陰事，破壞其議，惟擇昏懦者立之，冀他日可弄權爲功利也。如晉武欲立其弟，而姦臣沮之，竟立惠帝，以致喪亂，此明驗也。」丁丑，上謂宰臣曰：「朕觀前代人臣將諫於朝，與父母妻子訣，示以必死。同列目覩其死，亦不顧身，又爲之諫。此盡忠於國者，人所難能也。」己卯，制糾彈之官知有犯法而不舉者，減犯人罪一等科之，關親者許回避。上謂宰臣曰：「人多奉釋老，意欲徼福。朕蚤年亦頗惑之，旋悟其非。且上天立君，使之治民，若盤樂怠忽，欲以僥倖祈福，難矣。果能愛養下民，上當天心，福必報之。」

四月己丑朔，詔賑西南路招討司所部民。己酉，以升祔閔宗，詔中外。丁巳，歲星晝見。

五月戊寅，幸太寧宮。

六月戊子朔，詔更定制條。

七月辛未，有司奏擬趙王子石古乃人從，上不從，謂宰相曰：「兒輩尚幼，若奉承太過，使侈心滋大，卒難節抑，此不可長。諸兒每入侍，當其語笑娛樂之際，朕必淵默，涖之以嚴，庶其知朕教戒之意，使常畏慎而寡過也。」癸酉，密州民許通等謀反，伏誅。丙子，太白晝見。庚辰，至自太寧宮。

八月壬辰，尚書右丞相石琚致仕。戊戌，以宋大觀錢當五用。丙午，濟南民劉溪忠謀反，伏誅。

九月戊午，以左宣徽使蒲察鼎壽等爲賀宋生日使，太子左衛率府率裴滿胡剌爲夏國生日使。癸亥，秋獵。癸未，還都。

十月辛卯，西南路招討使哲典以贓罪，伏誅。辛亥，制知情服内成親者，雖自首仍依律坐之。

十一月壬戌，改葬昭德皇后，大赦。以御史中丞移剌慥等爲賀宋正旦使。戊辰，以西上閤門使盧拱爲高麗生日使。壬申，上如河間冬獵。癸未，至自河間。

二十年正月甲寅朔，宋、高麗、夏遣使來賀。戊午，定試令史格。壬戌，命歲以錢五千貫造隨朝百官節酒及冰、燭、藥、炭，視品秩給之。己巳，如春水。丙子，幸石城縣行宮。丁丑，以玉田縣行宮之地偏林爲御林，大淀濼爲長春淀〔一四〕。

二月丁未，還都。

三月癸丑朔，萬春節，宋、高麗、夏遣使來賀。己未，詔凡犯罪被問之官〔一五〕，雖遇赦，不得復職。乙丑，以新定猛安謀克，詔免中都、西京、河北、山東、河東、陝西路去年租稅。

辛巳，以平章政事徒單克寧爲尚書右丞相〔一六〕，御史大夫烏古論元忠爲平章政事。

四月丁亥，定冒廕罪賞。己亥，制宗室及外戚并一品命婦，衣服聽用明金。以西上閤門使郭喜國爲横賜高麗使。太寧宫火。乙巳，上謂宰臣曰：「女直官多謂朕食用太儉，朕謂不然。夫一食多費，豈爲美事。况朕年高，不欲屠宰物命。貴爲天子，能自節約，亦不惡也。朕服御或舊，常使澣濯，至于破碎，方始更易。向時帳幕常用塗金爲飾，今則不爾，但令足用，何必事紛華也。」庚戌，如金蓮川。

五月丙寅，京師地震，生黑白毛。

七月，旱。

八月壬午，秋獵。

九月壬戌，至自金蓮川。以太府監李佾等爲賀宋生日使，少府少監賽補爲夏國生日使。丙子，蒲速椀羣牧老忽謀叛，伏誅。

十月庚辰朔，更定銓注縣令丞簿格。詔西北路招討司每進馬駞鷹鶻等，輒率斂部内，自今並罷之。壬午，上謂宰臣曰：「察問細微，非人君之體，朕亦知之。然以卿等殊不用心，故時或察問。如山後之地，皆爲親王、公主、權勢之家所占，轉租於民，皆由卿等之不察。卿等當盡心勤事，毋令朕之煩勞也。」詔徙遥落河、移馬河兩猛安於大名、東平等路安置〔一七〕。戊戌，上謂宰臣曰：「凡人在下位，欲冀升進，勉爲公廉，賢不肖何以知之。及其通顯，觀其施爲，方見本心。如招討哲典，初任定州同知，繼爲都司，未嘗少有私徇，所至皆有清名，及爲招討，不固守。人心險于山川，誠難知也。」壬寅，上謂宰臣曰：「近覽資治通鑑，編次累代廢興，甚有鑒戒，司馬光用心如此，古之良史無以加也。校書郎毛麾，朕屢問以事，善於應對，真該博老儒，可除太常職事，以備討論。」甲辰，以殿前都點檢襄爲御史大夫。

十一月丁巳，尚書右丞移剌道罷。乙丑，以真定尹徒單守素等爲賀宋正旦使。癸酉，以御史大夫襄爲尚書右丞。乙亥，上諭宰臣曰：「郡守選人，資考雖未及，廉能者則升用之，以勵其餘。」以太常少卿任倜爲高麗生日使。

十二月辛巳，上謂宰臣曰：「岐國用人，但一言合意便升用之，一言之失便責罰之。凡人言辭，一得一失，賢者不免。自古用人咸試以事，若止以奏對之間，安能知人賢否。朕之取人，衆所與者用之，不以獨見爲是也。」己亥，河決衞州〔一八〕。辛丑，獵于近郊。癸卯，特授襲封衍聖公孔摠兗州曲阜令，封爵如故。

校勘記

〔一〕禁扈從蹂踐民田　「蹂踐」，原作「蹂踐」，據南監本、北監本、殿本、局本改。

〔二〕上顧謂宰臣曰京嘗圖逆今不除之恐爲後患　按，此句與下文世宗「但務脩德」句相矛盾。本書卷七四宗望傳附子京傳記此事作「上問皇太子、趙王允中及宰臣曰：『京謀不軌，朕特免死，今復當緣坐，何如。』宰臣或言京圖逆，今不除之，恐爲後患」。則此句實爲宰臣語。「曰」下當有脱文。

〔三〕以樞密副使徒單克寧兼大興尹　本書卷九二徒單克寧傳繫此事於大定十二年，與此異。

〔四〕海陵時領省秉德左丞相言皆有能名　「海陵」，原作「武靈」。按，本書卷四熙宗紀之末，「大定初，追謚武靈皇帝」。秉德領省，言爲左丞相，皆在天德二年，見本書卷五海陵紀、卷一三二逆臣秉德傳、烏帶傳。作金史者常誤以「武靈」爲「海陵」。今據改。

〔五〕皇子瀋王妃　「瀋王」，按，本書卷八五世宗諸子永成傳，「大定七年，始封瀋王」，「十一年，進封豳」，則十六年當稱豳王。

〔六〕東建太宗睿宗神御殿　按，本書卷三三禮志六原廟，大定十六年正月，「乃勅於聖武殿東西興建世祖、太宗、睿宗殿位」，時間與此異。

〔七〕三月辛丑朔宋高麗夏遣使來賀　依本紀文例，「朔」下當脱「萬春節」三字。

〔八〕歲以羊三萬賜西北路戍兵　「羊」，本書卷四四兵志養兵之法作「羊皮」。

〔九〕封子永德爲薛王　本書卷八五世宗諸子永德傳，大定「二十七年，封薛王」，繫年與此異。

〔一〇〕上以問平章政事石琚左丞唐括安禮　本卷上文大定十七年十二月「壬申，以尚書右丞唐括安禮爲左丞」。然本書卷八八石琚傳作「琚與右丞唐括安禮對曰」，與此異。

〔二〕以太子左贊善阿不罕德甫爲橫賜夏國使　「夏國」，原作「高麗」。按，本書卷六一交聘表中作「夏國」，又記十二月戊午夏遣使謝橫賜。今據改。

〔三〕御史中丞劉仲誨　「劉仲誨」，原作「劉仲晦」，據局本改。按，本書卷七八有劉仲誨傳。

〔三〕杖百五十除名而復用也　「復」，原作「後」，據南監本、北監本、殿本、局本改。

〔四〕大淀濼爲長春淀　「大淀濼」，本書卷二四地理志上，濼州石城縣「長春淀舊名大定淀，大定二十年更」，作「大定淀」。

〔五〕詔凡犯罪被問之官　「凡」，原作「月」，南監本、北監本、殿本、局本並作「有」。金史校勘記：「疑當作『凡』。」據文義似當作「凡」，以形近誤作「月」。今據改。

〔六〕以平章政事徒單克寧爲尚書右丞相　本書卷九二徒單克寧傳繫此事於大定十九年，與此異。

〔七〕詔徙遥落河移馬河兩猛安於大名東平等路安置　按，本書卷四四兵志，事在大定二十一年三月，時間與此異。

〔八〕己亥河決衛州　金史詳校卷一：「河志不言何月，下文有秋霖暴漲，必不在冬季水涸之候，紀書於十二月似譌。」本書卷二三五行志，大定二十年「秋，河決衛州」。是年八月辛巳朔，「己亥」爲八月十九日。疑河決爲八月事，誤繫於此。

金史卷八

本紀第八

世宗下

二十一年正月戊申朔，宋、高麗、夏遣使來賀。壬子，以夏國請，詔復綏德軍榷場，仍許就館市易。上聞山東、大名等路猛安謀克之民，驕縱奢侈，不事耕稼。詔遣閱實，計口授地，必令自耕，地有餘而力不贍者，方許招人租佃，仍禁農時飲酒。丙辰，追貶海陵煬王亮爲庶人，詔中外。甲子，如春水。丙子，次永清縣。有移剌余里也者，契丹人也，隸虞王猛安，有一妻一妾。妻之子六，妾之子四。妻死，其六子廬墓下，更宿守之。妾之子皆曰「是嫡母也，我輩獨不當守墳墓乎」。於是，亦更宿焉，三歲如一。上因獵，過而聞之，賜錢五百貫，仍令縣官積錢於市，以示縣民，然後給之，以爲孝子之勸。

二月戊戌，太白晝見。庚子，還都。壬寅，以河南尹張景仁爲御史大夫。乙巳，以元妃李氏之喪，致祭興德宫，過市肆不聞樂聲，謂宰臣曰：「豈以妃故禁之耶。細民日作而食，若禁之是廢其生計也，其勿禁。朕前將詣興德宫，有司請由蓟門，朕恐妨市民生業，特從他道。顧見街衢門肆，或有毁撤，障以簾箔，何必爾也。自今勿復毁撤。」

三月丁未朔，萬春節，宋、高麗、夏遣使來賀。上初聞蓟、平、灤等州民乏食，命有司發粟糶之，貧不能糴者貸之。有司以貸貧民恐不能償，止貸有户籍者。上至長春宫，聞之，更遣人閲實，賑貸。以監察御史石抹元禮、鄭達卿不糾舉，各笞四十，前所遣官皆論罪。甲子，太白晝見。乙丑，詔山後冒占官地十頃以上者皆籍入官，均給貧民。遼州民朱忠等亂言，伏誅。上謂宰臣曰：「近聞宗州節度使阿思懣行事多不法，通州刺史完顔守能既與招討職事，猶不守廉。達官貴要多行非理，監察未嘗舉劾。斡覩只群牧副使僕散那也取部人二毬杖，至細事也，乃便劾奏。謂之稱職，可乎。今監察職事修舉者與遷擢，不稱者，大則降罰，小則決責，仍不許去官。」

閏月己卯，恩州民鄒明等亂言，伏誅。辛卯，漁陽令夾谷移里罕、司候判官劉居漸以被命賑貸，止給富户，各削三官，通州刺史郭邦傑總其事，奪俸三月。乙未，上謂宰臣曰：「朕觀自古人君多進用讒諂，其間蒙蔽，爲害非細，若漢明帝尚爲此輩惑之。朕雖不及古之明君，然近習讒言，未嘗入耳。至於宰輔之臣，亦未嘗偏用一人私議也。」癸卯，以尚書左丞相完顏守道爲太尉、尚書令，尚書左丞蒲察通爲平章政事，右丞襄爲左丞，參知政事張汝弼爲右丞，彰德軍節度使梁肅爲參知政事。

四月戊申，以右丞相徒單克寧爲左丞相，平章政事唐括安禮爲右丞相。增築泰州、臨潢府等路邊堡及屋宇。庚戌，奉安昭祖以下三祖三宗御容於衍慶宮，行親祀禮。上諭宰臣曰：「朕之言行豈能無過，常欲人直諫而無肯言者。使其言果善，朕從而行之，又何難也。」戊辰，以滕王府長史把德固爲横賜夏國使。壬申，幸壽安宫。

五月戊子，西北路招討使完顏守能以贓罪，杖二百〔一〕，除名。

七月丙戌，還都。丁酉，樞密使趙王永中罷。己亥，以左丞相徒單克寧爲樞密使。辛丑，以太尉、尚書令完顏守道復爲左丞相，太尉如故。

八月乙丑，以右副都點檢胡什賚等爲賀宋生日使，吏部郎中奚胡失海爲夏國生日使。

二十二年三月辛未朔，萬春節，宋、高麗、夏遣使來賀。丁丑，命尚書省申勑西北路招討司勒猛安謀克官督部人習武備。甲申，諭户部，今歲行幸山後，所須並不得取之民間，雖所用人夫，並以官錢和雇，違者杖八十，罷職。癸巳，詔頒重修制條。以吏部尚書張汝霖爲御史大夫。

四月乙卯，行監臨院務官食直法。以削明肅尊號，詔中外，從皇太子請也。甲子，上如金蓮川。

五月甲申，太白晝見。

六月庚子朔，制立限放良之奴，限内娶良人爲妻，所生男女即爲良。丁巳，右丞相致仕石琚薨。

七月辛巳，宰臣奏事，上頗違豫，宰臣請退，上曰：「豈以朕之微爽於和，而倦臨朝之大政耶。」使終其奏。甲午，秋獵。

八月戊辰，太白經天。

九月戊寅，至自金蓮川。以左衞將軍禪赤等爲賀宋生日使，尚輦局使僕散曷速罕爲夏國生日使。己丑，以同知東京留守司事裔在任專恣，失上下之分，謫授復州刺史。乙未，壽州刺史訛里也、同知查剌、軍事判官孫紹先、榷場副使韓仲英等以受商賂縱禁物出界，皆處死。

十月辛丑，徙河間宗室于平州。庚戌，祫享于太廟。

十一月丙子，以吏部尚書孛朮魯阿魯罕等爲賀宋正旦使。東京留守徒單貞以與海陵逆謀，伏誅。妻永平縣主，子慎思並賜死〔二〕。甲申，以宿直將軍僕散忠佐爲高麗生日使。玉田縣令移剌查坐贓，伏誅。戊子，冬獵。

十二月庚子，還都。癸丑，獵近郊。辛酉，立强取諸部羊馬法。

二十三年正月丁卯朔，宋、高麗、夏遣使來賀。庚午，詔有司但獲强盜，迹狀既明，賞隨給之，勿得更待。丁丑，參知政事梁肅致仕。辛巳，廣樂園燈山火。壬午，如春水，詔夾道三十里內被役之民與免今年租稅，仍給傭直。甲午，大邦基伏誅。

二月乙巳，還都。戊申，以尚書右丞張汝弼攝太尉，致祭于至聖文宣王廟。庚戌，以户部尚書張仲愈爲參知政事。御史臺進所察州縣官罪，上覽之曰：「卿等所廉皆細碎事，又止録其惡而不舉其善，審如是，其爲官者不亦難乎。其併察善惡以聞。」

三月丙寅朔，萬春節，宋、高麗、夏遣使來賀。丙子，初製「宣命之寶」，金、玉各一。尚書右丞相烏古論元忠罷。潞州涉縣人陳圓亂言，伏誅。乙酉，雨土。丙戌，詔戒諭中外百官。

四月辛丑〔三〕，更定奉使三國人從差遣格。祁州刺史大磐坐無罪掠死染工，妄認良人二十五口爲奴，削官四階，罷之。癸丑，地生白毛。以大理正紇石烈朮列速爲横賜高麗使。壬戌，幸壽安宫。勑有司爲民禱雨。是夕，雨。

五月庚午，縣令大雛訛只等十人以不任職罷歸〔四〕。六十以上者進官兩階，六十以下者進官一階，並給半俸。甲戌，命應部除官嘗以罪罷而再敍者，遣使按其治迹，如有善狀，方許授以縣令，無治狀者，不以任數多少，並不得授。丁亥，雷，雨雹，地生白毛。

六月壬子，有司奏右司郎中段珪卒，上曰：「是人甚明正，可用者也。如知登聞檢院巨構，每事但委順而已。燕人自古忠直者鮮，遼兵至則從遼，宋人至則從宋，本朝至則從本朝，其俗詭隨，有自來矣。雖屢經遷變而未嘗殘破者，凡以此也。南人勁挺，敢言直諫者多，前有一人見殺，後復一人諫之，甚可尚也。」又曰：「昨夕苦暑，朕通宵不寐，因念小民比屋卑隘，何以安處。」

七月乙酉，平章政事移剌道，參知政事張仲愈皆罷。御史大夫張汝霖坐失糾舉，降授棣州防禦使。

八月乙未，觀稼于東郊。以女直字孝經千部付點檢司分賜護衛親軍。癸卯，還都。乙巳，大名府猛安人馬和尚謀叛，伏誅。括定猛安謀克户口田土牛具。以户部尚書程輝爲參知政事。

九月己巳，以同僉大宗正事方等爲賀宋生日使，宿直將軍完顔斜里虎爲夏國生日使。上謂宰臣曰：「朕譯經所進所譯易、書、論語、孟子、老子、揚子、文中子、劉子及新唐書。所以令譯五經者，正欲女直人知仁義道德所在耳。」命頒行之。辛未，秋獵。

十月癸巳，還都。庚戌，幸東宮，賜皇孫吾都補洗兒禮。己未，慶雲見。辛酉，太白晝見。

十一月壬戌朔，日有食之。丙寅，平章政事蒲察通罷。丁卯，歲星晝見。壬申，以樞密副使崇尹爲平章政事。

閏月甲午，上謂宰臣曰：「帝王之政，固以寬慈爲德，然如梁武帝專務寬慈，以至綱紀大壞。朕嘗思之，賞罰不濫，即是寬政也，餘復何爲。」以尚書左丞襄爲平章政事，右丞張汝弼爲左丞，參知政事粘割斡特剌爲右丞，禮部尚書張汝霖爲參知政事。以西京留守婆盧火等爲賀宋正旦使。制外任官嘗爲宰執者，凡吏牘上省部，依親王例，免書名。戊午，歲星晝見。上謂宰臣曰：「女直進士可依漢兒進士補省令史。夫儒者操行清潔，非禮不行。以吏出身者，自幼爲吏，習其貪墨，至於爲官，習性不能遷改。政道興廢，實由於此。」庚申，尚書省左司員外郎徐偉奏事，上謂宰臣曰：「斯人純而幹，右司郎中郭邦傑直而頗躁。」

十二月癸酉，上謂宰臣曰：「海陵自以失道，恐上京宗室起而圖之，故不問疎近，並徙之南。豈非以漢光武、宋康王之疎庶得繼大統，故有是心。過慮若此，何其謬也。」乙酉，高麗以母喪來告。丁亥，以真定尹烏古論元忠復爲尚書右丞相。

二十四年正月辛卯朔，宋、夏遣使來賀。徐州進芝草十有八莖，真定進嘉禾二本，六莖，異畝同穎。戊戌，如長春宮春水。

二月壬申，還都。癸酉，上曰：「朕將往上京。念本朝風俗重端午節，比及端午到上京，則燕勞鄉閭宗室父老。」甲戌，制一品職事官庶孽子承廕，更不引見。丙戌，以東上閤門使完顏進兒等爲高麗勑祭使，西上閤門使大仲尹爲慰問使，虞王府長史永明爲起復使，以器物局使回爲橫賜夏國使。

三月庚寅朔，萬春節，宋、夏遣使來賀。甲午，以上將如上京，尚書省奏定「皇太子守國諸儀」。丙申，尚書省進「皇太子守國寶」，上召皇太子授之，且諭之曰：「上京祖宗興王之地，欲與諸王一到，或留二三年，以汝守國。譬之農家種田，商人營財，但能不墜父業，即爲克家子，況社稷任重，尤宜畏慎。常時觀汝甚謹，今日能紓朕憂，乃見中心孝也。」皇太子再三辭讓，以不諳政務，乞備扈從。上曰：「政事無甚難，但用心公正，毋納讒邪，久之自熟。」皇太子流涕，左右皆爲之感動。皇太子乃受寶。丁酉，如山陵。己亥，還都。壬寅，如上京。皇太子允恭守國。癸卯，宰執以下奉辭于通州。上謂宰執曰：「卿輩皆故老，皇太子守國，宜悉心輔之，以副朕意。」又謂樞密使徒單克寧曰：「朕巡省之後，脱或有事，卿必親之。毋忽細微，大難圖也。」又顧六部官曰：「朕聞省部文字多以小不合而駁之，苟求自便，致累歲不能結絶，朕甚惡之。自今可行則行，可罷則罷，毋使在下有滯留之歎。」時諸王皆從，以趙王永中留輔太子。

四月己未朔，太白晝見。咸平尹移剌道薨。庚申，次廣寧府。丙寅，次東京。丁卯，朝謁孝寧宫。給復東京百里内夏秋税租一年。在城隨關年七十者補一官。曲赦百里内犯徒二年以下罪。乙酉，觀漁于混同江。

五月己丑，至上京，居于光興宫。庚寅，朝謁于慶元宫。戊戌，宴于皇武殿。上謂宗戚曰：「朕思故鄉，積有日矣，今既至此，可極歡飲，君臣同之。」賜諸王妃、主，宰執百官命婦各有差。宗戚皆霑醉起舞，竟日乃罷。

六月辛酉，幸按出虎水臨漪亭。壬戌，閲馬于緑野淀。

七月乙未，上謂宰臣曰：「天子巡狩當舉善罰惡，凡士民之孝弟婣睦者舉而用之，其不顧廉恥無行之人則教戒之，不悛者則加懲罰。」丙午，獵于勃野淀。乙卯，上謂宰臣曰：

「今時之人，有罪不問，既過之後則謂不知。有罪必責，則謂每事尋罪。風俗之薄如此。不以文德感化，不能復于古也。卿等以德輔佐，當使復還古風。」

八月癸亥，以太府監張大節等爲賀宋生日使，侍御史遥里特末哥爲夏國生日使。乙亥，詔免上京今年市税。

九月甲辰，歲星晝見。

十月丁卯，獵于近郊。

十一月辛卯，還宫。甲午，詔以上京天寒地遠，宋正旦、生日，高麗、夏國生日，並不須遣使，令有司報諭。丙午，尚書省奏徙速頻、胡里改三猛安二十四謀克以實上京。

十二月丙辰，獵于近郊。己卯，還宫。

二十五年正月乙酉朔。丁亥，宴妃嬪、親王、公主、文武從官于光德殿，宗室、宗婦及五品以上命婦，與坐者千七百餘人，賞賚有差。

二月癸酉，以東平尹烏古論思列怨望，殺之。丁丑，如春水。

四月己未，至自春水。癸亥，幸皇武殿擊毬，許士民縱觀。甲子，詔於速頻、胡里改兩路猛安下選三十謀克爲三猛安，移置于率督畔窟之地，以實上京。壬申，曲赦會寧府，仍放免今年租稅，百姓年七十以上者補一官。甲戌，以會寧府官一人兼大宗正丞，以治宗室之政。上謂羣臣曰：「上京風物朕自樂之，每奏還都，輒用感愴。祖宗舊邦，不忍捨去，萬歲之後，當置朕于太祖之側，卿等無忘朕言。」丁丑，宴宗室、宗婦于皇武殿，大功親賜官三階，小功二階，緦麻一階，年高屬近者加宣武將軍，及封宗女，賜銀、絹各有差。曰：「朕尋常不飲酒，今日甚欲成醉，此樂亦不易得也。」宗室婦女及羣臣故老以次起舞，進酒。上曰：「吾來數月，未有一人歌本曲者，吾爲汝等歌之。」命宗室子弟敍坐殿下者皆坐殿上，聽上自歌。其詞道王業之艱難，及繼述之不易，至「慨想祖宗，宛然如睹」，慷慨悲激，不能成聲，歌畢泣下。右丞相元忠率羣臣、宗戚捧觴上壽，皆稱萬歲。於是，諸夫人更歌本曲，如私家之會。既醉，上復續調，至一鼓乃罷。己卯，發上京。庚辰，宗室戚屬奉辭。上曰：「朕久思故鄉，甚欲留一二歲，京師天下根本，不能久於此也。太平歲久，國無征徭，汝等皆奢縱，往往貧乏，朕甚憐之。當務儉約，無忘祖先艱難。」因泣數行下，宗室戚屬皆感泣而退。

五月庚寅，平章政事襄、奉御平山等射懷孕兔。上怒杖平山三十，召襄誡飭之，遂下詔禁射兔。壬寅，次天平山好水川。癸卯，遣使臨潢、泰州勸農。丙午，命尚書省奏事衣窄紫。

六月甲寅，獵近山，見田壠不治，命笞田者。庚申，皇太子允恭薨。丙寅，尚書右丞相烏古論元忠罷。庚午，遣左宣徽使唐括鼎詣京師，致祭皇太子。戊寅，命皇太子妃及諸皇孫執喪，並用漢儀。

七月戊申，發好水川。

九月辛巳朔，次轄沙河，賜百歲老嫗帛。甲申，次遼水，召見百二十歲女直老人，能道太祖開創事，上嘉歎，賜食，并賜帛。己酉，至自上京。是日，上臨奠宣孝皇太子于熙春園。

十月丙辰，尚書省奏親軍數多，宜稍減損，詔定額爲三千。辛巳退，上謂左右曰：「宰相年老艱于久立，可置小榻廊下，使少休息。」甲子，禁上京等路大雪及含胎時採捕。上謂宰臣曰：「護衛年老出職而授臨民，手字尚不能畫，何以治民。人胸中明暗外不能知，精神昏耄已見於外，是强其所不能也。天子以兆民爲子，不能家家而撫，在用人而已。知其不能而强授之，百姓其謂我何。」丁丑，命學士院、諫院、秘書監、司天臺、著作局、閤門、通進、拱衛直、武器署等官，凡直宮中，午前許退。

十一月庚辰朔，詔曰：「豺未祭獸，不許採捕。冬月，雪尺以上，不許用網及速撒海，恐盡獸類。」歲星晝見。壬午，太白晝見。甲午，以臨潢尹僕散守中等爲賀宋正旦使。丙申，夏國遣使問起居。戊戌，以曹王永功爲御史大夫。壬寅，以禮部員外郎移剌履爲高麗生日使。

十二月戊午，以皇孫金源郡王麻達葛判大興尹，進封原王。甲子，太白晝見，經天。丙寅，左丞相完顏守道、左丞張汝弼、右丞粘割斡特剌、參知政事張汝霖坐擅增東宮諸皇孫食料，各削官一階。甲戌，制增留守、統軍、總管、招討、都轉運、府尹、轉運、節度使月俸。上謂宰臣曰：「太尉守道論事止務從寬，犯罪罷職者多欲復用。若懲其首惡，後來知畏，罪而復用，何以示戒。」是日，命範銅爲「禮信之寶」，凡賜外方禮物，給信袋則用之。丙子，上問宰臣曰：「原王大興行事如何？」右丞斡特剌對曰：「聞都人皆稱之。」上曰：「朕令察于民間，咸言見事甚明，予奪皆不失當，曹、豳二王弗能及也。又聞有女直人訴事，以女直語問之，漢人訴事，漢語問之。大抵習本朝語爲善，不習，則淳風將棄。」汝弼對曰：「不忘本者，聖人之道也。」斡特剌曰：「以西夏小邦，崇尚舊俗，猶能保國數百年。」上曰：「事當任實，一事有僞則喪百真，故凡事莫如真實也。」

二十六年正月庚辰朔，宋、高麗、夏遣使來賀。甲辰，如長春宮春水。

二月癸酉，還都。乙亥，詔曰：「每季求仕人，問以疑難，令剖決之。其才識可取者，仍訪察政迹，如其言行相副，即加陞用。」

三月己卯朔，萬春節，宋、高麗、夏遣使來賀。丁亥，以大理卿闕，上問誰可，右丞粘割斡特剌言，前吏部尚書唐括貢可，乃授以是職。己丑，尚書省擬奏除授，上曰：「卿等在省未嘗薦士，止限資級，安能得人。古有布衣入相者，聞宋亦多用山東、河南流寓疏遠之人，皆不拘於貴近也。以本朝境土之大，豈無其人，朕難徧知，卿又不舉。自古豈有終身爲相者。外官三品以上，必有可用之人，但無故得進耳。」左丞張汝弼曰：「下位雖有才能，必試之乃見。」參政程輝曰：「外官雖有聲，一旦入朝，却不稱任，亦在沙汰而已。」癸巳，香山寺成，幸其寺，賜名大永安，給田二千畝，粟七千株，錢二萬貫。丁酉，以親軍完顏乞奴言，制猛安謀克皆先讀女直字經史然後承襲。因曰：「但令稍通古今，則不肯爲非。爾一親軍麤人〔五〕，乃能言此，審其有益，何憚而不從。」

四月壬子，尚書省奏定院務監官虧兑陪納法及横班格。因曰：「朕常日御膳亦從減省，嘗有一公主至，至無餘膳可與，當直官皆目睹之。若欲豐腆，雖日用五十羊亦不難矣，然皆民之脂膏，不忍爲也。監臨官惟知利己，不知其利自何而來。朕嘗歷外任，稔知民間之事，想前代之君，雖享富貴，不知稼穡艱難者甚多，其失天下，皆由此也。遼主聞民間乏食，謂何不食乾腊，蓋幼失師保之訓，及其即位，故不知民間疾苦也。隋煬帝時，楊素專權行事，乃不慎委任之過也。與正人同處，所知必正道，所聞必正言，不可不慎也。今原王府官屬，當選純謹秉性正直者充，勿用有權術之人。」戊午，尚書左丞張汝弼罷。己未，幸壽安宮〔六〕。壬戌，太尉、左丞相完顏守道致仕。以客省使李磐爲橫賜高麗使。尚書省奏「北京轉運使以贓除名」〔七〕。尚書省奏事，上曰：「比有上書言，職官犯除名不可復用，朕謂此言極當。如軍期急速，權可使用。今天下無事，復用此輩，何以戒將來。」又奏「年前以諸路水旱，於軍民地土二十一萬餘頃内，擬免税四十九萬餘石」，從之。詔曰：「今之税，考古行之，但遇災傷，常加蠲免。」

五月甲申，以司徒、樞密使徒單克寧爲太尉、尚書左丞相，判大宗正事趙王永中復爲樞密使，大興尹原王麻達葛爲尚書右丞相，賜名璟。參知政事程輝致仕。戊子，盧溝決於上陽村〔八〕，湍流成河，遂因之。庚寅，御史大夫曹王永功罷，以豳王永成爲御史大夫。戊戌，以尚書右丞粘割斡特剌爲左丞，參知政事張汝霖爲右丞。

六月癸亥，尚書省奏速頻、胡里改世襲謀克事，上曰：「其人皆勇悍，昔世祖與之隣，苦戰累年，僅能克復。其後乍服乍叛，至穆、康時，始服聲教。近世亦嘗分徙。朕欲稍遷其民上京，實國家長久之計。」己巳，上謂宰執曰：「齊桓中庸主也，得一管仲，遂成霸業。朕夙夜以思，惟恐失人。朕既不知，卿等又不薦，必俟全才而後舉，蓋亦難矣。如舉某人長於某事，朕亦量材用之。朕與卿等俱老矣。天下至大，豈得無人，薦舉人材，當今急務也。」又言：「人之有幹能，固不易得，然不若德行之士最優也。」上謂右丞相原王曰：「爾嘗讀太祖實録乎？太祖征麻産，襲之，至泥淖馬不能進，太祖捨馬而步，歡都射中麻産，遂擒之。創業之難如此，可不思乎。」甲戌，詔曰：「凡陳言文字詣登聞檢院送學士院聞奏，毋經省廷。」

七月壬午，詔給內外職事官兼職俸錢。丙申，御史中丞馬惠迪爲參知政事。庚子，上聞同知中都路都轉運使事趙曦瑞，其在職應錢穀利害文字多不題署，但思安身，降授積石州刺史。

閏月己未，還都。

八月丁丑，上謂宰臣曰：「親軍雖不識字，亦令依例出職，若涉贓賄，必痛繩之。」太尉左丞相克寧曰：「依法則可。」上曰：「朕於女直人未嘗不知優恤。然涉於贓罪，雖朕子弟亦不能恕。太尉之意，欲姑息女直人耳。」戊寅，尚書省奏，河決，衛州壞。命户部侍郎王寂、都水少監王汝嘉徙衛州胙城縣。丁亥，尚書省奏，遣吏部侍郎李晏等二十六人分路推排諸路物力，從之。己丑，以宿直將軍李達可爲夏國生日使。辛卯，以益都尹崇浩等爲賀宋生日使〔九〕。甲午，秋獵。庚子〔一○〕，次薊州。辛丑，幸仙洞寺。壬寅，幸香林、淨名二寺。

九月甲辰朔，幸盤山上方寺，因徧歷中盤、天香、感化諸寺。庚申，還都。丙寅，上謂宰臣曰：「烏底改叛亡，已遣人討之，可益以甲士，毁其船栰。」參知政事馬惠迪曰：「得其人不可用，有其地不可居，恐不足勞聖慮。」上曰：「朕亦知此類無用，所以毁其船栰，欲不使再窺邊境耳。」

十月戊寅，定職官犯贓同職相糾察法。庚寅，上謂宰臣曰：「西南、西北兩路招討司地隘，猛安人户無處圍獵，不能閑習騎射。委各猛安謀克官依時教練，其弛慢過期及不親監視，並決罰之。」甲午，詔增河防軍數。戊戌，寧昌軍節度使崇肅、行軍都統忠道以討烏底改不待克敵而還，崇肅杖七十，削官一階，忠道杖八十，削官三階。

十一月甲辰朔，定閔宗陵廟薦享禮。上謂宰臣曰：「女直人中材傑之士，朕少有識者，蓋亦難得也。新進士如徒單鎰、夾古阿里補、尼厖古鑑輩皆可用之材也。起身刀筆者，雖才力可用，其廉介之節，終不及進士。今五品以上闕員甚多，必資級相當，至老有不能得者，況欲至卿相乎。古來宰相率不過三五年而退，罕有三二十年者，卿等特不舉人，甚非朕意。」上顧修起居注崇璧曰：「斯人孱弱，付之以事，未必能辦，以其謹厚長者，故置諸左右，欲諸官效其爲人也。」辛亥，以刑部尚書移剌子元等爲賀宋正旦使。戊午，以左警巡副使鶻沙通敏善斷，擢殿中侍御史兼右三部司正。庚申，立右丞相原王璟爲皇太孫。甲子，上謂宰臣曰：「朕聞宋軍白來教習不輟，今我軍專務游惰，卿等勿謂天下既安而無豫防之心，一旦有警，軍不可用，顧不敗事耶。其令以時訓練。」丙寅，上謂侍臣曰：「唐太子承乾所爲多非度，太宗縱而弗檢，遂至於廢，如早爲禁止，當不至是。朕於聖經不能深解，至於史傳，開卷輒有所益。每見善人不忘忠孝，檢身廉潔，皆出天性。至於常人多喜爲非，有天下者苟無以懲之，何由致治。孔子爲政七日而誅少正卯，聖人尚爾，況餘人乎。」戊辰，上謂宰臣曰：「朕雖年老，聞善不厭。孔子云『見善如不及，見不善如探湯』，大哉言乎。」右丞張汝弼對曰〔一二〕：「知之非艱，行之惟艱。」以拱衞直副都指揮使韓景懋爲高麗生日使。以近侍局直長尼厖古鑑純直通敏，擢皇太孫侍丞。己巳，獵近郊。庚午，上謂宰臣曰：「朕方前古明君，固不可及。至於不納近臣讒言，不受戚里私謁，亦無愧矣。朕嘗自思，豈能無過，所患過而不改，過而能改，庶幾無咎。省朕之過，頗喜興土木之工，自今不復作矣。」

十二月甲申，上退朝，御香閤，左諫議大夫黃久約言遞送荔支非是，上諭之曰：「朕不知也，今令罷之。」丙戌，上謂宰臣曰：「有司奉上，惟沽辦事之名，不問利害如何。朕嘗欲得新荔支，兵部遂於道路特設鋪遞。比因諫官黃久約言，朕方知之。夫爲人無識，一旦臨事，便至顛沛。宮中事無大小，朕常親覽者，以不得人故也，如使得人，寧復他慮。」丁亥，上謂宰臣曰：「朕年來惟以省約爲務，常膳止四五味，已厭飫之，比初即位十減七八。」宰臣曰：「天子自有制，不同餘人。」上曰：「天子亦人耳，枉費安用。」丙申，上謂宰臣曰：「比聞河水泛溢，民罹其害者貲産皆空。今復遣官於彼推排，何耶？」右丞張汝霖曰：「今推排皆非被災之處。」上曰：「必隣道也。既隣水而居，豈無驚擾遷避者乎。計其貲産，豈有餘哉，尚何推排爲。」又曰：「平時用人，宜尚平直。至於軍職，當用權謀，使人不易測，可以集事。唐太宗自少年能用兵，其後雖居帝位，猶不能改，吮瘡剪鬚，皆權謀也。」

二十七年正月癸卯朔，宋、高麗、夏遣使來賀。己酉，以襄城令趙渢爲應奉翰林文字。渢入謝，上問宰臣曰：「此党懷英所薦耶？」對曰：「諫議黄久約亦嘗薦之。」上曰：「學士院比舊殊無人材，何也？」右丞張汝霖曰：「人材須作養，若令久任練習，自可得人。」庚戌，如長春宮春水。

二月乙亥，還都。己卯，改閔宗廟號曰熙宗。癸未，命曲陽縣置錢監，賜名「利通」。乙酉，上謂宰執曰：「朕自即位以來，言事者雖有狂妄，未嘗罪之。卿等未嘗肯盡言，何也。當言而不言，是相疑也。君臣無疑，則謂之嘉會。事有利害，可竭誠言之。朕見緘默不言之人，不欲觀之矣。」丁亥，命沿河京、府、州、縣長貳官，並帶管勾河防事。己丑，諭宰執曰：「近侍局官須選忠直練達之人用之。朕雖不聽讒言，使佞人在側，將恐漸漬聽從之矣。」上謂宰執曰：「朕聞寶坻尉蒙括特末也清廉，其爲政何如？」左丞斡特剌對曰：「其部民亦稱譽之，然不知所稱何事。」上曰：「凡爲官但得清廉亦可矣，安得全才之人。可進官一階，升爲令。」又言：「朕時或體中不佳，未嘗不視朝。諸王、百官但有微疾，便不治事，自今宜戒之。」丙申，命罪人在禁有疾，聽親屬入視。

三月癸卯朔，萬春節，宋、高麗、夏遣使來賀。辛亥，皇太孫受册，赦。乙卯，尚書省言「孟家山金口閘下視都城百四十餘尺，恐暴水爲害，請閉之」。從之。上謂大臣曰：「十室之邑，必有忠信。今天下之廣，人民之衆，豈得無人。唐之顔真卿、段秀實皆節義之臣也，終不升用，亦當時大臣固蔽而不舉也。卿等當不私親故，而特舉忠正之人〔一三〕，朕將用之。」又言：「國初風俗淳儉，居家惟衣布衣，非大會賓客，未嘗輒烹羊豕。朕嘗念當時節儉之風，不欲妄費，凡宮中之官與賜之食者，皆有常數。」

四月丙戌，以刑部尚書崇浩爲參知政事。丙申，上如金蓮川。辛丑，京師地震。

五月壬子，詔罷曷懶路所進海葱及太府監日進時果。曰：「葱、果應用幾何，徒勞人耳。惟上林諸果，三日一進。」庚午，以所進御膳味不調適，有旨問之。尚食局直長言：

「臣聞老母病劇，私心憒亂，如喪魂魄，以此有失嘗視，臣罪萬死。」上嘉其孝，即令還家侍疾，俟平愈乃來。

六月戊寅，免中都、河北等路嘗被河決水災軍民租税。庚辰，太白晝見。

七月丙午，太白晝見，經天。壬子，秋獵。

八月丙戌，次雙山子。

九月己亥朔，還都。己酉，上謂宰臣曰：「朕今歲春水所過州縣，其小官多幹事，蓋朕前嘗有賞擢，故皆勉力。以此見專任責罰，不如用賞之有激勸也。」以河中尹田彦皋等爲賀宋生日使，武器署令斜卯阿土爲夏國生日使。

十月乙亥，宋前主構殂。庚辰，祫享于太廟。庚寅，上謂宰臣曰：「朕觀唐史，惟魏徵善諫，所言皆國家大事，甚得諫臣之體。近時臺諫惟指摘一二細碎事，姑以塞責，未嘗有及國家大利害者，豈知而不言歟，無乃亦不知也。」宰臣無以對。

十一月庚戌，以左副都點檢崇安爲賀宋正旦使。甲寅，詔「河水泛溢，農夫被災者，與免差税一年。衞、懷、孟、鄭四州塞河勞役，并免今年差税」。庚申，平章政事崇尹致仕。甲子，上謂宰臣曰：「卿等老矣，殊無可以自代者乎，必待朕知而後進乎？」顧右丞張汝霖曰：「若右丞者，亦石丞相所言也。」〔一三〕平章政事襄及汝霖對曰：「臣等苟有所知，豈敢不言，但無人耳。」上曰：「春秋諸國分裂，土地褊小，皆稱有賢。卿等不舉而已。今朕自勉，庶幾致治，他日子孫，誰與共治者乎。」宰臣皆有慚色。

十二月庚午，以翰林待制趙可爲高麗生日使。丁丑，獵于近郊。壬午，宋遣使告哀。甲申，上諭宰臣曰：「人皆以奉道崇佛設齋讀經爲福，朕使百姓無冤，天下安樂，不勝於彼乎。爾等居輔相之任，誠能匡益國家，使百姓蒙利，不惟身享其報，亦將施及子孫矣。」左丞斡特剌曰：「臣等敢不盡心，第才不逮，不能稱職耳。」上曰：「人亦安能每事盡善，但加勉勵可也。」戊子，禁女直人不得改稱漢姓，學南人衣裝，犯者抵罪。

二十八年正月丁酉朔，宋、高麗、夏遣使來賀。癸卯，遣宣徽使蒲察克忠爲宋弔祭使。甲辰，如春水。

二月乙亥，還都。己丑，宋遣使獻先帝遺留物。癸巳，宋使朝辭，以所獻禮物中玉器五，玻璃器二十，及弓劍之屬使還遺宋，曰：「此皆爾國前主珍玩之物，所宜寶藏，以無忘追慕。今受之，義有不忍，歸告爾主，使知朕意也。」

三月丁酉朔，萬春節，宋、高麗、夏遣使來賀。御慶和殿受羣臣朝，復宴于神龍殿，諸王、公主以次捧觴上壽。上驩甚，以本國音自度曲。蓋言臨御久，春秋高，渺然思國家基緒之重，萬世無窮之託。以戒皇太孫，當修身養德，善于持守，及命太尉、左丞相克寧盡忠輔導之意。於是，上自歌之，皇太孫及克寧和之，極驩而罷。戊申，命隨朝六品、外路五品以上職事官〔一四〕，舉進士已在仕、才可居翰苑者，試制詔等文字三道，取文理優贍者補充學士院職任。應赴部求仕人，老病昏昧者，勒令致仕，止給半俸，更不遷官。甲寅，幸壽安宮。

四月癸酉，命增外任小官及繁難局分承應人俸。丁丑，以陝西路統軍使孛朮魯阿魯罕爲參知政事。癸未，命建女直大學。

五月丙午，制諸教授必以宿儒高才者充，給俸與丞簿等。戊申，宋使來謝弔祭。

七月辛亥，尚書左丞粘割斡特剌罷。

八月甲子朔，日有食之。辛未，還都。庚辰，上謂宰臣曰：「近聞烏底改有不順服之意，若遣使責問，彼或抵捍不遜，則邊境之事有不可已者。朕嘗思之，招徠遠人，於國家殊無所益。彼來則聽之，不來則勿强其來，此前世羈縻之長策也。」參知政事孛朮魯阿魯罕罷。壬午，以山東路統軍使完顏婆盧火爲參知政事。甲申，上謂宰臣曰：「用人之道，當自其壯年心力精强時用之，若拘以資格，則往往至於耄老，此不思之甚也。阿魯罕使其早用，朝廷必得補助之力，惜其已衰老矣。凡有可用之材，汝等宜早思之。」

九月甲午朔，以鷹坊使崇夔爲夏國生日使〔一五〕。丙申，以安武軍節度使王克温等爲賀宋生日使〔一六〕。己亥，秋獵。乙卯，還都。

十月乙丑，京、府及節度州增置流泉務，凡二十八所。禁糠禪、瓢禪，其停止之家抵罪。乙酉，尚書省奏擬除授而拘以資格，上曰：「日月資考所以待庸常之人，若才行過人，豈可拘以常例。國家事務皆須得人，汝等不能隨才委使，所以事多不治。朕固不知用人之術，汝等但務循資守格，不思進用才能，豈以才能見用，將奪己之禄位乎。不然，是無知人之明也。」羣臣皆曰：「臣等豈敢蔽賢，才識不逮耳。」上顧謂右丞張汝霖曰：「前世忠言之臣何多，今日何少也？」汝霖對曰：「世亂則忠言進，承平則忠言無所施。」上曰：「何代無可言之事，但古人知無不言，今人不肯言耳。」汝霖不能對。

十一月戊戌，以改葬熙陵，詔中外。上謂侍臣曰：「凡修身者喜怒不可太極，怒極則心勞，喜極則氣散，得中甚難，是故節其喜怒，以思安身。今宮中一歲未嘗責罰人也。」庚子，太白晝見。詔南京、大名府等處避水逃移不能復業者，官與津濟錢，仍量地頃畝給以耕牛。甲辰，以河中尹田彦皋等爲賀宋正旦使。戊申，上謂宰臣曰：「制條以拘於舊律，間有難解之辭。夫法律歷代損益而爲之，彼智慮不及而有乖違本意者，若行删正，令衆易曉，有何不可。宜修之，務令明白。」有司奏重修上京御容殿，上謂宰臣曰：「宮殿制度，苟務華飾，必不堅固。今仁政殿遼時所建，全無華飾，但見它處歲歲修完，惟此殿如舊，以此見虛華無實者，不能經久也。今土木之工，滅裂尤甚，下則吏與工匠相結爲姦，侵剋工物，上則户工部官支錢度材，惟務苟辦，至有工役纔畢，隨即欹漏者，姦弊苟且，勞民費財，莫甚於此。自今體究，重抵以罪。」庚戌，上謂宰臣曰：「朕近讀漢書，見光武所爲，人有所難能者。更始既害其兄伯升，當亂離之際，不思報怨，事更始如平日，人不見戚容，豈非人所難能乎。此其度量蓋將大有爲者也，其他庸主豈可及哉。」右丞張汝霖曰：「湖陽公主奴殺人，匿主車中，洛陽令董宣從車中曳奴下，殺之。主入奏，光武欲殺宣，及聞宣言，意遂解，使宣謝主，宣不奉詔。主以言激怒光武，光武但笑而已，更賜宣錢三十萬。」上曰：「光武聞直言而怒解，可謂賢主矣，令宣謝主，則非也。高祖英雄大度，駕馭豪傑，起自布衣，數年而成帝業，非光武所及，然及即帝位，猶有布衣麄豪之氣，光武所不爲也。」癸丑，幸太尉克寧第。

十二月丙寅，以大理正移剌彥拱爲高麗生日使。乙亥，上不豫。庚辰，赦天下。乙酉，詔皇太孫璟攝政，居慶和殿東廡。丙戌，以太尉、左丞相徒單克寧爲太尉兼尚書令，平章政事襄爲尚書右丞相，右丞張汝霖爲平章政事。參知政事完顏婆盧火罷，以户部尚書劉暐爲參知政事〔一七〕。戊子，詔尚書令徒單克寧、右丞相襄、平章政事張汝霖宿於内殿。

二十九年正月壬辰朔，上大漸，不能視朝。詔遣宋、高麗、夏賀正旦使還。癸巳，上崩于福安殿，壽六十七。皇太孫即皇帝位。己亥，殯于大安殿。三月辛卯朔〔一八〕，上尊謚曰光天興運文德武功聖明仁孝皇帝，廟號世宗。四月乙酉，葬興陵。

贊曰：世宗之立，雖由勸進，然天命人心之所歸，雖古聖賢之君，亦不能辭也。蓋自太祖以來，海内用兵，寧歲無幾。重以海陵無道，賦役繁興，盜賊滿野，兵甲並起，萬姓盻盻，國内騷然，老無留養之丁，幼無顧復之愛，顛危愁困，待盡朝夕。世宗久典外郡，明禍亂之故，知吏治之得失。即位五載，而南北講好，與民休息。於是躬節儉，崇孝弟，信賞罰，重農桑，慎守令之選，嚴廉察之責，却任得敬分國之請，拒趙位寵郡縣之獻，孳孳爲治，夜以繼日，可謂得爲君之道矣。當此之時，羣臣守職，上下相安，家給人足，倉廩有餘，刑部歲斷死罪，或十七人，或二十人，號稱「小堯舜」，此其效驗也。然舉賢之急，求言之切，不絕于訓辭，而羣臣偷安苟禄，不能將順其美，以底大順，惜哉。

校勘記

〔一〕杖二百　「二百」，南監本、北監本、殿本、局本並作「一百」。

〔二〕妻永平縣主子慎思並賜死　「慎思」下疑脱「十六」二字。按，本書卷一三二逆臣徒單貞傳，「詔誅貞及其妻與二子慎思、十六」。

〔三〕四月辛丑　「四月」二字原脱，據局本補。按，三月丙寅朔，辛丑當在四月。又本書卷二三五行志，大定二十三年四月有庚子，則此辛丑確在四月。

〔四〕縣令大雛訛只等十人以不任職罷歸　此與下文文義不屬，當有闕文。金史詳校卷一云當加「詔致仕官年」等字。

〔五〕爾一親軍麄人　「爾」，原作「前」，據北監本、殿本、局本改。

〔六〕幸壽安宮　「壽安宮」，原作「永安宮」。按，上下文常記幸壽安宮，如上文二十一年四月壬申「幸壽安宮」、二十三年四月壬戌「幸壽安宮」，下文二十八年三月甲寅「幸壽安宮」。又本書卷九五移剌履傳，「世宗崩，遺詔移梓宮壽安宮」。此處蓋緣上文「香山寺成，幸其寺，賜名大永安」而誤。今據改。

〔七〕尚書省奏北京轉運使以贓除名　金史詳校卷一：「『使』下脱人名。」

〔八〕盧溝決於上陽村　本書卷二七河渠志繫此事於大定二十五年五月，時間與此異。

〔九〕以益都尹崇浩等爲賀宋生日使　本書卷九三宗浩傳，大定「二十三年，徵爲大理卿，踰年授山東路統軍使，兼知益都府事」；「二十六年，爲賜宋主趙昚生日使」。皆與紀合。據本書卷九九孫即康傳、卷一〇〇宗端脩傳記載，章宗時爲避睿宗諱，凡名有「宗」字者皆改作「崇」。此處「崇浩」即「宗浩」，疑係元人修史時回改遺漏。後同，不復一一出校。

〔一〇〕庚子　此上原衍「九月」二字，據局本删。按，下文明記「九月甲辰朔」，庚子、辛丑、壬寅皆在八月。

〔一一〕右丞張汝弼對曰　「張汝弼」，疑當作「張汝霖」。按，本卷上文大定二十六年四月「戊午，尚書左丞張汝弼罷」，五月戊戌，「參知政事張汝霖爲右丞」。

〔一二〕而特舉忠正之人　「特」，原作「不」，據北監本、殿本、局本改。

〔一三〕若右丞者亦石丞相所言也　「石」，疑當作「右」。按，本書卷八三張浩傳附子張汝霖傳作「若右丞者，亦因右丞相言而知也」。

〔一四〕外路五品以上職事官　「上」字原脱。金史詳校卷一：「『以』下當加『上』。」今據補。

〔一五〕以鷹坊使崇夔爲夏國生日使　「坊」，原作「房」。按，本書卷五六百官志二有「鷹坊使」，卷六一交聘表中亦記大定二十八年「九月甲午朔，以鷹坊使崇夔爲夏國生日使」。今據改。

〔一六〕丙申以安武軍節度使王克温等爲賀宋生日使　「丙申以」三字原脱。按，本書卷六一交聘表中，大定二十八年「九月丙申，以安武軍節度使王克温、近侍局使鶻殺虎爲賀宋生日使」。今據補。

〔一七〕以户部尚書劉暐爲參知政事　「劉暐」，疑當作「劉瑋」。按，本書卷九五劉瑋傳，「擢户部尚書。（中略）世宗不豫，拜參知政事，仍領户部」。

〔一八〕三月辛卯朔　本書卷三二禮志五上尊謚，事在大定二十九年四月乙丑，與此異。

金史卷九

本紀第九

章宗一

章宗憲天光運仁文義武神聖英孝皇帝，諱璟，小字麻達葛，顯宗嫡子也。母曰孝懿皇后徒單氏。大定八年，世宗幸金蓮川，秋七月丙戌，次冰井，上生。翌日，世宗幸東宮，宴飲歡甚，語顯宗曰：「祖宗積慶而有今日，社稷之福也。」又謂司徒李石、樞密使紇石烈志寧等曰：「朕子雖多，皇后止有太子一人。幸見嫡孫又生於麻達葛山，朕嘗喜其地衍而氣清，其以山名之。」羣臣皆稱萬歲。

十八年，封金源郡王。始習本朝語言小字，及漢字經書，以進士完顏匡、司經徐孝美等侍讀。

二十四年，世宗東巡，顯宗守國，上奉表詣上京問安，仍請車駕還都，世宗嘉其意，賜勑書荅諭。

二十五年三月，萬春節，復奉表朝賀。六月，顯宗崩，世宗遣滕王府長史王臺、御院通進亶來護視〔二〕。十二月，進封原王，判大興府事。入以國語謝，世宗喜，且爲之感動，謂宰臣曰：「朕嘗命諸王習本朝語，惟原王語甚習，朕甚嘉之。」諭旨曰：「朕固知汝年幼，服制中未可付以職，然政事亦須學，京輦之任，姑試爾才，其勉之。」

二十六年四月，詔賜名璟。五月，拜尚書右丞相。世宗謂曰：「宮中有輿地圖，觀之可以具知天下遠近阨塞。」又謂宰臣曰：「朕所以置原王於近輔者，欲令親見朝廷議論，習知政事之體故也。」十一月，詔立爲皇太孫，稱謝於慶和殿。世宗諭之曰：「爾年尚幼，以明德皇后嫡孫惟汝一人，試之以事，甚有可學之資。朕從正立汝爲皇太孫，建立在朕，保守在汝，宜行正養德，勿近邪佞，事朕必盡忠孝，無失衆望，則惟汝嘉。」

二十七年三月，世宗御大安殿，授皇太孫册，赦中外。丁巳，謁謝太廟及山陵。始受百官牋賀。

二十八年十二月乙亥，世宗不豫，詔攝政，聽授五品以下官。丁亥，受「攝政之寶」。

二十九年春正月癸巳，世宗崩，即皇帝位于柩前。丙申，詔中外。賜内外官覃恩兩重，三品已上者一重，免今歲租税，并自來懸欠係官等錢，鰥寡孤獨人絹一匹、米兩石。己亥，遷大行皇帝梓宫于大安殿。癸卯，以皇太后命爲令旨。甲辰，以大理卿王元德等報哀于宋、高麗、夏。乙卯，白虹貫日亘天。丁巳，參知政事崇浩罷。山東統軍裔以私過都城不赴哭臨，笞五十，降授彰化軍節度使。戊午，名皇太后宫曰仁壽，設衛尉等官。

二月辛酉朔，日有食之。癸亥，始聽政。追尊皇考爲皇帝，尊母爲皇太后。甲子，命學士院進呈漢、唐便民事，及當今急務。乙丑，白虹亘天。勑登聞鼓院所以達冤枉，舊嘗鎖户，其令開之。戊辰，更仁壽宫名隆慶。詔宫籍監户舊係睿宗及大行皇帝、皇考之奴婢者，悉放爲良。己巳，勑御史臺，自今監察令本臺辟舉，任内不稱職亦從奏罷。丁丑，增定百官俸。乙酉，詔有司稽考典故，許引用宋事。是月，宋主内禪，子惇嗣立。

三月壬辰，朝于隆慶宫，是月凡五朝。己酉，詔以生辰爲天壽節。癸丑，夏國遣使來弔。

夏四月己巳，夏國遣使來祭。辛未，宋遣使來弔祭。乙酉，葬世宗光天興運文德武功聖明仁孝皇帝於興陵。戊子，朝于隆慶宫。

五月庚寅朔，太白晝見。壬寅，宋主遣使來報嗣位。夏國遣使來賀即位。丙午，以祔廟禮成，大赦。丁未，地生白毛。庚戌，詔罷送宣錢，今後諸護衛考滿賜官錢二千貫。壬子，勑收録功臣子孫，量材於局分承應。戊午，朝于隆慶宮。以東北路招討使温迪罕速可等爲賀宋主即位使。河溢曹州〔二〕。

閏月庚申朔，封兄珣爲豐王，琮鄆王，瓌瀛王，從彝沂王，弟從憲壽王，玠温王。辛酉，制諸飢民賣身已贖放爲良，復與奴生男女，並聽爲良。丙寅，觀稼于近郊。庚午，以樞密副使唐括貢爲御史大夫。壬申，封乳母孫氏蕭國夫人，姚氏莘國夫人。丙子，進封趙王永中漢王，曹王永功冀王，豳王永成吴王，虞王永升隋王〔三〕，徐王永蹈衛王，滕王永濟潞王，薛王永德瀋王。庚辰，宋遣使來賀即位。癸未，朝于隆慶宮。詔學士院，自今誥詞並用四六。乙酉，詔諸有出身承應人，係將來受親民之職，可命所屬諭使爲學。其護衛、符寶、奉御、奉職，侍直近密，當選有德行學問之人爲之教授。

六月己丑朔，有司言：「律科舉人止知讀律，不知教化之原，必使通治論語、孟子，涵養器度。遇府、會試，委經義試官出題别試，與本科通定去留爲宜。」從之。詔有司，請親王到任各給錢二十萬〔四〕。辛卯，脩起居注完顔烏者、同知登聞檢院孫鐸皆上書諫罷圍獵〔五〕，上納其言。拾遺馬升上儉德箴。乙未，初置提刑司，分按九路，並兼勸農採訪事，屯田、鎮防諸軍皆屬焉。丁酉，幸慶壽寺。作瀘溝石橋。己亥，朝于隆慶宮。甲辰，罷送赦禮物錢。朝于隆慶宫。乙卯，高麗國王晧遣使來弔祭及會葬。勑有司移報宋、高麗、夏，天壽節於九月一日來賀。丁巳，命提刑官除後於便殿聽旨，每十月使副内一員入見議事，如止一員則令判官入見，其判官所掌煩劇可升同隨朝職任。

秋七月辛酉，減民地税十之一，河東南、北路十之二，下田十之三。甲子，朝于隆慶宫。乙丑，勑近侍官授外任三品、四品，賜金帶一，重幣有差。丁卯，以太尉、尚書令東平郡王徒單克寧爲太傅，改封金源郡王。辛未，高麗遣使來賀即位。甲戌，奉皇太后幸壽安宫。辛巳，詔京、府、節鎮、防禦州設學養士。初設經童科。御史大夫唐括貢罷。禮部尚書移剌履爲參知政事。以刑部尚書完顏守貞等爲賀宋生日使。

八月戊子朔，奉皇太后幸壽安宫。辛卯，勑有司，京、府、州、鎮設學校處，其長貳幕職内各以進士官提控其事，仍具入銜。壬辰，初定品官子孫試補令史格，及提刑司所掌三十二條。左司諫郭安民上疏論三事：曰崇節儉，去嗜欲，廣學問。丁酉，如大房山。戊戌，謁奠諸陵。己亥，還都。庚子，朝于隆慶宫，是月凡三朝。壬寅，制提刑司設女直、契丹、漢兒知法各一人。甲辰，參知政事劉瑋罷。丙辰，宋、高麗、夏遣使來賀天壽節。

九月戊午朔，天壽節，以世宗喪，不受朝。庚申，詔增守山陵爲二十丁，給地十頃。壬戌，詔罷告捕亂言人賞。甲子，制諸盜賊聚集至十人，或騎五人以上，所屬移捕盜官捕之，仍遞言省部，三十人以上聞奏，違者杖百。是日，朝于隆慶宫，是月凡四朝。丁卯，制强族大姓不得與所屬官吏交往，違者有罪。戊辰，以隆慶宫衛尉把思忠爲夏國生日使。庚午，以尚輦局使崇德爲横賜高麗使。丙子，獵于近郊。戊寅，監察御史焦旭劾奏太傅克寧、右丞相襄不應請車駕田獵，上曰：「此小事，不須治之。」乙酉，如大房山。

冬十月丁亥朔，謁奠諸陵。己丑，還都。庚寅，朝于隆慶宫，是月凡四朝。辛卯，上顧謂宰臣曰「翰林闕人」，平章政事汝霖對曰：「鳳翔治中郝俣可。」汝霖諫止田獵，詔荅曰：「卿能每事如此，朕復何憂。然時異事殊，得中爲當。」丙申，冬獵。己亥，次羅山。庚子，次玉田。辛丑，沁州、丹州進嘉禾。丁未，次寶坻。庚戌，中侍石抹阿古誤帶刀入禁門，罪應死，詔杖八十。癸丑，至自寶坻。

十一月己未，朝于隆慶宫。辛酉，以右宣徽院使裴滿餘慶等爲賀宋正旦使。癸亥，上謂宰臣曰：「今之用人，太拘資歷。循資之法，起於唐代，如此何以得人？」平章政事汝霖對曰：「不拘資格，所以待非常之材。」上曰：「崔祐甫爲相，未踰年薦八百人，豈皆非常之材歟？」甲子，諭尚書省曰：「太傅年高，每趨朝而又赴省，恐不易。自今旬休外，四日一居休，庶得調攝。常事他相理問，惟大事白之可也。」戊辰，諭尚書省，自今五品以上官各舉所知，歲限所舉之數，如不舉者坐以蔽賢之罪。仍依唐制，内五品以上官到任即舉自代〔六〕，並從提刑司採訪之。己巳，初制轉遞文字法。壬申，朝于隆慶宮。乙亥，命參知政事移剌履提控刊脩遼史。丁丑，以西上閤門使移剌郁爲高麗生日使。御史臺奏：「故事，臺官不得與人相見。蓋爲親王、宰執、形勢之家，恐有私徇。然無以訪知民間利病、官吏善惡。」詔自今許與四品以下官相見，三品以上如故。辛巳，詔有司，今後諸處或有饑饉，令總管、節度使或提刑司先行賑貸或賑濟，然後言上。

十二月丙戌朔，朝于隆慶宮，是月凡五朝。詔罷鑄錢。丁亥，密州進白雉。壬辰，諭有司，女直人及百姓不得用網捕野物，及不得放鶻鷹枉害物命，亦恐女直人廢射也。戊戌，復置北京、遼東鹽使司，仍罷西京、解鹽巡捕使〔七〕。以河東南北路提刑司言，賑寧化、保德、嵐州饑，其流移復業，給復一年。是日，禁宮中上直官及承應人毋得飲酒。乙巳，祭奠興陵。壬子，諭臺臣曰：「提刑司所舉劾多小過，行則失大體，不行則恐有所沮，其以此意諭之。」甲寅，宋、高麗、夏遣使來賀正旦。是冬，無雪。

明昌元年春正月丙辰朔，改元。以世宗喪，不受朝賀。上朝于隆慶宮，是月凡四朝。丁巳，制諸王任外路者許游獵五日，過此禁之，仍令戒約人從，毋擾民。辛酉，諭尚書省，宰執所以總持國家，不得受人餽遺。或遇生辰，受所獻毋過萬錢。若緦大功以上親，及二品以上官，不禁。壬戌，以知河中府事王蔚爲尚書右丞，刑部尚書完顏守貞爲參知政事。甲子，如大房山。乙丑，奠謁興陵、裕陵。丙寅，還都。戊辰，制禁自披剃爲僧道者。勑外路求世宗御書。辛未，如近畿春水。己卯，如春水。

二月丁亥，太白晝見。丙申，遣諭諸王，凡出獵毋越本境。壬寅，諭有司，寒食給假五日，著于令。甲辰，至自春水。朝于隆慶宮，是月凡四朝。癸丑，地生白毛。甲寅，如大房山。

三月乙卯朔，謁奠興陵。丙辰，還都。朝于隆慶宮，是月凡六朝。己未，勑點檢司，諸試護衛人須身形及格，若功臣子孫善射出衆，雖不及格，亦令入見。癸亥，禮官言：「民或一産三男，内有才行可用者可令察舉，量材敍用。其驅婢所生，舊制官給錢百貫，以資乳哺，尚書省請更給錢四十貫，贖以爲良。」制可。丙寅，有司言：「舊制，朝官六品以下從人輸庸者聽，五品以上不許輸庸，恐傷禮體。其有官職俱至三品、年六十以上致仕者，人力給半，乞不分内外，願令輸庸者聽。」從之。己巳，擊毬於西苑，百寮會觀。癸酉，詔内外五品以上，歲舉廉能官一員，不舉者坐蔽賢罪。乙亥，初設應制及宏詞科。丁丑，制内外官并諸局承應人，遇祖父母、父母忌日並給假一日。辛巳，詔修曲阜孔子廟學。壬午，如壽安宮。

夏四月甲申朔，朝于隆慶宮，是月凡四朝。戊戌，如壽安宮。

五月，不雨。乙卯，祈于北郊及太廟。朝于隆慶宮，是月凡三朝。丙辰，以鷹坊使移剌寧爲橫賜夏國使。戊午，拜天于西苑。射柳、擊毬，縱百姓觀。壬戌，祈雨于社稷。甲子，制省元及四舉終場人許該恩。己巳，復祈雨于太廟。庚午，置知登聞鼓院事一人。丙子，以祈雨，望祭嶽鎮海瀆于北郊。戊寅，命內外官五品以上，任內舉所知才能官一員以自代。壬午，以參知政事移剌履爲尚書右丞，御史中丞徒單鎰爲參知政事，尚書右丞相襄罷。

六月己丑，制定親王家人有犯，其長史府掾失覺察、故縱罪。壬辰，奉皇太后幸慶壽寺。甲辰，勑僧、道三年一試。

秋七月己巳，以禮部尚書王翛等爲賀宋生日使。庚午，朝于隆慶宮。丁丑，詔罷西北路蝦蟆山市場。

八月癸未朔，禁指託親王、公主奴隸占綱船、侵商旅及妄徵錢債。乙酉，詔設常平倉。丁亥，至自壽安宮。戊子，朝于隆慶宮，是月凡三朝。己丑，以判大睦親府事宗寧爲平章政事〔八〕。壬辰，幸玉泉山，即日還宮。癸巳，罷諸府鎮流泉務。選才幹之官爲諸州刺史，皆召見諭戒之。戊戌，上諭宰臣曰：「何以使民棄末而務本，以廣儲蓄？」令集百官議。

户部尚書鄧儼等曰：「今風俗侈靡，宜定制度，辨上下，使服用居室，各有差等。抑昏喪過度之禮，禁追逐無名之費。用度有節，蓄積自廣矣。」右丞履、參知政事守貞、鎰曰：「凡人之情，見美則願，若不節以制度，將見奢侈無極，費用過多，民之貧乏，殆由此致。方今承平之際，正宜講究此事，爲經久法。」上是履議。壬寅，勑麻吉以皇家袒免之親，特收充尚書省祇候郎君，仍爲永制。丁未，獵于近郊。己酉，宋、高麗、夏遣使來賀天壽節。

九月壬子朔，天壽節，以世宗喪，不受朝。丙辰，以廉能進擢北海縣令張翺等十八人官。己未，以武衞軍副都指揮使烏林荅謀甲爲夏國生日使。庚申，朝于隆慶宮。壬戌，如秋山。

冬十月丁亥，至自秋山。戊子，朝于隆慶宮。丙申，詔賜貴德州孝子翟巽、遂州節婦張氏各絹十四、粟二十石。戊戌，以有司言，登聞鼓院同記注院，勿有所隸。制民庶聘財爲三等，上百貫，次五十貫，次二十貫。丁未，獵于近郊。

十一月乙卯，朝于隆慶宮，是月凡五朝。以惑衆亂民，禁罷全真及五行、毗盧。以僉書樞密院事把德固等爲賀宋正旦使。丁巳，制諸職官讓蔭兄弟子姪者，從其所請。戊辰，召禮部尚書王翛、諫議大夫張暐詣殿門，諭之曰：「朝廷可行之事，汝諫官、禮官即當辯析。小民之言，有可採者朕尚從之，況卿等乎。自今所議毋但附合於尚書省。」辛未，以西上閤門使移剌撻不也爲高麗生日使。丙子，冬獵。己卯，次雄州。判真定府事吴王永成、判定武軍節度使隋王永升來朝。

十二月壬午，免獵地今年税。丁亥，次饒陽。己丑，平章政事張汝霖薨。丁酉，至自饒陽。甲辰，幸太傅徒單克寧第視疾〔九〕。以克寧爲太師、尚書令，封淄王，賜銀千五百兩，絹二千匹。乙巳，朝于隆慶宫。丙午，詔有司，正旦可先賀隆慶宫，然後進酒。丁未，宋、高麗、夏遣使來賀正旦。

二年春正月庚戌朔，以世宗喪，不受朝。癸丑，諭有司，夏國使可令館内貿易一日。尚書省言，故事許貿易三日，從之。甲寅，始許宫中稱聖主。乙卯，皇太后不豫，自是日往侍疾，丙夜乃還。辛酉，皇太后崩。丙寅，以左副都點檢亩等報哀于宋、高麗、夏。庚午，太師、尚書令淄王徒單克寧薨〔一〇〕。甲戌，百官表請聽政，不許。戊寅，詔賜陁括里部羊三萬口、重幣五百端、絹二千匹，以振其乏。吴王永成、隋王永升以聞國喪奔赴失期，罰其俸一月，其長史笞五十。己卯，有司言，漢王永中以疾失期，上諭使回。

二月壬午，百官復請聽政，不許。壬辰，上始視朝。勑親王及三品官之家，毋許僧尼道士出入。諭有司，進士程文但合格者即取之，毋限人數。丙申，以樞密副使夾谷清臣爲尚書左丞。戊戌，更定奴誘良人法。丙午，初設王傅府尉官。

三月丁巳，夏國遣使來弔。癸亥，勑有司，國號犯漢、遼、唐、宋等名不得封臣下。有司議，以遼爲恒，宋爲汴，秦爲鎬，晉爲并，漢爲益，梁爲邵，齊爲彭，殷爲譙，唐爲絳，吴爲鄂，蜀爲夔，陳爲宛，隋爲涇，虞爲澤。制可。丁卯，夏國遣使來祭。乙亥，高麗遣使來弔祭。丁丑，宋遣使來弔祭。

四月戊寅朔，尚書省言：「齊民與屯田户往往不睦，若令遞相婚姻，實國家長久安寧之計。」從之。乙酉，葬孝懿皇太后于裕陵。戊子，制諸部内災傷，主司應言而不言及妄言者杖七十，檢視不以實者罪如之，因而有傷人命者以違制論，致枉有徵免者坐贓論，妄告者户長坐詐不以實罪，計贓重從詐匿不輸法。庚寅，禁民庶不得服純黄銀褐色，婦人勿禁，著爲永制。辛卯，上幸壽安宮，諫議大夫張暐等上疏請止其行，不允。癸巳，諭有司，自今女直字直譯爲漢字，國史院專寫契丹字者罷之。甲午，改封永中爲并王，永功爲魯王，永成兖王，永升曹王，永蹈鄭王，永濟韓王，永德豳王。戊戌，增太學博士助教員。己亥，學士院新進唐杜甫、韓愈、劉禹錫、杜牧、賈島、王建，宋王禹偁、歐陽脩、王安石、蘇軾、張耒、秦觀等集二十六部。庚子，改壽安宮名萬寧。壬寅，如萬寧宮。詔襲封衍聖公孔元措視四品秩。

五月庚戌，勑自今四日一奏事，仍免朝。戊辰，詔諸郡邑文宣王廟、風雨師、社稷神壇隳廢者，復之。詔御史臺令史並以終場舉人充。

六月戊子，平章政事崇寧薨。癸巳，禁稱本朝人及本朝言語爲「蕃」，違者杖之。丙午，尚書右丞移剌履薨。

秋七月丁巳，以參知政事徒單鎰爲尚書右丞，御史中丞夾谷衡爲參知政事。己未，觀稼于近郊。己巳，禁職官元日、生辰受所屬獻遺，仍爲永制。以同僉大睦親府事兗等爲賀宋生日使。庚午，諭有司，自今外路公主應赴闕，其駙馬都尉非奉旨，毋擅離職。

八月癸未，至自萬寧宮。己亥，勑山東、河北闕食等處，許納粟補官。諭有司，自今親王所領，如有軍處，令佐貳總押軍事。乙巳，宋、高麗、夏遣使來賀天壽節。

九月丁未朔，天壽節，以皇太后喪，不受朝。甲寅，如大房山。乙卯，謁奠裕陵。丙辰，還都。丁巳，以西上閤門使白琬爲夏國生日使。己未，定詐爲制書未施行制〔一二〕。以尚書左丞夾谷清臣爲平章政事，封芮國公，參知政事完顏守貞爲尚書左丞，知大興府事張萬公爲參知政事。庚申，如秋山。

冬十月己丑，至自秋山。甲午，勑司獄毋得與府州司縣官筵宴還往，違者罪之。禁以太一混元受籙私建庵室者。壬寅，以河北、山東旱，應雜犯及强盜已未發覺減死一等，釋徒以下。

十一月丙午朔，制諸女直人不得以姓氏譯爲漢字。甲寅，禁伶人不得以歷代帝王爲戲，及稱萬歲，犯者以不應爲事重法科。丁巳，以豳王傅宗璧等爲賀宋正旦使。戊午，夏人殺我邊將阿魯帶。甲子，制投匿名書者，徒四年。丙寅，以近侍局副使完顏匡爲高麗生日使。壬申，勑提刑司官自今每十五日一朝。

十二月乙亥朔，勑三品致仕官所得傔從毋令輸庸。己卯，定鎮邊守將致盜賊罪。甲申，獵于近郊。乙酉，詔罷契丹字。己丑，尚書右丞徒單鎰罷。癸卯，宋、高麗、夏遣使來賀正旦。

三年春正月乙巳朔，以皇太后喪，不受朝。丙辰，以孝懿皇后小祥，尚書省請依明昌元年世宗忌辰例，諸王陪位，服慘紫〔三〕，去金玉之飾，百官不視事，禁音樂屠宰，從之。壬戌，如春水。

二月甲戌朔，勑猛安謀克許於冬月率所屬户畋獵二次，每出不得過十日。壬辰，至白春水。丁酉，獵于近郊。辛丑，詔追復田瑴等官爵。

閏月甲子，以山東路統軍使烏林荅愿爲御史大夫。

三月乙亥，更定强盜徵贓、品官及諸人親獲强盜官賞制。辛巳，初設左右衞副將軍。癸未，瀘溝石橋成。幸熙春園。丁亥，如萬寧宮。辛卯，詔賜棣州孝子劉瑜、錦州孝子劉慶祐絹、粟，旌其門閭，復其身。上因問宰臣曰：「從來孝義之人曾官使者幾何？」左丞守貞對曰：「世宗時有劉政者嘗官之，然若輩多淳質不及事〔一三〕。」上曰：「豈必盡然。孝義之人素行已備，稍可用即當用之，後雖有希覬作僞者，然僞爲孝義，猶不失爲善。可檢勘前後所申孝義之人，如有可用者，可具以聞。」癸巳，尚書省奏：「言事者謂，釋道之流不拜父母親屬，敗壞風俗，莫此爲甚。禮官言唐開元二年勑云：『聞道士、女冠、僧、尼不拜二親，是爲子而忘其生，傲親而徇於末。自今以後並聽拜父母，其有喪紀輕重及尊屬禮數，一准常儀。』臣等以爲宜依典故行之。」制可。左丞守貞言：「上嘗命臣問忻州陳毅上書所言事，其一極論守令之弊，臣面問所以救之之道，竟不能言。」上曰：「方今政欲知其弊也。彼雖無救弊之術，但能言其弊，亦足嘉矣。如毅言及隨處有司不能奉行條制，爲人傭雇尚須出力，況食國家祿而乃如是，得無虧臣子之行乎？其令檢會前後所降條理舉行之。」是日，温王玠薨。丁酉，命有司祈雨，望祀嶽鎮海瀆于北郊。

四月壬寅朔，定宣聖廟春秋釋奠，三獻官以祭酒、司業、博士充，祝詞稱「皇帝謹遣」，及登歌改用太常樂工。其獻官并執事與享者並法服，陪位學官公服，學生儒服。尚書省奏：「提刑司察舉涿州進士劉器博、博州進士張安行、河中府胡光謙，光謙年雖八十三，尚可任用。」勑劉器博、張安行特賜同進士出身，胡光謙召赴闕。甲辰，祈雨于社稷。丙午，罷天山北界外採銅。戊申，瀛王瓌薨。戊午，詔集百官議北邊開壕事。詔賜雲内孝子孟興絹十匹、粟二十石，賜同州貞婦師氏謚曰「節」。丙寅，以旱灾，下詔責躬。丁卯，復以祈雨，望祀嶽鎮海瀆山川于北郊。戊辰，勑親王衣領用銀褐紫緣。遣御史中丞吴鼎樞等審決中都冤獄，外路委提刑司處決。左丞守貞以旱，上表乞解職，不允。參知政事衡、萬公皆入謝。上曰：「前詔所謂罷不急之役、省無名之費、議冗官、決滯獄四事，其速行之。」

五月壬申朔，以尚書禮部員外郎孛术魯子元爲横賜高麗使。癸酉，罷北邊開壕之役。甲戌，祈雨于社稷。是日，雨。戊寅，出宫女百八十三人。尚書省奏，近以山東、河北之饑，已委宣差所至安撫賑濟，復遣右三部司正范文淵往視之。乙酉，以雨足，致祭于社稷。戊子，百官賀雨足。尚書左丞完顏守貞罷。己丑，以雨足，望祀嶽鎮海瀆。

六月癸卯，宰臣請罷提刑司，上曰：「諸路提刑司官止三十餘員，猶患不得其人，州郡三百餘處，其能盡得人乎？」弗許。甲寅，以久雨，命有司祈晴。丁巳，定提刑司條制。辛酉，詔定内外所司公事故作疑申呈罪罰格。乙丑，以知大名府事劉瑋爲尚書右丞。有司言，河州災傷，民乏食，而租税有未輸。詔免之。諭户部，可預給百官冬季俸，令就倉以時直糴與貧民，秋成各以其貲糴之，其所得必多矣，而上下便之。其承應人不願者，聽。

秋七月戊寅，勑尚書省曰：「饑民如至遼東，恐難遽得食，必有饑死者。其令散糧官問其所欲居止，給以文書，命隨處官長計口分散，令富者出粟養之，限以兩月，其粟充秋稅之數。」己卯，祁州刺史頓長壽、安武軍節度副使胡刺坐賑濟不及四縣，各杖五十。癸未，詔增北邊軍千二百人，分置諸堡。丁亥，胡光謙至闕，命學士院以雜文試之，稱旨。上曰：「朕欲親問之。」辛卯，以殿前都點檢僕散端等爲賀宋生日使。己亥，上謂宰臣曰：「聞諸王傅尉多苛細，舉動拘防，亦非朕意。是職之設，本欲輔導諸王，使歸之正，得其大體而已。」平章政事清臣曰：「請以聖意徧行之。」曰：「已諭之矣。」

八月癸卯，勑諸職官老病不肯辭避，有司諭使休閑者，不在給俸之列，格前勿論。上以軍民不和，吏員姦弊，詔四品以下、六品以上集議于尚書省，各述所見以聞。甲辰，集三品以下、六品以上官，問以朝政得失及民間利害，令各書所對。丁未，以有司奏寧海州文登縣王震孝行，以嘗業進士，并試其文，特賜同進士出身，仍注教授一等職任。辛亥，至自萬寧宮。特賜胡光謙明昌二年進士第三甲及第，授將仕郎、太常寺奉禮郎。官制舊設是職，未嘗除人，以光謙德行才能，故特授之。己未，以烏林荅愿爲尚書左丞。辛酉，獵于近郊。乙丑，上謂宰臣曰：「朕欲任官，令久於其事。若今日作禮官，明日司錢穀，雖間有異材，然事能悉辦者鮮矣。」對曰：「使中材之人久於其職，事既熟，終亦得力。」上問太常卿張暐：「古有三恪，今何無之？」暐具典故以聞。丁卯，宋、高麗、夏遣使來賀天壽節。

九月庚午朔，天壽節，以皇太后喪，不受朝。諭尚書省，去歲山東、河北被災傷處所閣租税及借貸錢粟，若便徵之，恐貧民未蘇，俟豐收日以分數帶徵可也。又諭宰臣曰：「隨路提刑司舊止察老病不任職及不堪親民者，如得其實，即改除他路。若他路提刑司覆察得實，勿復注親民之職。卿等其議行之。」甲戌，以郊社署令唐括合達爲夏國生日使。己卯，如秋山。免圍場經過人户今歲夏秋租税之半，曾當差役者復一年。

冬十月壬寅，至自秋山。丙午，勑御史臺，提刑司自今保申廉能官，勿復有乞升品語。壬子，有司奏增修曲阜宣聖廟畢，勑「党懷英撰碑文，朕將親行釋奠之禮，其檢討典故以聞」。甲寅，勑置常平倉處，並令州、府官以本職提舉，縣官兼管句其事，以所糴多寡約量升降，以爲永制。賜河南路提刑司所舉逸民游總同進士出身，以年老不樂仕進，授登仕郎〔一四〕，給正八品半俸終身。戊午，諭尚書省訪求博物多知之士。癸亥，遣諭諸王府傅尉曰：「朕分命諸王出鎮，蓋欲政事之暇，安便優逸，有以自適耳。然慮其舉措之間或違於理，所以分置傅尉，使勸導彌縫，不入於過失而已。若公餘遊宴不至過度，亦復何害。今聞爾等或用意太過，凡王門細碎之事無妨公道者，一一干與，贊助之道，豈當如是。宜各思職分，事舉其中，無失禮體。仍就諭諸王，使知朕意。」丙寅，勑應保舉官及試中書判者委官覆察，言行相副者量與陞除，隨朝及六品以上各隨所長用之。己巳，獵于近郊。

十一月庚午朔，尚書省奏：「翰林侍講學士党懷英舉孔子四十八代孫端甫，年德俱高，該通古學。濟南府舉魏汝翼有文章德誼，苦學三十餘年，已四舉終場。蔚州舉劉震亨學行俱優，嘗充舉首。益都府舉王樞博學善書，事親至孝。」勑魏汝翼特賜進士及第，劉震亨等同進士出身，並附王澤榜。孔端甫俟春暖召之。丙子，詔臣庶名犯古帝王而姓復同者禁之，周公、孔子之名亦令回避。戊寅，升相州爲彰德府。以前右副都點檢温敦忠等爲賀宋正旦使。壬午，尚書省奏，知河南府事程嶧乞進封父祖。權尚書禮部郎中党懷英言：「凡宰執改除外任長官，其佐官以下相見禮儀皆與他長官不同，其子亦得試補省令史。其子且爾，父祖封贈理當不同，合與宰執一例封贈。」從之。甲申，改提刑司令史爲書史。丙申，以有司言：「河州定羌民張顯孝友力田，焚券已責，又獻粟千石以賑饑。棣州民榮楫賑米七百石、錢三百貫，冬月散柴薪三千束。皆別無希覬。」特各補兩官，仍正班敍。

十二月癸卯，以東上閤門使張汝猷爲高麗生日使。辛亥，諭有司祈雪。癸丑，獵于近郊。丙辰，有赤氣見于北方。丁巳，勑華州下邽縣置武定鎮倉，京兆櫟陽縣置粟邑鎮倉，許州舞陽縣置北舞渡倉，各設倉草都監一人，縣官兼領之。乙丑，定到任告致仕格。丁卯，宋、高麗、夏遣使來賀正旦。

校勘記

〔一〕世宗遣滕王府長史臺御院通進實來護視　「臺」，南監本、北監本、殿本、局本並作「臺」。按，本書卷一九世紀補顯宗紀，「臺」作「再興」，「實」作「阿里剌」。

〔二〕「戊午」至「河溢曹州」　按，五月庚寅朔，戊午爲二十九日。本書卷二七河渠志：「二十九年五月，河溢于曹州小堤之北。六月，上諭旨有司曰：『比聞五月二十八日河溢。』」與此繫日不同。

〔三〕虞王永升隋王　「隋王」，原作「隨王」。按，集禮卷九親王，大定格封號無「隨」，次國封號三十，爲首者即「隋」。今據改。

〔四〕詔有司請親王到任各給錢二十萬　「請」，疑是「諸」字之誤。

〔五〕同知登聞檢院孫鐸皆上書諫罷圍獵　「同」字原脫。按，本書卷九九孫鐸傳云「除同知登聞檢院事」，卷八三張浩傳附子張汝霖傳記此事同爲「同知登聞檢院事孫鐸」。今據補。

〔六〕內五品以上官到任即舉自代　「內五品」，南監本、北監本、殿本、局本並作「凡五品」。

〔七〕仍罷西京解鹽巡捕使　「西京解鹽巡捕使」，原作「巡鹽使」。按，本書卷四九食貨志四鹽，大定二十九年「十二月，遂罷西京、解鹽巡捕使」，又云「遂復置北京、遼東鹽使司」，「罷西京及解州巡捕使」。今據改補。

〔八〕以判大睦親府事宗寧爲平章政事　本書卷七三宗寧傳，「入授同判大睦親府事，拜平章政事」，與此異。

〔九〕幸太傅徒單克寧第視疾　本書卷九二徒單克寧傳，「明昌二年，克寧屬疾，章宗往視之」。繫年與此異。

〔一〇〕太師尚書令淄王徒單克寧薨　本書卷九二徒單克寧傳，繫其事於二月。

〔一一〕定詐爲制書未施行制　後一「制」字，北監本、殿本、局本作「罪」。

〔一二〕服慘紫　「紫」，南監本、北監本、殿本、局本並作「素」。

〔一三〕然若輩多淳質不及事　「不」，原作「亦」，據北監本、殿本、局本改。

〔一四〕授登仕郎　「授」，原作「特」，據南監本、北監本、殿本、局本改。

金史卷十

本紀第十

章宗二

四年春正月己巳朔，以皇太后喪，不受朝。辛未，以平章政事夾谷清臣爲尚書右丞相，監修國史。丁丑，遣户部侍郎李獻可等分路勸農事。癸未，尚書省奏大興府推官蘇德秀爲禮部主事，上曰：「朕既嘗語卿，百官當使久於其職。彼方任理官，復改户曹，尋又除禮部，人才豈能兼之。若久於其職，但中材勝於新人，事既經練，亦必有濟，後不可輕易改除。」上又言：「凡稱政有異迹者，謂其斷事有軼才也。若止清廉，此乃本分，以貪汙者多，故顯其異耳。」宰臣又言：「『近言事者謂，方今孝弟廉耻道缺，乞正風俗。』此蓋官吏不能奉宣教化使然。今之察舉官吏者，多責近效，以幹辦爲上，其有秉心寬厚，欲行德化者，輒謂之迂闊。故人人皆以教化爲餘事，此孝弟所以廢也。若諭所司，官吏有能務行德化者，擢而用之，則教化可行，孝弟可興矣。今之所察舉，皆先才而後德。巧猾之徒，雖有贓污，一旦見用，猶爲能吏，此廉恥所以喪也。若諭所司，察舉官吏，必審眞僞，使有才無行者不能覬覦，非道求進者加之糾劾，則奔競之俗息，而廉恥可興矣。」辛卯，賑河北諸路被水災者。癸巳，諭點檢司，行宮外地及圍獵之處悉與民耕，雖禁地，聽民持農器出入。丙申，東京路副使三勝進鷹〔一〕，遣諭之曰：「汝職非輕。民間利害，官吏邪正，略不具聞，而乃以鷹進，此豈汝所職也！後毋復爾。」

二月戊戌朔，如春水。始以春、秋二仲月上戊日祭社稷。癸丑，獵于姚村淀。癸亥，至自春水。丙寅，參知政事張萬公罷。

三月戊辰朔，諸路提刑司入見，各問以職事，仍誡諭曰：「朕特設提刑司，本欲安民，于今五年，效猶未著。蓋多不識本職之體，而徒事細碎，以致州縣例皆畏縮而不敢行事。迺者山東民艱于食，嘗遣使賑濟，蓋卿等不職，故至於此。既往之失，其思悛改。」庚午，上將幸景明宮，御史中丞董師中等上書切諫，不報。壬申，章再上，補闕許安仁、拾遺路鐸皆諫，迺止。制定民習角觝、槍棒罪。以工部尚書胥持國爲參知政事。丙子，特賜有司孔端甫及第〔二〕，授小學教授，尋以年老，命食主簿半俸致事。甲申，幸香山永安寺及玉泉山。

甲午，定配享功臣。勅自今御史臺奏事，修起居注並令回避。

夏四月丁酉朔，幸興陵崇妃第。是日，始舉樂。自己亥至癸卯，百官三表請上尊號，上曰：「祖宗古先有受尊號者，蓋有其德，故有其名。比年五穀不登，百姓流離，正當戒懼修身之日，豈得虛受榮名耶。」不許，仍斷來章。戊申，親禘于太廟。庚戌，如萬寧宮。辛亥，右丞相清臣率百官及耆艾等復請上尊號，學官劉璣亦率六學諸生趙楷等七百九十五人詣紫宸門請上尊號，如唐元和故事，不許。丁巳，賑河州饑。勅女直進士及第後，仍試以騎射，中選者升擢之。乙丑，減尚厩食穀馬。

五月丙寅朔，曹王永升及諸王請上尊號，不許。以尚厩局使石抹貞爲横賜夏國使。己巳，上以羣臣累上尊號不受，詔諭中外，徒罪以下遞降一等，杖以下原之。甲戌，觀稼于近郊。辛巳，諭左司，徧諭諸路，令月具雨澤田禾分數以聞。癸未，以久雨，禜。

六月癸丑，賜有司所舉德行才能之士安州崔秉仁、兗州翟駒、錦州齊文乙、大名孫可久、陳信仁、應州董戣並同進士出身。丙辰，以晴，致祭嶽鎮海瀆。壬戌，尚書右丞相夾谷清臣進封戴國公，西京留守完顏守貞爲平章政事，封蕭國公。尚書右丞劉瑋薨。

秋七月辛巳，南京路提刑司自許州遷治南京。己丑，制三品以上官有故者，若親、賢、勳、舊，尚書省即與聞奏，議加追贈。命以銀改鑄「禮信之寶」，仍塗以金。以同判大睦親府事襄爲樞密使。以御史中丞董師中等爲賀宋生日使。

八月己亥，樞密使襄帥百僚再請上尊號，不許。是日，歲星、太白晝見。庚子，大赦。甲辰，至自萬寧宫。丁未，釋奠孔子廟，北面再拜。辛亥，國史院進世宗實録，上服袍帶，御仁政殿，降座，立受之。

九月甲子朔，天壽節，御大安殿，受親王百官及宋、高麗、夏使朝賀。戊辰，以參知政事夾谷衡爲尚書右丞，户部尚書馬琪爲參知政事。勑尚書省，大定二十九年以後士庶言事，或係國家或邊關大利害已嘗施行者，可特補一官；有益於官民，量給以賞。以西上閤門使大畧爲夏國生日使。庚午，如山陵，次奉先縣。辛未，拜天于縣西。壬申，致奠諸陵。癸酉，如秋山。

十一月庚午，右丞相清臣、參知政事持國上表丐閑，優詔不許。戊寅，以翰林直學士完顔匡等爲賀宋正旦使，命匡權易名弼，以避宋諱。壬午，木冰。丙戌，詔諸職官以贓污不職被罪、以廉能獲升者，令隨路、京、府、州、縣列其姓名，揭之公署，以示勸懲。庚寅，夏國嗣子李純佑遣使來訃告。

十二月甲午朔，夏國李純佑遣使奉故王仁孝遺表以進。諭大興府於暖湯院日給米五石，以贍貧者。戊戌，定武軍節度使鄭王永蹈以謀反，伏誅。己亥，諭有司，以鄭王財産分賜諸王，澤國公主財物分賜諸公主。甲辰，諸王府增置司馬一人。以紇石烈瑆爲高麗生日使，西上閤門使大㬜等爲夏國勅祭慰問使。庚戌，尚書省以科目近多得人，乞是舉增取進士。上然之，詔有司，會試毋限人數。甲寅，册長白山之神爲開天弘聖帝〔三〕。丙辰，獵于近郊。

是歲，大有年。邢、洺、深、冀及河北十六謀克之地〔四〕，野蠶成繭。

五年春正月癸亥朔，宋、高麗、夏遣使來賀。乙丑，昭容李氏進位淑妃。己巳，初用唐、宋典禮，皇后忌辰皆廢務。尚書省進區田法，詔相其地宜，務從民便。又言遣官劭農之擾，命提刑司禁止之。乙亥，以葉魯、谷神始製女直字，詔加封贈，依倉頡立廟盩厔例，祠於上京納里渾莊。歲時致祭，令其子孫拜奠，本路官一人及本千户春秋二祭。辛巳，前中都路都轉運使王寂薦三舉終場人蔡州文商經明行修，足備顧問。前河北西路轉運使李揚言慶陽府進士李獎純德博學，鄉曲譽之。絳州李天祺、應州康晉侯屢赴廷試，皆有才德。上曰：「文商可令召之。李獎給主簿半俸終身，餘賜同進士出身。」遣國子祭酒劉璣册李純佑爲夏國王。丁亥，幸城南别宫。

二月丁酉〔五〕，初定長吏勸課能否賞罰格。尚書省奏：「禮官言孝懿皇后祥除已久，宜易隆慶宮爲東宮，慈訓殿爲承華殿。」從之。詔購求崇文總目内所闕書籍。戊戌，祭社稷，以宣獻皇后忌辰，用熙寧祀儀，樂縣而不作。甲辰〔六〕，鄆王琮薨。己酉，宰臣請罷北邊屯駐軍馬，不允。癸丑，以齊河縣民張涓、濟陽縣王琛、河州李錡急義好施，詔復之終身，仍著于令。命宣徽使移剌敏、户部主事赤盞實理哥相視北邊營屯，經畫長久之計。

三月壬申，初定限錢禁。庚辰，初定日月風雨雷師常祀。戊子，置弘文院，譯寫經書。

夏四月壬辰朔，幸北苑。庚子，詔各路所舉德行才能之士，涿州時琦、雲中劉摯、鄭州李升、恩州傅礪、濟南趙摯、興中田扈方六人，並特賜同進士出身。以文商爲國子教授，特遷登仕郎。己酉，詔自今筐櫝床榻之飾毋以金玉。壬子，特賜翰林待制温迪罕迪翰林學士承旨、中奉大夫。乙卯，幸景明宫，董師中、賈守謙、路鐸先後凡兩上封事切諫，不報。

五月庚午，次烏十撒八。戊子，桓、撫二州旱，遣使禱于緡山。

六月壬辰，如冰井。己亥，出獵。登胡土白山，酹酒再拜。曹王永升以下進酒。丙午，拜天，曲赦西北路。己未，如沓沙秋山〔七〕。是月，宋前主眘殂。

七月戊辰，獵于豁赤火，一發貫雙鹿。是日，獲鹿二百二十二，賜扈從官有差。辛巳，次魯温合失不。是日，上親射，獲黄羊四百七十一。乙酉，次冰井。丙戌，以天壽節，宴樞光殿，凡從官及承應人遇覃恩遷秩者，並受宣勑於殿前。時久雨初霽，有龍曳尾于殿前雲間。戊子，御膳羹中有髮，上舉視而棄之，戒左右毋宣言。

八月辛亥，至自景明宮。壬子，河決陽武故堤，灌封丘而東。丁巳，賜從幸山後親軍銀、絹有差。

九月戊午朔，天壽節，宋、高麗、夏遣使來賀。壬戌，命增定捕盜官被殺賻錢及官賞格。甲子，都水監官王汝嘉等坐河決，各削官兩階，杖七十，罷之。乙丑，上御睿思殿，諸路提刑使入見。戊辰，初令民買撲隨處金、銀、銅冶。命參知政事馬琪往視河決，仍許便宜從事。壬申，宋主遣使來告哀。戊寅，以知大興府事尼厖古鑑等爲宋國弔祭使。勅尚書省，集百官議備邊事。壬午，特推恩東宮舊人司經王伯温等八人官有差。甲申，命上京等九路并諸抹及乣等處選軍三萬，俟來春調發，仍命諸路并北阻 樸以六年夏會兵臨潢。

冬十月庚寅，右丞相夾谷清臣等表請上尊號，不允。宋遣使獻遺留物。壬寅，右丞相清臣復請上尊號，國子祭酒劉璣亦率六學諸生上表陳請，不允。遣户部員外郎何格賑河決被災人户。庚戌，張汝弼妻高陀斡以謀逆，伏誅。壬子，尚書省奏，升提刑司所察廉官南皮縣令史肅以下十有二人，而大興主簿蒙括鑾都亦在選中，上知其人，曰：「鑾都澆浮人也，升之可乎？與其任澆浮，孰若用淳厚。況鑾都常才，才智過人猶不當用，恐敗風俗，況常才耶！其再察之。」

閏月戊午朔，宋主遣使來報即位。甲子，親王、百官各奉表請上尊號，不允。丙寅，以代國公歡都等五人配享世祖廟廷。甲戌，以河東南北提刑使王啓等爲賀宋主即位使。乙亥，獵于近郊。戊寅，上問輔臣：「孔子廟諸處何如？」平章政事守貞曰：「諸縣見議建立。」上因曰：「僧徒修飾宇像甚嚴，道流次之，惟儒者於孔子廟最爲滅裂。」守貞曰：「儒者不能長居學校，非若僧道久處寺觀。」上曰：「僧道以佛、老營利，故務在莊嚴閎侈，起人施利自多，所以爲觀美也。」庚辰，參知政事馬琪自行省回，具奏河防利害，語載琪傳中〔八〕。丙戌，以翰林待制奧屯忠孝權户部侍郎，太府少監温昉權工部侍郎，行户、工部事，修治河防。以引進使完顏衷爲夏國生日使。

十一月癸巳，詔罷紫荆嶺所護圍場。庚子，以右宣徽使移剌敏等爲賀宋正旦使。癸丑，太白晝見。

十二月辛酉，平章政事完顏守貞罷。以知大興府事尼厖古鑑爲參知政事，以户部郎中李敬義爲賜高麗生日使。丁卯，免被黄河水災今年秋税。辛巳，勑減修内司備營造軍千人，都城所五百人。癸未，勑尚書省，自今獻靈芝嘉禾者賞。

六年春正月丁亥朔，受宋、高麗、夏使朝賀。庚寅，太白晝見。辛卯，勑有司給天水郡公家屬田宅。壬辰，如春水。庚戌，罷陝西括地。辛亥，諭胥持國，河上役夫聚居，恐生疾疫，可廩醫護視之。乙卯，次御林。

二月丁巳朔，勑有司，行宫側及獵所有農者勿禁。己未，始祭高禖。庚午，至自春水。丁丑，京師地震。大雨雹，晝晦，震應天門右鴟尾。癸未，宋遣使來報謝。

三月丙戌朔，日有食之。甲午，以翰林直學士孛术魯子元兼右司諫，監察御史田仲禮爲左拾遺，翰林修撰僕散訛可兼右拾遺，諭之曰：「國家設置諫官，非取虛名，蓋責實效，庶幾有所裨益。卿等皆朝廷選擢，置之諫職，如國家利害、官吏邪正，極言無隱。近路鐸左遷，本以他罪，卿等勿以被責，遂畏縮不言，其悉心戮力，毋得緘默。」丙申，如萬寧宫。戊戌，以北邊糧運，括羣牧所、三招討司猛安謀克、隨乣及迭剌、唐古部諸抹、西京、太原官民駞五千充之，惟民以駞載爲業者勿括。以銀五十萬兩、錢二十三萬六千九百貫以備支給。銀五萬兩、金盂二千八百兩、金牌百兩、銀盂八千兩、絹五萬匹、雜綵千端、衣四百四十六襲以備賞勞。庚子，以郡舉才行之士翟介然以下三人特賜進士及第，李貞固以下十五人同進士出身。

夏四月癸亥，勑有司，以增修曲阜宣聖廟工畢，賜衍聖公以下三獻法服及登歌樂一部，仍遣太常舊工往教孔氏子弟，以備祭禮。甲子，以尚書左丞烏林荅愿爲平章政事，右丞夾谷衡爲尚書左丞。丙子，幸玉泉山。戊寅，以修河防工畢，參知政事胥持國進官二階，翰林待制奧屯忠孝以下三十六人各一階，獲嘉令王維翰以下五十六人各賜銀幣有差。庚辰，以尚書右丞相夾谷清臣爲左丞相，監修國史，封密國公。樞密使襄爲尚書右丞相，封任國公。參知政事胥持國爲尚書右丞。壬午，賜宰臣手詔，以風俗不淳，官吏苟且，責之。

五月丙戌，命減萬寧宮陳設九十四所。辛卯，以出師，遣禮部尚書張暐告于廟社。乙未，判平陽府事鎬王永中以罪賜死，并及二子，丁酉，詔中外。乙巳，詔諸路猛安謀克農隙講武，本路提刑司察其惰者罰之。庚戌，命左丞相夾谷清臣行省于臨潢府。

六月丙辰，右諫議大夫賈守謙、右拾遺僕散訛可坐鎬王永中事奏對不實，削官二階，罷之。御史中丞孫即康、右補闕蒙括胡剌、右拾遺田仲禮各罰金二十斤。丙寅，以樞密副使唐括貢爲樞密使。以久雨，禜。庚辰，太白經天。辛巳，左丞相清臣遣使來獻捷。

七月丙申，幸曹王永升第。甲辰，始定文武官六貫石以上、承應人并及廕者、若在籍儒生章服制。

八月己未，命兖州長官以曲阜新修廟告成于宣聖。癸亥，至自萬寧宮。己巳，以温敦伯英言，命禮部令學官講經。辛未，以吏部尚書吴鼎樞等爲賀宋生日使。壬申，行省都事獨吉永中來報捷。乙亥，敕宮中承應人出職後三年內犯贓罪者，元舉官連坐，不在去官之限，著爲令。辛巳，木波進馬。

九月壬午朔，天壽節，宋、高麗、夏遣使來賀。甲申，册靜寧山神爲鎮安公〔九〕、忽土白山神爲瑞聖公〔一〇〕。丙戌，知河間府事移剌仲方爲御史大夫。辛卯，如秋山。以尚書左司郎中粘割胡上爲夏國生日使〔一一〕。

冬十月丙辰，至自秋山。丁巳，以歲幸春水、秋山，五日一進起居表，自今可十日一進。乙亥，命尚書左丞夾谷衡行省于撫州，命選親軍、武衛軍各五百人以從，仍給錢五千萬。

十一月戊子，左丞相夾谷清臣罷，右丞相襄代領行省事。丙申，以刑部尚書紇石烈貞等爲賀宋正旦使。壬寅，初定猛安謀克鎮邊後放免者授官格。禁射糧軍應役，但成隊伍，不得持兵器及凡可以傷人者。甲辰，報敗敵於望雲。乙巳，以樞密使唐括貢、御史大夫移剌仲方、禮部尚書張暐等二十三人充計議官，凡軍事則議之。戊申，初定縣官增水田陞除制。

十二月乙卯，詔招撫北邊軍民。以知登聞檢院賈益爲高麗生日使〔一二〕，户部員外郎納蘭昉爲橫賜使。戊午，禮部尚書張暐等進大金儀禮。丁卯，應奉翰林文字趙秉文上書論姦欺。乙亥，詔加五鎮四瀆王爵。庚辰，上幸後園閱軍器。是月，右丞相襄率駙馬都尉僕散揆等進軍大鹽濼，分兵攻取諸營。

承安元年春正月辛巳朔，受宋、高麗、夏使朝賀。甲申，大鹽濼羣牧使移剌覩等爲廣吉剌部兵所敗，死之。丁亥，國子學齋長張守愚上平邊議三篇，特授本學教授，仍以其議付史館。

二月甲子，命有司祀高禖如新儀。丁卯，右丞相襄、左丞衡至自軍前。己巳，復命還軍。幸都南行宮春水。甲戌，至自行宮。是月，初造虎符發兵。

三月丁酉，如萬寧宮。不雨，遣官望祭嶽鎮海瀆于北郊。癸卯，勑尚書省，刑獄雖已奏行，其間恐有疑枉，其再議以聞。人命至重，不可不慎也。甲辰，遣參知政事尼厖古鑑祈雨于社稷。丁未，復遣使就祈于東嶽。

夏四月辛亥，命尚書右丞胥持國祈雨于太廟。壬子，遣使審決冤獄。京城禁繖扇。戊午，初行區種法，民十五以上、六十以下有土田者，丁種一畝。乙丑，命御史大夫移剌仲方祈雨于社稷。壬申，命參知政事馬琪祈雨于太廟。甲戌，尚書省以趙承元言，請追上孝懿皇太后册寶，然後行謚册禮。禮官執奏尊皇太后已詔示中外，無追册禮，從之。戊寅，上以久不雨，命禮部尚書張暐祈于北嶽。己卯，遣官望祭嶽鎮海瀆于北郊。

五月庚辰朔，觀稼于近郊，因閱區田。乙酉，以久旱，徙市。庚寅，詔復市如常。壬辰，以尚藥局副使粘割忠爲横賜夏國使。乙未，參知政事尼厖古鑑薨。庚子，雨足。

六月甲寅，上以百姓艱食，詔出倉粟十萬石減價以糴之。乙丑，平晉縣民利通家蠶自成綿段，長七尺一寸五分，闊四尺九寸，詔賜絹十疋。丁卯，勅自今長老、大師、大德不限年甲，長老、大師許度弟子三人，大德二人，戒僧年四十以上者度一人。其大定十五年附籍沙彌年六十以上並令受戒，仍不許度弟子。尼、道士、女冠亦如之。御史大夫移剌仲方罷。庚午，幸環秀亭觀稼。癸酉，詔應禁軍器路分，步弓手擬於射糧軍内選之，馬弓手擬於猛安謀克軍户餘丁内選之。其有爲百姓害，從本州縣斷遣。無猛安户，於二百里内屯駐軍餘丁内取之，依步弓手月給二貫石。

七月庚辰，御紫宸殿，受諸王、百官賀，賜諸王、宰執酒。勅有司，以酒萬尊置通衢，賜民縱飲。乙酉，勅今後高麗、夏使入見敷奏，令新設各國通事具公服與閤門使上殿監聽。命有司收瘞西北路陣亡骸骨。

八月己酉，獵于近郊。癸丑，幸玉泉山。甲子，以郊祀日期詔中外。戊辰，至自萬寧宫。以陝西西路轉運使董師中爲御史大夫。癸酉，左丞衡丁父憂。

九月丁丑朔，天壽節，宋、高麗、夏遣使來賀。幸天長觀。辛巳，以右丞相襄爲左丞相，監修國史，封常山郡王。壬午，賜襄酒百尊。太白晝見。癸未，都人進酒三千一百瓶，詔以賜北邊軍吏。以吏部尚書張嗣等爲賀宋生日使。癸巳，左丞衡起復。丁酉，知大興府卞、同知郭鑄以擅逮問宰臣，各笞四十。辛丑，西南路招討使僕散揆至自軍。乙巳，以國子監丞烏古論達吉不爲夏國生日使。

冬十月丙午朔，詔選親軍八百人戍撫州。庚戌，命左丞相襄行省于北京，簽書樞密院事完顏匡行院於撫州。丙辰，祫享于太廟。

十一月戊子，參知政事馬琪罷。庚寅，特滿羣牧契丹陁鎖、德壽反〔一三〕，泰州軍擊敗之。御史大夫董師中、北京留守裔並爲參知政事。甲午，以陝西路統軍使崇道等爲賀宋正旦使。丁酉，朝享于太廟。戊戌，有事于南郊，大赦，改元。己亥，曹王永升率親王、百官賀。癸卯，命有司祈雪，仍遣官祈于東嶽。

十二月丙午，樞密使唐括貢率百官請上尊號，不允。己酉，遣提點太醫、近侍局使李仁惠勞賜北邊將士，授官者萬一千人，授賞者幾二萬人，凡用銀二十萬兩、絹五萬疋、錢三十二萬貫。庚戌，以同知登聞檢院阿不罕德剛爲高麗國生日使。壬子，樞密使唐括貢復率百官請上尊號，不允。

二年春正月乙亥朔，宋、高麗、夏遣使來賀。乙酉，勑職官犯贓私不得訴于同官。丁亥，如安州春水。丁酉，至自春水。辛丑，宋主以母后喪，遣使告哀〔一四〕。

二月丁巳，勑自今職官犯贓，每削一官殿一年。是日，太白晝見，經天。是月，特命襲封衍聖公孔元措世襲兼曲阜令。

三月己卯，親王、百官復請上尊號，不允。壬午，命尚書户部侍郎温昉佩金符，行六部尚書於撫州〔一五〕。庚寅，幸西園閱軍器。辛卯，始定保舉德行才能格。癸巳，平章政事烏林荅愿罷。丁酉，樞密使唐括貢率百官請上尊號，不允。以參知政事裔代左丞相襄行省于北京〔一六〕。

夏四月甲寅，如萬寧宫。丙辰，命有司祈雨，望祭嶽鎮海瀆于北郊。甲子，祈雨于社稷。尚書省奏，比歲北邊調度頗多，請降僧道空名度牒紫褐師德號以助軍儲，從之。癸酉，親王宣勑始用女直字。

五月甲戌朔，諭宰臣曰：「比以軍須，隨路賦調。司縣不度緩急，促期徵斂，使民費及數倍，胥吏又乘之以侵暴〔一七〕。其令提刑司究察之。」丙子，集官吏于尚書省，詔諭之曰：「今紀綱不立，官吏弛慢，遷延苟簡，習以成弊。職官多以吉善求名，計得自安，國家何賴焉。至於徇情賣法，省部令史尤甚。尚書省其戒諭之。」丁丑，北京行省、參知政事胥移駐臨潢府。庚辰，升撫州爲鎮寧軍。以雨足，報祭于社稷。甲申，望祭嶽鎮海瀆于北郊。丁亥，左丞相襄詣臨潢府。己丑，皇子生，庚寅，詔中外，降死罪，釋徒以下。

六月乙巳，命禮部尚書張暐報祀高禖。丙午，雨雹。戊申，以澄州刺史王遵古爲翰林直學士，仍勑無與撰述，入直則奏聞，或霖雨，免入直，以遵古年老，且嘗侍講讀也。庚戌，詔罷瑶光殿工作。甲寅，置全州盤安軍節度使，治安豐縣。乙卯，封皇子爲壽王〔一八〕。

閏月甲午，出西橫門觀稼。

秋七月壬寅朔，幸天長觀，建普天大醮，禁屠宰七日，無奏刑，百司權停決罰。己未，命西上閤門使劉頍賜參知政事胥宴于行省。戊辰，天壽節，御紫宸殿受朝。

八月庚辰，勑計議官所進奏帖，可直言利害，勿用浮辭。辛巳，以邊事未寧，詔集六品以上官於尚書省，問攻守之計。應中外臣僚不以職位高下〔一九〕，或有方略材武，或長於調度，各舉三五人以備選用，無有顧望不盡所懷，期五日封章以進。議者凡八十四人，言攻者五，守者四十六，且攻且守者三十三，召對睿思殿，論難久之。癸未，至自萬寧宮。丙戌，以左丞相襄爲左副元帥，參知政事董師中尚書左丞，左宣徽使膏尚書右丞〔二〇〕，户部尚書楊伯通參知政事。尚書左丞夾谷衡罷。右丞胥持國致仕〔二一〕。庚寅，參知政事胥罷。

樞密使唐括貢致仕。壬辰，以左副元帥襄爲樞密使兼平章政事。

九月辛丑朔，天壽節，宋、高麗、夏遣使來賀。壬寅，遣官分詣上京、東京、北京、咸平、臨潢、西京等路招募漢軍，不足則簽補之。乙巳，以夏使朝辭，詔荅許復保安、蘭州榷場。丁未，以知歸德府事完顔愈爲賀宋生日使。癸丑，以上京留守粘割訛特剌爲平章政事。辛酉，以樞密使兼平章政事襄，知大興府事胥持國爲樞密副使〔三三〕、權參知政事，行省于北京。乙丑，始置軍器監，掌治戎器，班少府監下，設甲坊、利器二署隸焉。丁卯，分遣官於東、西、北京，河北等路〔三三〕，中都二節鎮，買牛五萬頭。

冬十月庚午朔，初設講議所官十員，共議錢穀，以中都路轉運使孫鐸、户部侍郎高汝礪等爲之。庚辰，尚書省奏，高麗國牒報，其王以老疾，令母弟晫權國事。壬午，尚書省行推排。丁亥，皇子壽王薨。壬辰，詔獎諭西南路招討使僕散揆等有功將士。甲午，大雪，以米千石賜普濟院，令爲粥以食貧民。丙申，以禮部員外郎蒙括仁本爲夏國生日使。

十一月甲辰，冬至，有事于南郊。乙巳，以薪貴，勑圍場地内無禁樵採。壬子，諭尚書省，猛安謀克既不隸提刑司，宜令監察御史察其臧否。庚申，北京留守裔以行省失職，杖一百，除名。右諫議大夫納蘭昉杖九十，削官二階，罷之。甲子，諭宰臣曰：「朕居九重，民間難以徧知，宰相不見賓客，何以得知民間利害。」

十二月己巳朔，敕御史臺糾察諂佞趨走有實跡者。己卯，始鑄「承安寶貨」。癸未，遣戶部侍郎上官瑜體究西京逃亡，勸率沿邊軍民耕種〔二四〕，戶部郎中李敬義規措臨潢等路農務。乙酉，諭宰臣，今後水潦旱蝗、盜賊竊發，命提刑司預爲規畫。戊子，諭西南路將士。庚寅，豫王永成進馬八十疋，賜詔獎諭，稱皇叔豫王而不名。

校勘記

〔一〕東京路副使三勝進鷹　「三勝」，南監本、北監本、殿本、局本並作「王勝」。又，「副使」上疑有闕文。按，大金國志卷三八提刑司九處有東京咸平府路提刑司，聯繫下文疑此人爲東京咸平府路提刑副使。

〔二〕特賜有司孔端甫及第　按，下文「賜有司所舉德行才能之士安州崔秉仁、（中略）並同進士出身」，此處「有司」下似有脱文。

〔三〕册長白山之神爲開天弘聖帝　按，本書卷三五禮志八長白山等諸神雜祠記其事於明昌四年十月，「復册爲開天弘聖帝」，繫月與此異。

〔四〕邢洺深冀及河北十六謀克之地　「河北」下疑脱「西路」二字。按，本書卷二三五行志，明昌四年，「邢、洺、深、冀及河北西路十六謀克之地，野蠶成繭」。

〔五〕二月丁酉　「二月」原在下文「甲辰」上。按，正月癸亥朔，則丁酉在二月。今將下文「二月」

移在「丁酉」上。

〔六〕甲辰　原作「二月甲辰」。「二月」二字已移在上文「丁酉」上。參見前條校勘記。

〔七〕如杳沙秋山　「杳沙」，疑當作「查沙」。按，本書卷二四地理志上西京路桓州有查沙。

〔八〕參知政事馬琪自行省回具奏河防利害語載琪傳中　按，馬琪奏河防利害事見本書卷二七河渠志，而卷九五馬琪傳失載。

〔九〕册靜寧山神爲鎮安公　按，本書卷三五禮志八長白山等諸神雜祠，「明昌六年八月，以冕服玉册，册山神爲鎮安公」，繫月與此異。

〔一〇〕忽土白山神爲瑞聖公　按，本書卷三五禮志八長白山等諸神雜祠，「明昌四年八月，以冕服玉册，封山神爲瑞聖公」，時間與此異。

〔一一〕以尚書左司郎中粘割胡上爲夏國生日使　按，依女真人名字習慣，「粘割胡上」之「上」當作「土」。

〔一二〕以知登聞檢院賈益爲高麗生日使　按，本書卷九七閻公貞傳，承安元年，「命與登聞檢院賈益同看讀陳言文字」，與此同。然卷九〇賈少沖傳附子賈益傳，「改禮部郎中，兼知登聞鼓院，看讀陳言文字」，與此異。

〔一三〕特滿羣牧契丹陁鎖德壽反　「羣牧」，原作「郡牧」。按，本書卷二四地理志上，西京路「羣牧十二處」有「特滿羣牧」。又卷九四襄傳云，「會羣牧契丹德壽、陁鎖等據信州叛」，亦作「羣牧」。今據改。

〔一四〕辛丑宋主以母后喪遣使告哀　按，承安二年當宋寧宗慶元三年，宋主無母后喪，未嘗遣使，故金亦未遣「宋弔祭使」。此乃抄襲本書卷六二交聘表下之誤。參見本書卷六二校勘記〔一四〕。

〔一五〕命尚書户部侍郎温昉佩金符行六部尚書於撫州　按，本書卷九八完顏匡傳，「承安元年，行院于撫州。河北西路轉運使温昉行六部事」，温昉官職與此異。

〔一六〕以參知政事裔代左丞相襄行省于北京　「左丞相」，原作「左丞省」。按，上文承安元年九月辛巳，「以右丞相襄爲左丞相」，十月庚戌，「命左丞相襄行省于北京」。今據改。

〔一七〕胥吏又乘之以侵暴　「胥吏」，原作「胥克」，據北監本、殿本、局本改。

〔一八〕封皇子爲壽王　「皇子」下疑脱「訛論」二字。按，本書卷九三章宗諸子洪輝傳，「洪輝本名訛論，承安二年五月生，彌月，封壽王」。

〔一九〕應中外臣僚不以職位高下　「應」，北監本、殿本、局本作「凡」。

〔二〇〕左宣徽使膏尚書右丞　按，錢大昕考異卷八四：「按膏字不見於字書，必是傳寫之譌。予見曲阜孔廟石刻，承安四年三月泰定軍節度使兼兖州觀察使完顏膏祭文，復有孔元措跋云：『相國完顏公，自尚書右丞出鎮沇郡。』與此紀三年十二月『尚書右丞膏罷』年月相合。然則膏即膏之譌。説文：『膏，用也，从亯从自，讀若庸。』石刻作膏，隸體小變耳。」錢説是。

〔二一〕右丞胥持國致仕　按，本書卷一二九佞幸胥持國傳，承安三年，「持國以通奉大夫致仕」，與此異。

〔二二〕知大興府事胥持國爲樞密副使　按，本書卷一二九佞幸胥持國傳云，「起知大名府事，未行，改樞密副使」，與此異。

〔二三〕分遣官於東西北京河北等路　「東西北京」，原作「東西北路」。按，原文既非地名，又與下文「河北等路」承文不順。本書卷二四地理志上有東京路、西京路、北京路。今據改。

〔二四〕遣户部侍郎上官瑜體究西京逃亡勸率沿邊軍民耕種　按，本書卷四七食貨志二田制，「承安二年，遣户部郎中上官瑜往西京并沿邊，勸舉軍民耕種」，與此異。

金史卷十一

本紀第十一

章宗三

三年春正月己亥朔，日有食之。辛丑，宋、夏遣使來賀。癸卯，諭有司，凡館接伴并奉使者，毋以語言相勝，務存大體。奉使者亦必得其人乃可。乙卯，詔罷講議所。丙辰，如城南春水。丁巳，併上京、東京兩路提刑司爲一，提刑使、副兼安撫使、副，安撫專掌教習武事，毋令改其本俗。己未，以都南行宮名建春。甲子，至自春水。乙丑，宋主以祖母喪〔一〕，遣使告哀。

二月己巳朔，幸建春宮。辛巳，諭宰臣曰：「自今內外官有闕，有才能可任者，雖資歷未及，亦具以聞。雖親故，毋有所避。」以武衞軍都指揮使烏林荅天益等爲宋弔祭使。中申，至自建春宫。丙戌，斜出内附。辛卯，平章政事粘割斡特剌薨。

三月戊戌，以禮部尚書張暐爲御史大夫。壬寅，復榷醋〔二〕。甲寅，如萬寧宫。丁巳，勑隨處盜賊，毋以强爲竊，以多爲少，以有爲無。嘯聚三十人以上奏聞。違者杖百。丙寅，高麗王王晧以弟晫權國事，遣使奉表來告。

夏四月戊辰朔，諭有司，宰相遇雨，可循殿廡出入。丙申，諭御史臺曰：「隨朝大小官雖有才能，率多苟簡，朕甚惡之，其察舉以聞。提刑司所察廉能汙濫官，皆當殿奏，餘事可轉以聞。」以侍御史孫俣爲宣問高麗王王晧使。

五月庚子〔三〕，右宣徽使張汝方以漏泄廷議，削官兩階。壬寅〔四〕，射柳、擊毬，縱百姓觀。戊申，以客省使移剌郁爲夏國生日使。甲子，參知政事楊伯通表乞致仕，不許。

秋七月丙午，幸香山。己酉，如萬寧宫。甲寅，還宫。

八月辛未，獵于近郊。癸酉，獵于香山。戊寅，如萬寧宫。庚辰，以護衛石和尚爲押軍萬户，率親軍八百人、武衛軍千六百人戍西北路。癸未，還宫。宋遣使來報謝。

九月丙申朔，天壽節，宋、夏遣使來賀。以中都路都轉運使孫鐸等爲賀宋生日使。乙巳，獵于近郊。庚戌，參知政事楊伯通再表乞致政，不許。戊午，木波進馬。

冬十月庚午，獵于近郊。癸未，行樞密院言斜出等請開榷場於轄里裊，從之。丁亥，定官民存留見錢之數，設回易務，更立行用鈔法。

十一月丁酉，樞密使兼平章政事襄至自軍，癸卯，以爲尚書左丞相，監修國史。丁未，以太常卿楊庭筠等爲賀宋正旦使。戊申，詔獎諭樞密副使夾谷衡以下將士。辛亥，定屬託法。定軍前官吏遷賞格。以邊事定，詔中外，減死罪，徒已下釋之。賜左丞相襄以下將士金幣有差。甲寅，冬獵。

十二月甲子朔，獵于酸棗林。大風寒，罷獵，凍死者五百餘人。己巳，還都。丙戌，尚書右丞胥鼎罷。高麗權國事王晫遣使奉表來告。

四年春正月癸巳朔，宋、夏遣使來賀。乙巳，尚書左丞董師中致仕。辛酉，監察御史姬端脩以妄言下吏〔五〕。尚書左丞相襄爲司空，職如故。樞密副使夾谷衡爲平章政事，封英國公。前知濟南府事張萬公起復爲平章政事，封壽國公。楊伯通爲尚書左丞。簽樞密院事完顔匡爲尚書右丞。

二月乙丑，如建春宮春水。己巳，還宮。庚午，御宣華門，觀迎佛。辛未，如建春宮。赦姬端脩罪，令居家俟命。司空襄言，西南路招討使僕散揆治邊有功，召赴闕，以知興中府事紇石烈子仁代之。壬申，諭有司，自三月一日爲始，每旬三品至五品官各一人轉對，六品亦以次對。臺諫勿與，有應奏事，與轉對官相見，無面對者上章亦聽。乙亥，還宮。戊寅，如建春宮。庚辰，上諭點檢司曰：「自蒲河至長河及細河以東，朕常所經行，官爲和買其地，令百姓耕之，仍免其租稅。」甲申，還宮。乙酉，以西南路招討使僕散揆爲參知政事。起姬端脩爲太學博士。如建春宮。戊子，還宮。

三月丁酉，同判大睦親府事宗浩爲樞密使，封崇國公〔六〕。己亥，如建春宮。遣使册王晫爲高麗國王。户部尚書孫鐸、郎中李仲略、國子祭酒趙忱始轉對香閤。丁未，勑尚書，官員必須改除者議之，其月日淺者毋數改易。乙卯，尚書省奏減親軍、武衞軍額及太學女直、漢兒生員，罷小學官及外路教授。詔學校仍舊，武衞軍額再議，餘報可。司空襄、右丞匡、參知政事揆請罷諸路提點刑獄，從之。戊午，雨雹。

夏四月癸亥，改提刑司爲按察使司。戊辰，如萬寧宮。壬申，左丞楊伯通致仕。御史大夫張暐以奏事不實，追一官〔七〕，侍御史路鐸追兩官，俱罷之。姬端脩杖七十，贖。壬午，英王從憲進封瀛王。詔同州、許州節度使罷兼陝西、河南副統軍。

五月壬辰朔，以旱，下詔責躬，求直言，避正殿，減膳，審理冤獄，命奏事於泰和殿。戊戌，命有司望祭嶽瀆禱雨。己亥，應奉翰林文字陳載言四事：其一，邊民苦于寇掠；其二，農民困于軍須；其三，審決冤滯，一切從寬，苟縱有罪；其四，行省官員，例獲厚賞，而沿邊司縣，曾不霑及，此亦干和氣，致旱災之所由也。上是之。壬寅，以兵部郎中完顏撒里合爲夏國生日使。戊申，宰臣以京畿雨，率百官請御正殿，復常膳。不從。尚書省奏上更定給發虎符制，著于令。庚戌，諭宰臣曰：「諸路旱，或關執政。今惟大興、宛平兩縣不雨，得非其守令之過歟？」司空襄、平章政事萬公、參知政事揆上表待罪。上以罪己荅之，令各還職。詔頒銅杖式。壬子，祈雨于太廟。乙卯，更定軍功賞格。戊午，司空襄以下再請御正殿，復常膳。不從。庚申，平章政事夾谷衡薨。以宿直將軍徒單仲華爲橫賜夏國使。

六月丁卯，雨。司空襄以下復表請御正殿，復常膳。從之。甲戌，以雨足，命有司報謝于太廟。丁丑，右補闕楊庭秀言：「自轉對官外，復令隨朝八品以上、外路五品以上及出使外路有可言者，並許移檢院以聞。則時政得失，民間利病，可周知矣。」從之。己卯，以雨足，報祭社稷。辛巳，遣官報祀嶽瀆。癸未，奉職醜和尚進浮漏水稱影儀簡儀圖，命有司依式造之。丁亥，定宮中親戚非公事傳達語言、轉遞諸物及書簡出入者罪。

七月甲辰，更定尚藥、儀鸞局學者格。辛亥，勑宣徽院官，天壽節凡致仕宰執悉召與宴。丙辰，以久雨，令大興府祈晴。

八月己巳，獵于近郊。壬申，獵于香山。甲戌，以皇嗣未立，命有司祈于太廟。丁丑，獵于近郊。庚辰，還宮。

九月庚寅朔，天壽節，宋、高麗、夏遣使來賀。己亥，如薊州秋山。己未，以知東平府事僕散琦等爲賀宋生日使。

冬十月丙寅，至自秋山。壬午，初定百官休假〔八〕。甲申，初置審官院。

十一月乙未〔九〕，勑京、府、州、縣設普濟院，每歲十月至明年四月設粥，以食貧民。丙申，平章政事張萬公表乞致政，不許。庚戌，命有司祈雪。甲寅〔一〇〕，定護衞改充奉御格。以知濟南府事范楫等爲賀宋正旦使。

十二月己未，除授文字初送審官院。辛酉，更定考試隨朝檢、知法條格。右補闕楊庭秀請類集太祖、太宗、世宗三朝聖訓，以時觀覽。從之，仍詔增熙宗爲四朝。癸未，更定科舉法。增設國史院女直、漢人同脩史各一人。定親軍及承應人退閑遷賞格。是月，淑妃李氏進封元妃。

五年春正月戊子朔，宋、高麗、夏遣使來賀。乙未，以尚書省言，會試取策論、詞賦、經義不得過六百人，合格者不及其數則闕之。丙申，如春水。庚子，命左右司五日一轉奏事。辛丑，諭點檢司，車駕所至，仍令百姓市易。庚戌，定猛安謀克軍前怠慢罷世襲制。

二月辛未，至自春水。辛巳，有司奏：「應奉翰林文字溫迪罕天興與其兄直學士思齊同僚學士院，定撰制誥文字，合無迴避？」詔不須避，仍爲定制。

閏月癸卯〔一二〕，定進納粟補官之家存留弓箭制。丁未，上與宰臣論置相曰：「徒單鎰，朕志先定。賈鉉如何？」皆曰：「知延安府事孫即康可。」平章政事萬公亦曰：「即康及第，先鉉一榜。」上曰：「至此安問榜次，特以賈才可用耳。」尚書省奏：「右補闕楊庭秀言，乞令尚書省及第左右官一人，應入史事者編次日曆，或一月，或一季，封送史院。」上是其言，仍令送著作局潤色，付之。

三月庚申，大睦親府進重脩玉牒。平章政事張萬公乞致政，不許。壬戌，命有司禱雨。癸亥，雨。户部尚書孫鐸、大理卿完顔撒剌、國子司業蒙括仁本召對便殿。丙寅，如萬寧宫。戊辰，定妻亡服内婚娶聽離制。親王、宰執、百官再請上尊號。不許。庚午，以知大興府事卞爲御史大夫。丙子，尚書省奏，擬同知商州事蒲察西京爲濟南府判官。上曰：「宰相豈可止徇人情，要當重惜名爵。此人不堪，朕常記之，止與七品足矣。」庚辰，以上京留守徒單鎰爲平章政事，封濟國公。辛巳，定本國婚聘禮制。改山東東路舊皇城猛安名曰合里哥阿隣。

四月丙戌朔，文武百官再請上尊號。不許。丙午，尚書省進律義〔一三〕。

五月乙卯朔，定猛安謀克鬬毆殺人遇赦免死罷世襲制。以雨足，遣使報祭社稷。丁巳，定策論進士及承廕人試弓箭格。戊午，勑來日重五拜天，服公裳者拜禮仍舊，諸便服者並用女直拜。己□〔一三〕，勑諸路按察司，糾察親民官以大杖箠人者。乙亥，親王、文武百官、六學各上表請上尊號。不許。庚辰，地震。詔定進納官有犯決斷法。

六月乙巳，遣有司祈晴，望祭嶽瀆。

七月乙卯朔，以晴，遣官望祭嶽鎮海瀆。癸亥，定居祖父母喪婚娶聽離法。初置蒲思衍羣牧〔一四〕。辛未，平章政事萬公特賜告兩月。甲戌，獵于近郊。

八月壬辰，幸香山。乙未，至自香山。丁未，勑審官院奏事，其院官皆許升殿。戊申，更定鎮防軍犯徒配役法。

九月甲寅朔，天壽節，宋、高麗遣使來賀〔一五〕。戊午，命樞密使宗浩、禮部尚書賈鉉佩金符行省山東等路括地。己未，尚書省奏：「西北路招討使獨吉思忠言，各路邊堡墻隍，西自坦舌，東至胡烈公〔一六〕，幾六百里，向以起築怱遽，並無女墻副隄。近令修完，計工七十五萬，止役戍軍，未嘗動民，今已畢功。」上賜詔獎諭。修玉牒成。定皇族收養異姓男爲子者徒三年，姓同者減二等，立嫡違法者徒一年。癸亥，如薊州秋山。

冬十月庚寅，至自秋山。庚子，風霾。宋遣使來告哀。辛丑，集百官于尚書省，問：

「間者亢旱，近則久陰，豈政有錯謬而致然歟？」各以所見對。以禮部郎中劉公憲爲高麗生日使。丁未，獵于近郊。以宿直將軍完顏觀音奴爲夏國生日使。

十一月癸丑朔，日有食之。乙卯，以國史院編修官呂卿雲爲左補闕兼應奉翰林文字。審官院以資淺駁奏，上諭之曰：「明昌間，卿雲嘗上書言宮掖事，辭甚切直，皆他人不能言者，卿輩蓋不知也。臣下言事不令外人知，乃是謹密，正當顯用，卿宜悉之。」以工部尚書烏古論誼等爲宋弔祭使。初定品官過闕則下制。己巳，宋復遣使來告哀。辛未，以殿前右副點檢紇石烈忠定爲賀宋正旦使。

十二月癸未朔，詔改明年爲泰和元年。以河南路統軍使充等爲宋弔祭使。乙未，定管軍官受所部財物輒放離役及令人代役法。辛丑，詔宮籍監户，百姓自願以女爲婚者聽。癸卯，定造作不如法，三年内有損壞者罪有差。

泰和元年正月壬子朔，宋、高麗、夏遣使來賀。壬戌，宋遣使獻先帝遺留物。己巳，以太府監孫復言：「方今在仕者三萬七千餘員，而門廕補敍居三之二，諸司待闕，動至累年。蓋以補廕猥多，流品混淆，本末相舛，至於進納之人，既無勞績，又非科第，而亦廕及子孫，無所分别，欲流之清，必澄其源。」乃更定廕敍法而頒行之。尚書省奏：「今杖式輕細，民不知畏，請用大杖。」詔不許過五分。庚午，如長春宮春水。辛未，上以方春，禁殺含胎兔，犯者罪之，告者賞之。甲戌，初命文武官官職俱至三品者許贈其祖。

二月壬辰，去造土茶律。丁未，至自春水。

三月乙丑，夏國遣使來謝。壬申，幸天長觀。癸酉，如萬寧宮。乙亥，宋遣使來報謝。丁丑，更定鎮防千户謀克放老入除格。辛巳，勅官司、私文字避始祖以下廟諱小字〔一七〕，犯者論如律。

夏四月甲辰，詔諭契丹人户，累經簽軍立功者，官賞恩例與女直人同，仍許養馬、爲吏。

五月甲寅，擊毬于臨武殿，令都民縱觀。丙辰，樞密使宗浩罷。壬戌，幸玉泉山。戊寅，削尊長有罪卑幼追捕律。以直東上閤門劉頍爲橫賜高麗使。

六月己卯，幸香山。乙酉，平章政事張萬公表乞致仕。不許。辛卯，祈雨于北郊。己亥，用尚書省言，申明舊制，猛安謀克户每田四十畝樹桑一畝，毁樹木者有禁，鬻地土者有刑。其田多汙萊，人户闕乏，并坐所臨長吏。按察司以時勸督，有故慢者量決罰之，仍減牛頭税三之一。勅尚書省舉行風俗奢僭之禁。乙巳，初許諸科徵鋪馬、黄河夫、軍須等錢，折納銀一半，願納錢鈔者聽。丁未，詔有司修蓮花漏。

七月辛酉，禁放良人不得應諸科舉，子孫不在禁限。甲子，諭刑部官，凡上書人言及宰相者不得申省。乙丑，更定右選注縣令丞簿格。己巳，初禁廟諱同音字。

八月庚辰，初命户絶者田宅以三分之一付其女及女孫〔一八〕。戊子，特改授司空襄河間府路筭注海世襲猛安。乙未，至自萬寧宫。丙申，宋遣使來報謝。壬寅，制猛安謀克並隸按察司，監察御史止按部糾舉，有罪則併坐監臨之官。詔推排西、北京、遼東三路人户物力。

九月戊申朔，天壽節，宋、高麗、夏遣使來賀。更定贍學養士法：生員，給民佃官田人六十畝，歲支粟三十石；國子生，人百八畝，歲給以所入，官爲掌其數。以右宣徽使徒單懷忠等爲賀宋生日使。甲寅，如秋山。丙子，至自秋山。

冬十月乙酉，袷享于太廟。戊子，平章政事張萬公乞致仕，不許。壬辰，御史臺奏：「在制，按察司官比任終遣官考覈，然後尚書省命官覆察之。今監察御史添設員多，宜分路巡行，每路女直、漢人各一人同往。」從之，仍勑分四路。丙申，御史大夫卞乞致仕，不許。戊戌，以武衛軍都指揮使司判官納合鉉爲高麗生日使。壬寅，勑有司，購遺書宜尚其價，以廣搜訪。藏書之家有珍惜不願送官者，官爲謄寫，畢復還之，仍量給其直之半。甲辰，以刑部員外郎完顔綱爲夏國生日使。

十一月庚戌，司空襄以下文武百官復請上尊號。不許。辛亥，勑尚書省，凡役衆勞民之事，勿輕行之。丁巳，諭工部曰：「比聞懷州有橙結實，官吏檢視，已嘗擾民，今復進柑，得無重擾民乎。其誡所司，遇有則進，無則已。」庚申，以殿前右衛將軍紇石烈七斤等爲賀宋正旦使〔一九〕。

十二月辛巳，勑改原廟春秋祭祀稱朝獻。司空襄以下復請上尊號。詔不允，仍斷來章。丁酉，司空襄等進新定律令勑條格式五十二卷〔二〇〕，辛丑，詔頒行之〔二一〕。壬寅，獵于近郊。乙巳，初定廉能官升注格。

二年春正月丁未朔，宋、高麗、夏遣使來賀。乙卯，始朝獻于衍慶宮。庚申，幸芳苑觀燈。癸酉，歸德軍節度副使韓琛以强市民布帛，削一官，罷之。甲戌，如建春宮。

二月戊戌，初置內侍寄祿官。乙巳，還宮。

三月甲寅，初置宮苑司都、同監各一人。甲子，蔡王從彝母充等大師卒，詔有司定喪禮葬儀，事載從彝傳〔二二〕。

四月庚辰，幸昇國長公主第問疾。己亥，定遷三品官格。復撲買河濼法。辛丑，諭御史臺，諸訴事于臺，當以實上聞，不得輒稱察知。癸卯，如萬寧宮。命有司祈雨。

五月甲辰朔，日有食之。戊申，如泰和宮。辛亥，初薦新于太廟。壬戌，諭有司曰：「金井捺鉢不過二三日留，朕之所止，一涼廈足矣。若加修治，徒費人力。其藩籬不急之處，用圍幕可也。」甲子，更泰和宮曰慶寧，長樂川曰雲龍。己巳，勑御史臺，京師拜廟及巡幸所過州縣，止令洒掃，不得以黄土覆道，違者糾之。

六月辛卯，諭尚書省，諸路禾稼及雨多寡，令州郡以聞。

七月辛亥，有司奏還宮日請用黄麾仗。不許。乙卯，朝獻于衍慶宮。

八月丙申，鳳凰見于磁州武安縣鼓山石聖臺。丁酉，還宮。皇子生。

九月壬寅朔，天壽節，宋、高麗、夏遣使來賀。甲寅，以拱衛直都指揮使完顔瑭等爲賀宋生日使〔三〕，且戒之曰：「兩國和好久矣，不宜爭細故，傷大體。」癸亥，以皇子生，親謝南北郊。庚午，封皇子爲葛王。

冬十月戊寅，報謝于太廟及山陵。甲申，以鳳凰見，詔中外。丙戌，獵近郊。壬辰，遣尚輦局副使李仲元爲高麗國生日使。以宿直將軍紇石烈毅爲夏國生日使，瀛王府司馬獨吉温爲橫賜使。

十一月甲辰，更定德運爲土，臘用辰。以西京留守宗浩爲樞密使。戊申，以更定德運，詔中外。庚申，初命外官三品到任進表稱謝。甲子，幸玉虛觀，遣使報謝于太清宮。

十二月癸酉，以皇子晬日，放僧道戒牒三千。以武安軍節度使徒單公弼等爲賀宋正旦使。戊寅，冬獵。庚辰，報謝于高禖。丁酉，還都。

閏月庚戌，司空襄薨。癸丑，初命監察御史非特旨不許舉官。辛酉，遣使報謝于北嶽。定人户物力隨時推收法。丁卯，遣使報謝于長白山。冬，無雪。

三年春正月辛未朔，宋、高麗、夏遣使來賀。癸酉，遣官祈雪于北嶽。丁丑，朝獻于衍慶宫。己卯，以樞密使宗浩爲尚書右丞相，右丞完顔匡爲左丞，參知政事僕散揆爲右丞，御史中丞孫即康、刑部尚書賈鉉並爲參知政事。庚辰，如建春宫。

二月癸丑，還宫。甲子，定諸職官省親拜墓給假例。

三月壬申〔二四〕，平章政事張萬公致仕。庚辰，如萬寧宫。丁亥，定從人銅牌賣毁罪賞制。庚寅，定職官應遷三品格，刺史以上及隨朝資歷在刺史以上身故者〔二五〕，每半年一次敷奏。甲午，如玉泉山。丙申，以殿前都點檢僕散端爲御史大夫。

四月乙巳，禘于太廟。敕點檢司，致仕官入宫，年高艱于步履者，並聽策杖，仍令舍人護衛扶之。丁巳，敕有司祈雨，仍頒土龍法。己未，命吏部侍郎李炳、國子司業蒙括仁本、知登聞檢院喬宇等再詳定儀禮。庚申，諭省司，宫中所用物，如民間難得，勿强市之。癸亥，尚書省奏，遣官分路覆實御史所察事。

五月壬申〔二六〕，以重五，拜天，射柳，上三發三中。四品以上官侍宴魚藻殿。以天氣方暑，命兵士甲者釋之。丙戌，以定律令、正土德、鳳凰來、皇嗣建，大赦。辛卯，皇子葛王薨。壬辰，定擅增減宮門鎖鑰罪。丙申，作太極宮。

六月己亥，太白晝見。壬寅，詔選聰明方正之士爲修起居注。又詰點檢司，諸親軍所設教授及授業人若干，其爲教何法，通大義者幾人，各具以聞。戊申，定職官追贈法，惟嘗犯贓罪者不在追贈之列。壬戌，遣官行視中都田禾雨澤分數。

七月壬申，朝獻于衍慶宮。乙亥，定大臣薨百官奉慰禮。庚辰，獵于近郊。丁亥，上諭宰臣：「凡奏事，朕欲徐思或如己者，若除授事，可俟三五日再奏，餘並一二十日奏之。」

八月丙辰，還宮。庚申，命編修官左容充宮教，賜銀、幣。

九月丙寅朔，天壽節，宋、高麗、夏遣使來賀。壬申，以刑部尚書承暉等爲賀宋生日使。戊子，以萬寧宮提舉司隸工部。壬辰，詔定千户謀克受隨處捕盜官公移，盜急，不即以衆應之者罪有差。召右丞相宗浩還朝。

冬十月戊戌，日將暮，赤如赭。己亥，大風。甲辰，申、酉間天大赤，夜將旦亦如之。壬子，右丞僕散揆至自北邊，丙辰，召至香閣慰勞之〔二七〕。以尚食局使師孝爲高麗生日使。

庚申，尚書左丞完顏匡等進世宗實録[二八]。上降座，立受之。壬戌，以薊州刺史完顏太平爲夏國生日使。奉御完顏阿魯帶以使宋還，言宋權臣韓侂胄市馬厲兵，將謀北侵。上怒，以爲生事，笞之五十，出爲彰德府判官。及淮平陷，乃擢爲安國軍節度副使。丁卯，諭尚書省，士庶陳言皆從所司以聞，自今可悉令詣闕，量與食直，仍給官舍居之。其言切直及繫利害重者，並三日内奏聞。

十一月辛未，以簽樞密院事獨吉思忠等爲賀宋正旦使。丁丑，冬獵，以獲兔，薦山陵。甲午，詔監察等察事可二年一出。

十二月庚子，諭宰臣曰：「賀正宋使且至，可令監察隨之，以爲常。」壬寅，還都。己酉，賜天長觀額爲太極宫。辛亥，詔諸親王、公主每歲寒食、十月朔聽朝謁興、裕二陵，忌辰亦如之。癸丑，詔遣監察御史分按諸路，所遣者女直人，即以漢人朝臣偕，所遣者漢人，即以女直朝臣偕。戊午，勑行宫名曰光春，其朝殿曰蘭皋，寢殿曰輝寧。

校勘記

〔一〕宋主以祖母喪　「祖母」，原作「祖無」，據南監本、北監本、殿本、局本改。

〔二〕復榷醋　「復」，原作「始」。按，本書卷四九食貨志四醋，「醋稅。自大定初，以國用不足，設官榷之，以助經用。至二十三年，以府庫充牣，遂罷之。章宗明昌五年，（中略）遂令設官榷之，（中略）後罷。承安三年三月，省臣以國用浩大，遂復榷之」。今據改。

〔三〕五月庚子　「五月」二字原在下文「壬寅」之上。按，四月戊辰朔，庚子當在五月。因將下文「五月壬寅」之「五月」二字移此。

〔四〕壬寅　原作「五月壬寅」，今將「五月」二字移在上文「庚子」之上。參見前條校勘記。

〔五〕監察御史姬端脩以妄言下吏　「姬端脩」，按，本書卷一〇〇宗端脩傳：「章宗避睿宗諱上一字，（中略）改『宗』氏爲『姬』氏。」因章宗朝避諱改爲「姬端脩」。

〔六〕封崇國公　「崇國公」，本書卷九三宗浩傳作「榮國公」。

〔七〕御史大夫張暐以奏事不實追一官　「不實」，原作「不寶」。按，本書卷一〇六張暐傳，承安三年「爲御史大夫，（中略）明年，坐奏事不實，奪一官」。今據改。

〔八〕初定百官休假　「休假」，諸本同。按，其下疑脫「格」字。

〔九〕十一月乙未　「十一月」三字原在下文「甲寅」上。按，十月庚申朔，乙未在十一月。今移此。

〔一〇〕甲寅　原作「十一月甲寅」，今將「十一月」三字移在上文「乙未」之上。參見前條校勘記。

〔一一〕閏月癸卯　「閏月」二字原脫，據局本補。殿本考證，宋寧宗慶元六年即金章宗承安五年，「是年二月，下接書閏月後乃書三月。據此，則癸卯之爲閏月無疑。而由此以推干支，亦皆符合」。

〔一二〕丙午尚書省進律義　此處繫年疑誤。按，本書卷四五刑志，明昌五年正月修成明昌律義，泰和元年十二月修成泰和律義。此事當繫於明昌五年或泰和元年。

〔一三〕己□　「己」下脱一字，北監本、殿本、局本補「未」字。

〔一四〕初置蒲思衍羣牧　本書卷二四地理志上西京路羣牧十二處條下，「蒲鮮羣牧。承安四年捌置」，繫年與此異。

〔一五〕宋高麗遣使來賀　按，本書卷六二交聘表下，夏亦遣使來賀，此處疑脱「夏」字。

〔一六〕東至胡烈公　「胡烈公」，金史詳校卷二：「『公』元作『么』，是。案獨吉思忠傳作『么』，或即兵志之移剌糺。」「公」、「么」蓋皆「糺」字之誤。

〔一七〕勑官司私文字避始祖以下廟諱小字　按，此處文字有誤。金史詳校卷二：「『私』上當加『公』。」或「官」下衍「司」字。

〔一八〕初命户絶者田宅以三分之一付其女及女孫　「三分之一」，南監本、北監本、殿本、局本並作「二分之一」。

〔一九〕以殿前右衛將軍紇石烈七斤等爲賀宋正旦使　「紇石烈七斤」，宋史卷三八寧宗紀二嘉泰元年十二月作「紇石烈真」，當爲一人。

〔二〇〕司空襄等進新定律令勑條格式五十二卷　本書卷四五刑志，計律令二十卷，新定勑條三卷，六部格式三十卷，合之當爲五十三卷。

〔二一〕辛丑詔頒行之　本書卷四五刑志，泰和元年十二月作「詔以明年五月頒行之」，時間與此異。

〔三〕蔡王從彝母充等大師卒詔有司定喪禮葬儀事載從彝傳　「充等大師」，南監本、北監本、殿本、局本並作「充等太師」。又，本書卷九三顯宗諸子從彝傳不載定喪禮葬儀事，唯卷一〇六張暐傳簡載其事，但時間在明昌六年。

〔三〕甲寅以拱衛直都指揮使完顏瑭等爲賀宋生日使　本書卷六二交聘表下，「丙辰，以完顏瑭、張行簡爲賀宋生日使」，繫日與此異。

〔四〕三月壬申　「壬申」下原衍「朔」字，據局本删。按，是年三月庚午朔，壬申非朔。

〔五〕刺史以上及隨朝資歷在刺史以上身故者　「隨」字原脱，今據文例補。按，金史詳校卷二一：「『及』下當加『隨』。」

〔六〕五月壬申　「壬申」，原作「壬午」，據局本改。按，金史詳校卷二一：「『午』當作『申』。案宋寧紀，四月己亥朔，推得五月當戊辰朔。」重五在壬申。

〔七〕召至香閤慰勞之　「至」，原作「王」，據北監本、殿本、局本改。

〔八〕尚書左丞完顏匡等進世宗實録　按，此事又見本書卷九八完顏匡傳。卷一〇章宗紀二，明昌四年八月「辛亥，國史院進世宗實録」。此又重見，故錢大昕元史藝文志、施國祁金史詳校皆以完顏匡所進爲顯宗實録。

金史卷十二

本紀第十二

章宗四

四年春正月乙丑朔，宋、高麗、夏遣使來賀。丁卯，諭外方使人不得佩刀入宮。庚午，幸豫王永成第視疾。辛未，如光春宮春水。壬申，陰霧，木冰。丁丑，行尚書省奏，宋賀正使還至慶都卒。詔遣防禦使女奚列元往祭〔一〕，致賻絹布各二百二十疋，仍命送伴使張雲護喪以歸。豫王永成薨。辛卯，高麗國王王晫没，嗣子禶遣使來告哀。

二月乙未朔，還宮。丁酉，以山東、河北旱，詔祈雨東、北二嶽。己亥，命購豫王永成遺文。庚戌，始祭三皇、五帝、四王。癸丑，詔刺史，州郡無宣聖廟學者並增修之。

三月丁卯，日昏無光，大風毁宣陽門鴟尾。癸酉，命大興府祈雨。戊寅，幸太極宮。

詔定前代帝王合致祭者。尚書省奏：「三皇、五帝、四王，已行三年一祭之禮。若夏太康，殷太甲、太戊、武丁，周成王、康王、宣王，漢高祖、文、景、武、宣、光武、明帝、章帝，唐高祖、文皇一十七君致祭爲宜。」從之。乙酉，祈雨于北郊。丁亥，如萬寧宮。壬辰，祈雨于社稷。遼陽府判官斜卯劉家以上書論列朝臣，削官一階，罷之。

夏四月丙申，詔定縣令以下考課法。己亥，祈雨于太廟。庚子，增定關防姦細格。丙午，定衣服制。以祈雨，望祀嶽鎮海瀆于北郊。癸丑，祈雨于社稷。甲寅，以久旱，下詔責躬，求直言，避正殿，減膳徹樂，省御厩馬，免旱蕃州縣徭役及今年夏稅。遣使審繫囚，理冤獄。乙卯，宰臣上表待罪。詔荅曰：「朕德有愆，上天示異。卿等各趨乃職，思副朕懷。」戊午，以西上閤門使張偁等爲故高麗國王王晫勑祭使，東上閤門使石愨等爲高麗國王王祴慰問起復橫賜使。庚申，祈雨于太廟。壬戌，萬寧宮端門災。

五月乙丑，祈雨于北郊。有司請雩，詔三禱嶽瀆、社稷、宗廟，不雨，乃行之。癸酉，平章政事徒單鎰、尚書左丞完顏匡罷〔二〕。甲戌，雨。乙亥，百官上表請御正殿，復常儀。乙酉，謝雨于宗廟。丁亥，報祀社稷。汰隨朝冗官。定省令史闕決公務，詭稱已稟，擅退六部、大理寺法狀及妄有所更易者罪。辛卯，報謝嶽鎮海瀆。

六月壬辰朔，罷兼官俸給。壬寅，復行吏目移轉法。乙巳，始祭中霤。戊申，罷惠、川、高三州，秀巖、灤陽、徽川、咸寧、全安〔三〕、利民六縣，及北京宮苑使，諸羣牧提舉，居庸、紫荆、通會三關使，西北路鎮防十三千户，諸路醫學博士。壬子，司天臺長行張翼進天象傳。

秋七月丁卯，定申報盜賊制。戊辰，朝獻于衍慶宮。庚午，幸望京甸。壬申，如萬寧宮。甲戌，罷限錢法。甲申，改葬鎬王永中于威州。

八月，大理丞姬端脩〔四〕、司直温敦按帶論奏知大興府事紇石烈執中，坐所言不當，各削一官，罷職。丁酉，以尚書右丞相崇浩爲左丞相〔五〕，右丞僕散揆爲平章政事，參知政事孫即康爲尚書右丞，御史大夫僕散端爲左丞，吏部尚書獨吉思忠爲參知政事。庚子，詔完顏綱、喬宇、宋元吉等編類陳言文字，其言涉宮庭，若大臣、省臺、六部，各以類從，凡二千卷。辛丑，以西京留守崇肅爲御史大夫。癸卯，更定閤門祇候出職格。先是以天旱詔求直言〔六〕。至是尚書省奏：「河南府盧顯達、汝州王大材所陳，言涉不遜，請以情理切害論其罪。」從之，仍徧諭中外。命諸路學校生徒少者罷教授，止以本州、府文資官提控之。丁未，以安州軍事判官劉常言，諸按察司體訪不實，輒加糾劾者，從故出入人罪論，仍勒停。若事涉私曲，各從本法。辛亥，還宮。乙卯，以知真定府事完顏昌等爲賀宋生日使。丁巳，幸太極宮。弛圍場遠地禁，縱民耕捕樵採。減教坊長行五十人，渤海教坊長行三十人，文繡署女工五十人。出宮女百六十人。

九月庚申朔，天壽節，宋、高麗、夏遣使來賀。丙寅，如薊州秋山。壬申，定屯田户自種及租佃法。

冬十月甲午，定私鹻法。丙申，詔親軍三十五以下令習孝經、論語。癸卯，至自秋山。甲寅，以提點尚衣局完顏爕爲夏國生日使。

十一月丁卯，以殿前右副都點檢烏林荅毅等爲賀宋正旦使。癸酉，木冰，凡三日。丁丑，定收補承應人格。

十二月己丑朔，新平等縣蚮蛢蟲生。己亥，左丞相崇浩等請上尊號。不許。辛丑，勑陝西、河南饑民所鬻男女，官爲贖之。乙卯，百官再表乞受尊號。不許。

五年春正月己未朔，大雪。宋、高麗、夏遣使來賀。庚申，謁衍慶宮。乙丑，幸太極宮。丁卯，如光春宮春水。壬申，朝獻于衍慶宮。乙亥，詔有司，自泰和三年郡縣三經行幸、民嘗供億者，賜今年租税之半。丁丑，次霸州。調山東、河北軍夫改治漕渠。

二月己丑朔，諭按察司：「近制以鎮靜而知大體爲稱職，苛細而闇於大體爲不稱。由是各路按察以因循爲事，莫思舉刺，郡縣以貪黷相尚，莫能畏戢。自今若糾察得實，民無冤滯，能使一路鎮靜者爲稱職。其或煩紊使民不得伸愬者，是爲曠廢。」癸巳，定鞫勘官受飲宴者罪。己亥，如建春宮。甲寅，制盜用及僞造都門契者罪，視宮城門減一等。

三月庚申，還宮。癸亥，更定兩稅輸限。乙丑，宋兵入秦川界。庚午，親王、百官請上尊號，不許。甲戌，諭有司，進士名有犯孔子諱者避之，仍著爲令。命給米諸寺，自十月十五日至次年正月十五日作糜以食貧民。戊寅，罷獄空錢。辛巳，宋兵入鞏州來遠鎮。唐州得宋諜者，言韓侂胄屯兵鄂、岳，將謀北侵。

四月戊子朔，如萬寧宮。癸巳，命樞密院移文宋人，依誓約撤新兵，毋縱入境。壬子，定隨路轉運司及府官每季檢視庫物法。

五月甲子，以平章政事僕散揆爲河南宣撫使，籍諸道兵以備宋。癸酉，詔定遼東邑社人數。戊寅，更定檢、知法勒留格。己卯，如慶寧宮。制司屬丞凡遭父母喪止給卒哭假，爲永制。甲申，宋人入漣水縣。

六月戊子，復漣水縣。丁酉，制定本朝婚禮。更定鬻米麪入外界法。己酉，制鎮防軍逃亡致邊事失錯、陷敗户口者罪。甲寅，詔拜禮不依本朝者罰。召諸大臣問備宋之策，皆以設備養惡爲言。上以南北和好四十餘載，民不知兵，不忍先發。

七月戊辰，如錦屏山。壬申，朝獻于衍慶宮。乙亥，宣撫使揆奏定姦細罪賞法。丙子，定圍場誤射中人罪。壬午，詔諸縣盜賊多所選注巡尉。

八月辛卯，詔罷宣撫司。時宋殿帥郭倪、濠州守將田俊邁誘虹縣民蘇貴等爲間，河南將臣亦屢縱諜，往往利俊邁之賂，反爲遊説。皆言宋之增戍，本虞他盜，及聞行臺之建，益畏讋不敢去備，且兵皆白丁，自裹糧糒，窮蹙飢疫，死者十二三，由是中外信之。宣撫司以宋三省、樞密院及盱眙軍牒來上，又皆鐫黜邊臣爲辭。宣撫使揆因請罷司，從之。揆又奏罷臨洮、德順、秦、鞏新置弓箭手。

閏月乙卯朔，罷典衛司〔七〕。丙子，還宮。

九月甲申朔，天壽節，宋、高麗、夏遣使來賀。戊子，西北方黑雲間有赤氣如火色，次及西南、正南、東南方皆赤，有白氣貫其中，至中夜，赤氣滿天，四更乃散。以河南路統軍使紇石烈子仁等爲賀宋生日使。戊戌，宋兵三百攻比陽寺莊，副巡檢阿里根寺家奴死之。甲辰，宋人焚黃澗，虜巡檢高顯。

冬十月庚申，以刑部員外郎李元忠爲高麗生日使。丁丑，宋人襲比陽，唐州軍事判官撒覩死之。

十一月乙酉，宋人入内鄉，攻洛南之固縣〔八〕，商州司獄壽祖追至丹河，擊敗之。己丑，以太常卿趙之傑等爲賀宋正旦使。癸巳，山東闕食，賜錢三萬貫以賑之。乙未，初定武舉格。丁酉，詔山東、陝西帥臣訓練士卒，以備非常。仍以銀十五萬兩分給邊帥，募民偵伺。復遣武衛軍副都指揮使完顏太平、殿前右衛副將軍蒲察阿里赴邊，伺其入，伏兵掩之。戊戌，大雪，免朝參。己亥，更定宮中局、署承應收補格。宋吴曦擁衆興元，欲窺關、隴，皇甫斌益募兵擾淮北，所掠即以與之，使自爲戰。

六年春正月癸未朔，宋、高麗、夏遣使來賀。丁亥，宋使陳克俊等朝辭〔九〕。遣御史大夫孟鑄就館諭克俊等曰〔一〇〕：「大定初，世宗皇帝許宋世爲姪國，朕遵守遺法，和好至今。豈意爾國屢有盜賊犯我邊境，以此遣大臣宣撫河南軍民。及得爾國有司公移，稱已罷黜邊臣，抽去兵卒，朕方以天下爲度，不介小嫌，遂罷宣撫司。未幾，盜賊甚于前日。比來羣臣屢以爾國渝盟爲言，朕惟和好歲久，委曲涵容。恐姪宋皇帝或未詳知。若依前不息，臣下或復有云，朕雖兼愛生靈，事亦豈能終已。卿等歸國，當以朕意具言之汝主。」辛卯，朝享于衍慶宮。丙申，宋興元守將吴曦遣兵圍抹熟龍堡，部將蒲鮮長安擊走之，斬其將。辛丑，更定保伍法。癸卯，始以沿河縣官兼管句漕河事，州、府官兼提控〔一一〕。丁未，如春水。庚戌，宋人入撒牟谷。陝西統軍判官完顏撅剌、鞏州兵馬鈐轄完顏七斤約宋西和州守將會境上。俄伏發，爲所襲，木波部長趙彦雄等七人死焉。撅剌馬陷淖中，中流矢，七斤僅以身免。

二月甲戌，御史中丞孟鑄言：「提刑改爲按察司，又差官覆察，權削而望輕，非便。」參知政事賈鉉曰：「按察司既差監察體訪，復遣官覆察之，誠爲繁冗。請自今差監察時即遣官與俱，更不覆察。」從之。

三月甲午，尚書省奏，商州刺史烏古論兗州請賻押軍官與南兵戰没者，又奏遷右振肅蒲察五斤官，皆從之。明昌初，五斤嘗爲奉御，出使山東，至河間，以百姓飢，輒移提刑司開倉賑之，還具以聞。上初甚悦。太傅徒單克寧言：「陛下始親大政，不宜假近侍人權，乞正專擅之罪。」詔杖之二十。克寧又以爲言，乃罷之。後上思之，由泰州都軍召爲振肅。己亥，如萬寧宫。甲辰，勑尚書省：「祖父母、父母無人侍養，而子孫遠遊至經歲者，甚傷風化，雖舊有徒二年之罪，似涉太輕。其考前律，再議以聞。」己酉，宋人攻靈壁，南京按察使行部至縣，匿民舍得免。

四月丙辰，宋人圍壽春。壽春告急于亳，同知防禦使賢聖奴將步騎六百赴之，乃退。癸亥，尚書省奏：「河南統軍司言，統軍使紇石烈子仁等遣嚴整、閻忠、周秀輩入襄陽，覘敵陰事。還言皇甫斌遣兵四萬規取鄧，以我叛人田元爲鄉導，三萬人規取唐，以張真、張勝爲鄉導〔一二〕，俱授統領官，故不敢無備。乃聚鄭、汝、陽翟之兵于昌武，以南京副留守兼兵馬副都總管紇石烈毅統之，聚亳、陳、襄邑之兵于歸德，以河南路副統軍徒單鐸統之，而自以所部兵駐汴。及擬山東東、西路軍七千付統軍紇石烈執中駐大名，河北東、西路軍萬七千屯河南，皆給以馬，有老弱者易其人。」皆從之。甲子，宋人攻天水界，乙丑，入東柯谷，部將劉鐸戰敗之。丙寅，詔平章政事僕散揆領行省于汴，許以便宜從事。升諸道統軍司爲兵馬都統府，以山東東、西路統軍使紇石烈執中爲山東西路兵馬都統使，定海軍節度使、副都統軍使完顏撒剌副之，陝西統軍使充爲陝西五路兵馬都統使，通遠軍節度使胡沙、知臨洮府事石抹仲温副之。河南皆聽揆節制如故。盡徵諸道籍兵。辛未，宋吴曦攻來遠鎮之蘭家嶺。丙子，詔内外職官納馬各有數。丁丑，宋人入新息、内鄉，又入泗州。戊寅，入褒信。己卯，入虹縣。庚辰，入潁上。

五月壬午，宋李爽圍壽州，田俊邁入蘄縣，秦詵攻蔡州。防禦使完顏佛住敗之。又入金城海口，殺長山尉，執一巡檢以去。甲申，太白晝見。丙戌，以宋畔盟出師，告于天地太廟社稷。丁亥，親告于衍慶宫。戊子，平章政事僕散揆兼左副元帥，陝西兵馬都統使充爲元帥右監軍，知真定府事烏古論誼爲元帥左都監。辛卯，以征南詔中外。賜唐州刺史吾古孫兀屯、總押鄧州軍馬事完顏江山爵各二級，蔡州防禦使完顏佛住爵一級，餘賞賚有差。又以非嚴整上變，必爲所誤，授整嵩州巡檢使，賜爵八級，錢二百萬。上以宋兵方熾，東北新調之兵未集，河南之衆不足支，命河北、大名、北京、天山之兵萬五千屯真定、河間、清、獻等以爲應。壬辰，諭尚書省：「今國家多故，凡言軍國利害，五品以上官以次奏陳，朕將親問之。六品以下則具帖子以進。」癸巳，山東路災，赦死罪已下。以樞密副使完顔匡爲右副元帥。宋田俊邁攻宿州，安國軍節度副使納蘭邦烈等出兵擊之。邦烈中流矢，宋郭倬、李汝翼以衆繼至，遂圍宿州。壬寅，納蘭邦烈等擊敗之，俊邁退保于蘄。癸卯，執俊邁于蘄。甲辰，皇甫斌攻唐州，刺史吾古孫兀屯拒之，行省遣泌陽副巡檢納合軍勝來援，遂擊敗之。庚戌，太白經天。

六月辛亥朔，左丞僕散端以母憂罷。平章政事揆報蘄之捷，并送所獲宋將田俊邁至闕。上降詔褒諭，賜紇石烈貞、納蘭邦烈、史扢搭等爵賞有差。宋將李爽以兵圍壽州，刺史徒單羲拒守，踰月不能下。壬子，河南統軍判官乞住及買哥等以兵來援，羲出兵應之，爽大敗，同知軍州事蒲烈古中流矢死。乙卯，初置急遞鋪，腰鈴轉遞，日行三百里，非軍期、河防不許起馬。定軍前差發受贓罪。除飛蝗入境雖不損苗稼亦坐罪法。丁巳，詔彰德府，宋韓侂胄祖琦墳毋得損壞，仍禁樵採。庚申，右翼都統完顔賽不敗宋曹統制于溱水。辛酉，詔有司，有宋宗族所居，各具以聞。長官常加提控。壬戌，平章政事揆報壽州之捷。戊辰，詔升壽州爲防禦，免今年租税諸科名錢，釋死罪以下。以徒單羲爲防禦使。

贈蒲烈古昭勇大將軍，賜錢三百貫，官其子圖剌。擢乞住同知昌武軍節度使事，買哥河南路統軍判官。都統賽不、副統蒲鮮萬奴各進爵一級，賜金幣有差。辛未，木星晝見，至七月戊申，經天。乙亥，宋吴曦攻鹽川，戍將完顏王喜敗之〔一三〕。

秋七月癸未，宋商榮復攻東海，縣令完顏卞僧復敗之。還，中伏矢死，贈海州刺史，以銀五百兩，絹百疋給其家，仍官其一子。甲申，朝獻于衍慶宮。丁亥，勑翰林直學士陳大任妨本職專修遼史〔一四〕。甲午，宋統制戚春以舟師攻邳州，刺史完顏從正敗之，春赴水死，斬其副夏統制。吴曦兵五萬入秦州，陝西路都統副使承裕等敗之。丙申，夏國王李純佑廢，姪安全立，遣使奉表來告。詔禁賣馬入外境，但至界欲賣而爲所捕即論死。

八月庚戌，山東帥來報邳州之捷。辛亥，木星晨見。乙卯，以羌酋青宜可爲疊州副都總管。己未，太白晝見。丙寅，左丞僕散端起復前職。詔設平南諸將軍。辛未，宋程松襲取方山原，蒲察貞破走之。壬申，太白晝見，經天。甲戌，至自萬寧宮。乙亥，赦唐、鄧、潁、蔡、宿、泗六州，免來年租稅三分之一。

九月己卯朔，天壽節，高麗遣使來賀。辛巳，元帥右都監蒲察貞取和尚原，臨洮蕃部遵寧獻芻粟、戰馬以助軍。乙酉，將五鼓，北方有赤白氣數道，起于王良之下，行至北斗開陽、摇光之東。丙戌，幸香山。庚寅，勑行尚書省，有方略出衆、武藝絶倫、才幹辨事、工巧過人者，其招選之。甲午，參知政事賈鉉乞致政，不許。戊戌，尚書左丞僕散端行省于汴。己亥，尚書户部侍郎粱鏜行六部尚書事於山東〔一五〕。辛丑，遣尚書左司郎中温迪罕思敬册李安全爲夏國王。甲辰，宋吴曦將馮興、楊雄、李珪等入秦州，陝西都統副使承裕等擊破之，斬楊雄、李珪〔一六〕。

冬十月戊申朔，平章政事僕散揆督諸道兵伐宋。庚戌，揆以行省兵三萬出潁、壽，河南路統軍使紇石烈子仁以兵三萬出渦口，元帥匡以兵二萬五千出唐、鄧，左監軍紇石烈執中以山東兵二萬出清口，右監軍充以關中兵一萬出陳倉，右都監蒲察貞以岐、隴兵一萬出成紀，蜀漢路安撫使完顔綱以漢、蕃步騎一萬出臨潭，臨洮路兵馬都總管石抹仲温以隴右步騎五千出鹽川，隴州防禦使完顔璘以本部兵五千出來遠〔一七〕。甲子，獵于近郊。

十一月戊寅朔，詔定諸州府物力差役式。壬午，完顔匡攻下棗陽。乙酉，詔屯田軍户與所居民爲昏因者聽。丁亥，僕散揆克安豐軍，取霍丘縣。紇石烈執中克淮陰，遂圍楚州。己丑，尚書省奏，減朝官及承應人月俸折支錢。庚寅，完顔匡克光化軍及神馬坡。壬辰，僕散揆次廬江。宋督視江淮兵馬事丘崈遣劉祐來乞和。紇石烈子仁克定遠縣。乙未，完顔匡取隨州。丙申，紇石烈子仁克滁州。戊戌，詔諸路行用小鈔。完顔匡圍德安，别以兵徇下安陸、應城、雲夢、孝感、漢川、荆山等縣。庚子，日斜，有流星二，光芒如炬，幾及一丈，起東北没東南。初定茶禁。完顔綱圍祐州，降之。宋丘崈遣林拱持書乞和。辛丑，完顔匡攻襄陽，破其外城。僕散揆克含山，蒲察貞克天水，紇石烈子仁徇下來安、全椒二縣。壬寅，完顔綱徇下荔川、閭川等城。癸卯，丘崈復遣宋顯等以書幣乞和。乙巳，完顔綱克宕昌。丙午，蒲察貞克西和州。

十二月丁未朔，完顔匡克宜城，僕散揆攻和州，史扢搭中流矢死。壬子，完顔綱次大潭縣，降之。蒲察貞克成州。癸丑，宋太尉、昭信軍節度使、四川宣撫副使吴曦納款于完顔綱。戊午，右監軍充攻下大散關。己未，紇石烈子仁克真州，丘崈復遣陳璧等奉書乞和。辛酉，右監軍充遣兀顔抄合以兵趣鳳州，城潰入焉。完顔綱遣京兆録事張仔會吴曦于興州之置口。曦具言所以歸朝之意，仔請以告身爲報，盡出以付之，仍獻階州。乙丑，初設都提控急遞鋪官。平章政事僕散揆班師。完顔綱以朝命，假太倉使馬良顯齎詔書、金印立吴曦爲蜀王。戊辰，蒲察貞以西和、天水等捷來報。完顔匡進所掠女子百人。己巳，曦遣其果州團練使郭澄、提舉仙人關使任辛奉表及蜀地圖志、吴氏譜牒來上。壬申，詔完顔匡權尚書右丞，行省事、右副元帥如故。以紇石烈執中縱下虜掠，遣近臣杖其經歷阿里不孫等，仍詔放還所掠。

七年春正月丁丑朔，高麗、夏遣使來賀。完顔匡進攻襄陽。戊寅，勑宰臣舉材幹官同議南征事。辛巳，詔御史大夫崇肅、同判大睦親府事徒單懷忠、吏部尚書范楫、户部尚書高汝礪、禮部尚書張行簡、知大興府事温迪罕思齊等十有四人同對于慶和殿。壬午，詔百官及前十四人同對于廣仁殿。甲申，朝獻于衍慶宫。乙酉，贈故壽州死節軍士魏全宣武將軍、蒙城令，封其妻鄉君，子竢年至十五收充八貫石正班局分承應，仍賜錢百萬。初，李爽圍壽州，刺史義募人往斫敵營，全在選中，而爲敵所執。敵令駡義則免，全陽許，及至城下，反駡敵，遂殺之。至死駡不絶聲，故有是恩。戊子，召完顔綱赴闕。庚寅，僕散揆還駐下蔡而病。丙申，以左丞相崇浩兼都元帥，行省于南京以代揆。己亥，有司奏更定茶禁。辛丑，完顔匡取穀城。

二月丙辰，赦鳳、成、西和、階、山五州〔一八〕。丁巳，詔追復永中、永蹈王爵。宋知樞密院張巖遣方信孺以書詣平章政事揆、左丞端乞和。己未，獵于近郊。完顔匡克荆門軍。癸亥，如建春宫。吴曦遣使奉三表來：謝封爵，陳誓言，賀全蜀内附。丙寅，還宫。戊辰，平章政事兼左副元帥僕散揆薨于軍。癸酉，遣同知府事朮虎高琪等册吴曦爲蜀國王。判平陽府事衛王永濟改武定軍節度使，兼奉聖州管内觀察使。是月，蜀國王吴曦爲宋臣安丙所殺。

三月戊子，幸太極宮。庚寅，詔撫諭陝西軍士。壬辰，初定蟲蝻生發地主及隣主首不申之罪。宋復攻破階州。癸巳，復攻破西和州。乙未，宣撫副使完顏綱至鳳翔，詔徹五州之兵，分保要害，綱召諸軍還。庚子，以完顏匡爲左副元帥。壬寅，如萬寧宮。甲辰，幸西園。

夏四月壬子，遣宫籍副監楊序爲横賜高麗王使。癸丑，宋人攻破散關，鞏州鈐轄兀顔阿失死之。丙辰，以紇石烈子仁爲右副元帥。戊辰，詔元帥府分遣諸將遊奕淮南諸州。癸酉，復下散關。

五月己卯，幸東園射柳〔一九〕。己丑，幸玉泉山。丙申，宋知樞密院事張巖復遣方信孺以書至都元帥府，增歲幣乞和。四川安撫使安丙遣西和州安撫使李孝義率步騎三萬攻秦州〔二〇〕，圍皂角堡。术虎高琪以兵赴之，七戰而解其圍。是月，放宫女二十人。

六月乙巳朔，詔朝官六品、外官五品以上，及親王舉通錢穀官一人。不舉者罰，舉不當者論如律。己酉，以山東盜，制同黨能自殺捕出首官賞法。戊午，烏古論誼爲元帥左監軍，完顏撒剌爲元帥左都監。乙丑，遣使捕蝗。

秋七月庚辰，朝獻于衍慶宫。壬午，詔民間交易、典質，一貫以上並用交鈔，毋用錢。乙酉，勑尚書省，自今初受監察者令進利害帖子，以待召見。甲午，左副元帥匡至自許州。

乙未，詔覈西夏人口，盡贖放還，敢有藏匿者以違制論。

八月戊申，宋張巖復遣方信孺齎其主誓書藁來乞和。庚戌，割汝州襄城縣于許州。戊辰，至自萬寧宮。

九月甲戌朔，天壽節，高麗、夏遣使來賀。左丞相兼都元帥崇浩薨于軍。甲申，定西、北京、遼東鹽司判官諸場管句增虧升降格。以尚書左丞僕散端爲平章政事，封申國公；左副元帥完顏匡爲平章政事兼左副元帥，封定國公。丙戌，獵于近郊。壬辰，還宮。戊戌，更定受制忘誤及誤寫制書事重加等罪。壬寅，勑女直人不得改爲漢姓及學南人裝束。

冬十月甲辰，詔應廕之家，旁正廕足，其正廕者未出官而亡，許補廕一人。辛亥，以武庫令朮甲法心爲高麗生日使。丙辰，獵于近郊。己巳，詔定隨軍遷賞格。辛未，陝西宣撫使徒單鎰分遣副統把回海攻下蘇嶺關。是月，定南征將士功賞格。

十一月癸酉，詔新定學令內削去薛居正五代史，止用歐陽脩所撰。是日，都統押剌拔鶻嶺關、新道口〔二二〕，副統回海取小湖關、敖倉，進至營口鎮，遂取其城。丙子，宋韓侂胄遣左司郎中王柟以書來乞和，請稱伯，復增歲幣、犒軍錢，誅蘇師旦函首以獻。丙戌，上聞陝州防禦使紇石烈孛孫禁民糴，命尚書省罪之。壬辰，宋參知政事錢象祖以誅韓侂胄移書行省。甲午，獵于近郊。戊戌，參知政事賈鉉罷。詔完顔匡檄宋，函侂胄首以贖淮南故地。

十二月壬寅朔，遼史成。丙午，以符寶郎烏古論福齡爲夏國生日使。戊午，詔策論進士免試弓箭、擊毬。庚申，以尚書右丞孫即康爲左丞，參知政事獨吉思忠爲右丞，中都路都轉運使孫鐸爲參知政事。

八年春正月辛未朔，高麗、夏遣使來賀。壬申，朝謁于衍慶宮。癸酉，收毀大鈔，行小鈔。以元帥左都監完顔撒刺爲參知政事。乙亥，宋安丙遣兵襲鶻嶺關，副統把回海、完顔擱刺擊走之，斬其將景統領。丙子，左司郎中劉昂、通州刺史史肅、監察御史王宇、吏部主事曹元、吏部員外郎徒單永康、太倉使馬良顯、順州刺史唐括直思白坐與蒲陰令大中私議朝政，皆杖之。癸未，如春水。丙戌，如光春宮。

二月乙巳，宋參知政事錢象祖遣王柟來，以書上行省，復請川、陝關隘。甲寅，如建春宮。庚申，諭有司曰：「方農作時，雖在禁地亦令耕種。」己巳，還宮。

三月丁亥，幸瀛王第視疾。庚寅，以與宋和，諭尚書省。壬辰，宰臣上表謝罪。甲午，瀛王從憲薨。乙未，上親臨祭。

夏四月癸卯，日暈三重，皆内黄外赤。戊申，禘于太廟。庚戌，如萬寧宫。甲寅，以北邊無事，勑尚書省，命東北路招討司還治泰州，就兼節度使，其副招討仍置于邊。詔諭有司，以苗稼方興，宜速遣官分道巡行農事，以備蟲蝻。詔更定猛安謀克承襲程試格。宋錢象祖復遣王柟以書上行省。庚申，詔諸路按察司歲賜公用錢。

閏月辛未，諭尚書省曰：「翰林侍講學士蒲察畏也言，使宋官當選人，其言甚當。彼通謝使雖未到闕，其報聘人當先議擇。此乃更始，凡有禮數，皆在奉使。今既行之，遂爲永例，不可不慎也。」甲戌，制諸州府司縣造作，不得役諸色人匠。違者準私役之律，計傭以受所監臨財物論。甲申，定承應人收補年甲格。甲午，雨雹。定保甲軍殺獲南軍官賞。乙未，宋獻韓侂胄等首于元帥府。

五月丁未，御應天門，備黄麾立仗，親王文武合班起居。中路兵馬提控、平南撫軍上將軍紇石烈貞以宋賊臣韓侂胄、蘇師旦首獻，并奉元帥府露布以聞。懸其首并畫像于市，以露布頒中外。丙辰，平章政事匡至自軍。己未，更元帥府爲樞密院。癸亥，詔移天壽節於十月十五日。丁卯，遣使分路捕蝗。

六月癸酉，宋通謝使朝議大夫、試禮部尚書許奕，福州觀察使、右武衛上將軍吴衡等奉其主書入見。甲戌，謁謝于衍慶宫。癸未，以許宋平，詔中外。免河南、山東、陝西等六路今年夏稅，河東、河北、大名等五路半之。丁亥，以元帥左都監烏古論誼爲御史大夫〔二二〕。戊子，飛蝗入京畿。乙未，定服飾明金象金制。丁酉，以副都點檢完顔侃爲宋諭成使〔二三〕，禮部侍郎喬宇副之。

秋七月戊戌朔，太白晝見。庚子，詔更定蝗蟲生發坐罪法。乙巳，朝獻于衍慶宮。詔頒捕蝗圖于中外。戊申，宋使朝辭，致荅通謝書及誓書于宋主。

八月壬申，更定遼東行使鈔法。癸酉，如建春宮。己丑，以户部尚書高汝礪等爲宋生日使。庚寅，如秋山。

九月甲子，遣吏部尚書賈守謙等一十三人與各路按察司官推排民户物力。乙丑，至自秋山。

冬十月辛未，以吏部郎中郭郛爲高麗生日使。辛巳，宋、高麗、夏遣使來賀。夏國有兵，遣使來告。癸未，更定安泊强竊盜罪格。辛卯，以軍民共譽爲廉能官條附善最法。

十一月丁酉朔，詔諸路按察使並兼轉運使。初設三司使，掌判鹽鐵、度支、勸農事。以樞密使紇石烈子仁兼三司使。癸卯，詔戒諭尚書省曰：「國家之治，在於紀綱。紀綱所先，賞罰必信。今乃上自省部之重，下逮司縣之間，律度弗循，私懷自便。遷延曠歲，苟且成風，習此爲恒，從何致理。朝廷者百官之本，京師者諸夏之儀。其勗自今，各懲已往，遵繩奉法，竭力赴功。無枉撓以循情，無依違而避勢，壹歸于正，用範乃民。」是日，御臨武殿試護衞。丁未，勑諭臨潢泰州路兵馬都總管承裔等修邊備〔二四〕。

乙卯，上不豫。丙辰，崩于福安殿，年四十一。大安元年春正月〔二五〕，謚曰憲天光運仁文義武神聖英孝皇帝，廟號章宗。二月甲申，葬道陵。

贊曰：章宗在位二十年，承世宗治平日久，宇內小康，乃正禮樂，修刑法，定官制，典章文物粲然成一代治規。又數問羣臣漢宣綜核名實、唐代考課之法，蓋欲跨遼、宋而比跡於漢、唐，亦可謂有志於治者矣。然婢寵擅朝，冢嗣未立，疏忌宗室而傳授非人。向之所謂維持鞏固於久遠者，徒爲文具，而不得爲後世子孫一日之用，金源氏從此衰矣。昔揚雄氏有云：「秦之有司負秦之法度，秦之法度負聖人之法度。」蓋有以夫。

校勘記

〔一〕詔遣防禦使女奚列元往祭 「元」字原脱。按，本書卷五五百官志一及書末金國語解，「女奚列」又作「女奚烈」，爲女真「白號」之姓，其下當有名。又，本書卷六二交聘表下，泰和四年正月丁丑，「差防禦使女奚烈元充勑祭使」。今據補。

〔二〕尚書左丞完顏匡罷　「左丞」，原作「右丞」。按，本書卷一一章宗紀三，泰和三年正月己卯，以「右丞完顏匡爲左丞」。十月庚申，「尚書左丞完顏匡等進世宗實録」。今據改。

〔三〕全安　疑當作「金安」。按，本書卷二四地理志上，北京路臨潢府泰州注云，「舊有金安縣，承安三年置，尋廢」。

〔四〕大理丞姬端脩　「姬端脩」，本書卷一〇〇本傳作「宗端脩」。章宗朝避睿宗諱改「宗」氏爲「姬」氏。參見本書卷一一校勘記〔五〕。

〔五〕以尚書右丞相崇浩爲左丞相　「崇浩」，即「宗浩」。參見本書卷八校勘記〔九〕。

〔六〕先是以天旱詔求直言　「是」，原作「詔」，據北監本、殿本改。

〔七〕罷典衞司　「罷」字原脱。按，本書卷五六百官志二，宣徽院典衞司，「泰和五年閏八月，以崇妃薨罷。興定元年復設」。今據補。

〔八〕攻洛南之固縣　「固縣」，按，元豐九域志卷三，「洛南州，北七十五里，一鄉，採造、石界、故縣、兩合四鎮」，作「故縣」，與此異。

〔九〕宋使陳克俊等朝辭　「陳克俊」，又見本書卷一〇〇孟鑄傳。按，本書卷六一交聘表下，泰和六年「正月癸未朔，宋試刑部尚書陳景俊、知閤門事吴琯賀正旦」。宋史卷三八寧宗紀二，開禧元年九月「丁未，遣陳景俊使金賀正旦」，皆作「陳景俊」。蓋景俊是其本名，金章宗諱璟，宋使入金有改名之事，修史時回改未能一致。

〔一〇〕遣御史大夫孟鑄就館諭克俊等曰　「御史大夫」，下文作「御史中丞」。按，本書卷一〇〇孟鑄傳，「泰和四年，入爲御史中丞」。稱「御史大夫」者，或宋金外事官多假高位之故。

〔一一〕州府官兼提控　「州府官」，原作「州府府官」。按，本書卷二七河渠志漕渠，泰和六年定制，「凡漕河所經之地，州府官銜内皆帶『提控漕河事』」。今據删正。

〔一二〕以張真張勝爲鄉導　「張真」，南監本、北監本、殿本、局本並作「張貞」。

〔一三〕戍將完顔王喜敗之　「完顔王喜」，本書卷九八完顔綱傳作「完顔王善」。

〔一四〕勑翰林直學士陳大任妨本職專修遼史　「妨」，北監本、殿本、局本作「以」。

〔一五〕尚書户部侍郎梁鏜行六部尚書事於山東　「梁鏜」，本書卷一三衞紹王紀、卷四八食貨志三錢幣、卷九九徒單鎰傳、卷一〇七張行信傳、卷一三二逆臣紇石烈執中傳均作「梁瑝」。

〔一六〕斬楊雄李珪　按，宋史卷四七五吴曦傳載宋寧宗開禧三年，以吴曦叛宋，誅其黨李珪等人。與此異。

〔一七〕隴州防禦使完顔璘以本部兵五千出來遠　「隴州」，本書卷九三承裕傳、卷九八完顔綱傳皆作「秦州」。

〔一八〕二月丙辰赦鳳成西和階山五州　「鳳成西和階山五州」，按，金史詳校卷二：「案紀，上六年十一月丙午克西和州，十二月壬子克成州，辛酉入鳳州，獻階州，惟山州未見克獻等文。完顔綱傳上云四州，下又云五州。遺山集王擴碑亦云獻五州。而宋史吴曦傳云，開禧二年，遣客姚淮源獻階、成、和、鳳四州于金，三年正月引金兵入鳳州，以四郡付之，表鐵山爲界。慶元黨禁亦云，二年四月二十六日丁丑，遣客詣金獻關外四州，並無五州之文，則紀語恐不實。又歸潛志劉昂上平西詞，亦有『洗五州煙瘴』之句，惜李心傳西陲泰定録、張革誅吴録、毛方平丁卯實編、郭士寧平叛録諸書皆未見。」

〔一九〕幸東園射柳　「東園」，南監本、北監本、殿本、局本並作「東園」。

〔二〇〕四川安撫使安丙遣西和州安撫使李孝義率步騎三萬攻秦州　「李孝義」，疑當作「李好義」。按，宋史卷四〇二李好義傳、安丙傳並作「李好義」。

〔二一〕都統押剌拔鶻嶺關新道口　本書卷九九徒單鎰傳云：「葉禄瓦拔鶻嶺關，撾剌別將攻破燕子關新道口。」葉禄瓦即押剌，別將撾剌本卷下文作「副統」，記載較此清楚。

〔二二〕以元帥左都監烏古論誼爲御史大夫　「左都監」，疑當作「左監軍」。按，本書卷一二〇世戚烏古論元忠傳附子誼傳，章宗泰和「六年，伐宋，遷元帥左都監。七年，轉左監軍。八年，拜御史大夫」。又本卷上文，七年六月「戊午，烏古論誼爲元帥左監軍」。

〔二三〕以副都點檢完顏侃爲宋諭成使　「副都點檢」上疑脱「左」字。按，本書卷六二交聘表下，「以左副點檢完顏侃爲宋諭成使」。

〔二四〕勑諭臨潢泰州路兵馬都總管承裔等修邊備　本書卷二四地理志上：「天德二年改北京爲臨潢府路，（中略）大定後罷路，併入大定府路。」然章宗朝以後仍有臨潢府路之稱。按，本書卷一〇一字朮魯德裕傳，章宗朝，「遷左監軍兼臨潢府路兵馬都總管」。此時泰州隸屬臨潢府路，故疑「泰州」二字衍，「臨潢」下脱「府」字。

〔三五〕大安元年春正月　「春正月」，本書卷三二禮志五上尊謚作「二月丁卯」。

金史卷十三

本紀第十三

衛紹王

衛紹王諱永濟，小字興勝，更諱允濟，章宗時避顯宗諱，詔改「允」爲「永」。世宗第七子，母曰元妃李氏。衛王長身，美髯鬚，天資儉約，不好華飾。大定十一年，封薛王。是歲，進封滕王。十七年，授世襲猛安。二十五年，加開府儀同三司。二十六年，爲秘書監。明年，轉刑部尚書。又明年，改殿前都點檢。二十九年，世宗崩，章宗即位，進封潞王。起復，判安武軍節度使。五月，至冀州，以到任表謝，賜詔優答。明昌二年，進封韓王。四年，改判興平軍。五年，改沁南軍。承安二年，改封衛王。三年，改昭義軍。

泰和元年，改判彰德府事。五年，改判平陽府。初，章宗誅鄭王永蹈、趙王永中，久，頗悔之。七年，下詔追復舊封，仍賜謚。而永蹈無後，乃以衞王子按陳爲鄭王後，賜衞王詔曰：「朕念鄭王自棄天常，以干國憲，藁瘞曠野，忽諸不祀。歷歲既久，深用愴然。親親之情，有懷難置。已詔追復舊爵，改葬如儀。稽考古禮，以卿之子按陳爲鄭王後，謹其祭祀，卿其悉之。」已而改武定軍節度使。

八年十一月，自武定軍入朝。是時，章宗已感嗽疾，衞王且辭行，而章宗意留之。章宗初年，雅愛諸王，置王傅府尉官以傅導德義。及永中、永蹈之誅，由是疏忌宗室，遂以王傅府尉檢制王家，苛問嚴密，門户出入皆有籍。而衞王乃永蹈母弟，柔弱鮮智能，故章宗愛之。既無繼嗣，而諸叔兄弟多在，章宗皆不肯立，惟欲立衞王，故於辭行留之。無何，章宗大漸，元妃李氏、黄門李新喜、平章政事完顏匡定策。章宗崩，匡等傳遺詔，立衞王。衞王固讓，乃承詔舉哀，即皇帝位于柩前。明日，羣臣朝見于大安殿。詔路府州縣爲大行皇帝服七日。

大安元年正月辛丑，飛星如火，起天市垣，有尾，跡若赤龍。壬戌，改元，大赦。立元妃徒單氏爲皇后。

二月乙丑朔，太白晝見，經天。壬辰，章宗内人范氏損其遺腹，以詔内外。初，章宗遺詔：「内人有娠者兩人，生男則立爲儲貳。」至是平章政事僕散端等奏：「承御賈氏當以十一月免乳，今則已出三月。范氏産期合在正月，醫稱胎氣有損，用藥調治，脉息雖和，胎形已失。范氏願削髮爲尼。」封皇子六人爲王。

三月甲辰，道陵禮成，大赦。詔曰：「自今於朕名不連續，及昶、詠等字，不須别改。」以平章政事僕散端爲右丞相。

四月庚辰，殺章宗元妃李氏及承御賈氏。以平章政事完顔匡爲尚書令。

五月，高麗賀即位。試宏詞科。

七月，幸海王莊，臨奠魯國公主。

八月，萬秋節，宋遣使來賀。

九月，如大房山，謁奠睿陵、裕陵、道陵。百官表請建儲，不允。

十月，歲星犯左執法。己卯，詔戒勵風俗。

十一月，平陽地震，有聲如雷，自西北來。

十二月，詔平陽地震，人户三人死者免租税一年〔二〕，二人及傷者免一年，貧民死者給葬錢五千，傷者三千。尚書令申王完顔匡薨。右丞相僕散端爲左丞相，進封兄鄆王永功爲譙王〔二〕，御史大夫張行簡爲太保。

二年正月庚戌朔〔三〕，日中有流星出，大如盆，其色碧，向西行，漸如車輪，尾長數丈，没于濁中，至地復起，光散如火。

二月，客星入紫微垣，光散爲赤龍。地大震，有聲如雷。以禮部侍郎耿端義爲參知政事。

四月，校大金儀禮。北方有黑氣，如大道，東西亘天〔四〕。徐、邳州河清五百餘里，以告宗廟社稷。

五月，詔儒臣編續資治通鑑。

六月，大旱。下詔罪己，振貧民闕食者。曲赦西京、太原兩路雜犯，死罪減一等，徒以下免。丙寅，地震。

七月，地震。

八月，地震。乙丑，立子胙王從恪爲皇太子。萬秋節，宋遣使來賀。獵于近郊。夏人侵葭州。

九月，地大震。乙未，詔求直言，招勇敢，撫流亡。庚子，遣使慰撫宣德行省軍士。丙午，京師戒嚴。上日出巡撫，百官請視朝，不允。辛亥，宣德行省罷。癸丑，詔撫諭中都、西京、清、滄被兵民户。

十一月，獵于近郊。中都大悲閣東渠内火自出，逾旬乃滅。閣南刹竿下石罅中火自出，人近之即滅，俄復出，如是者復旬日。中都火焮民居。

十二月辛酉朔，日有食之〔五〕。是歲大饑。禁百姓不得傳説邊事。

三年正月乙酉朔，宋、高麗、夏遣使來賀。熒惑入氐中。

二月，熒惑犯房宿。有大風從北來，發屋折木，通玄門重關折，東華門重關折〔六〕。

閏月，熒惑犯鍵閉星。

三月，大悲閣災，延及民居。有黑氣起北方，廣長若大堤，内有三白氣貫之，如龍虎狀。括民間馬，令職官出馬有差。

四月，我大元太祖法天啓運聖武皇帝來征。遣西北路招討使粘合打乞和。平章政事獨吉千家奴，參知政事胡沙行省事備邊。西京留守紇石烈胡沙虎行樞密院事。參知政事奥屯忠孝爲尚書右丞。户部尚書梁瑭爲參知政事。

六月壬寅，更定軍前賞罰格。

八月，詔獎諭行省官，慰撫軍士。千家奴、胡沙自撫州退軍，駐于宣平。河南大名路軍逃歸，下詔招撫之。

九月，千家奴、胡沙敗績于會河堡，居庸關失守。禁男子不得輒出中都城門。大元前軍至中都，中都戒嚴。參知政事梁瑭鎮撫京城。

十月，每夜初更正，東、西北天明如月初出，經月乃滅。熒惑犯壘壁陣。上京留守徒單鎰遣同知烏古孫兀屯將兵二萬衞中都。泰州刺史朮虎高琪屯通玄門外。上巡撫諸軍。罷宣德行省。

十一月，殺河南陳言人郝贊。以上京留守徒單鎰爲右丞相。簽中都在城軍。紇石烈胡沙虎棄西京，走還京師，即以爲右副元帥，權尚書左丞。是時，德興府、弘州、昌平、懷來〔七〕、縉山、豐潤、密雲、撫寧、集寧，東過平、灤，南至清、滄，由臨潢過遼河，西南至忻、代，皆歸大元。初，徒單鎰請徙桓、昌、撫百姓入內地。上信梁瑭議，以責鎰曰：「是自蹙境土也。」及大元已定三州，上悔之。至是，鎰復請置行省事于東京，備不虞。上不悅曰：「無故遣大臣，動搖人心。」未幾，東京不守，上乃大悔。右副元帥胡沙虎請兵二萬屯宣德，詔與三千人屯嬀川。平章政事千家奴、參知政事胡沙坐覆全軍，千家奴除名，胡沙責授咸平路兵馬總管。萬户佤頭屯古北口。

十二月，簽陝西兩路漢軍五千人赴中都。太保張行簡、左丞相僕散端宿禁中議軍事。左丞相僕散端罷。

崇慶元年正月己酉朔〔八〕，改元，赦。宋、夏遣使來賀。右副元帥胡沙虎請退軍屯南口，詔數其罪，免之。

三月，大旱。遣使册李遵頊爲夏國王。以御史大夫福興爲參知政事。參知政事孟鑄爲御史大夫。夏人犯葭州，延安路兵馬總管完顔奴婢禦之。

五月，簽陝西勇敢軍二萬人，射糧軍一萬人，赴中都。括陝西馬。武安軍節度使致仕賈鉉起復參知政事〔九〕。參知政事福興爲尚書左丞。詔賣空名勑牒。河東、陝西大饑，斗米錢數千，流莩滿野。以南京留守僕散端爲河南、陝西安撫使，提控軍馬。

七月，有風自東來，吹帛一段，高數十丈，飛動如龍形，墜於拱辰門。

八月，萬秋節，以兵事不設宴。

十月，曲赦西京、遼東、北京。

十一月，振河東南路、南京路、陝西東路、山東西路、衞州旱災。

十二月，夏國王李遵頊謝封册。

至寧元年正月，振河東、陝西饑。

二月，詔撫諭遼東。知大名府事烏古論誼謀不軌，伏誅。

三月，太陰、太白與日並見，相去尺餘〔一〇〕。

五月，改元。詔諭咸平路契丹部人之嘯聚者。起胡沙虎復爲右副元帥，領武衛軍三千人屯通玄門外。陝西大旱。

六月，夏人犯保安州，殺刺史，犯慶陽府，殺同知府事。以户部尚書胥鼎、刑部尚書王維翰爲參知政事〔一一〕。

八月，尚書左丞完顔元奴將兵備邊。詔軍官、軍士賜賚有差。大霧，晝晦。治中福海别將兵屯城北。辛卯，胡沙虎矯詔以誅反者，招福海執而殺之，奪其兵。壬辰，自通玄門入，殺知大興府徒單南平、刑部侍郎徒單没撚於廣陽門西。福海男符寶鄯陽、都統石古乃率衆拒戰〔一二〕，死之。胡沙虎叩東華門，遣人呼守直親軍百户冬兒、五十户蒲察六斤，不應。許以世襲猛安、三品官職，亦不應。都點檢徒單渭河縋而出，護衛斜烈揞鏁啓門，胡沙虎以兵入宫，盡逐衛士，代以其黨，自稱監國都元帥。癸巳，逼上出宫，以素車載至故邸，以武衛軍二百人錮守之。尚宮左夫人鄭氏爲内職，掌寶璽，聞難，端居璽所待變。胡沙虎遣黄門入收璽，鄭曰：「璽，天子所用，胡沙虎人臣，取將何爲？」黄門曰：「今天時大變，主上猶且不保，況璽乎。御侍當思自脱計。」鄭厲聲駡曰：「若輩宫中近侍，恩遇尤隆，君難不以死報之，反爲逆竪奪璽耶。我死可必，璽必不與。」遂瞑目不語。黄門出，胡沙虎卒取「宣命之寶」，僞除其黨醜奴爲德州防禦使、烏古論奪剌順天軍節度使、提控宿直將軍徒單金壽永定軍節度使，及其餘黨凡數十人，皆遷官。遂使宦者李思中害上於邸。誘奉御和尚使作書急召其父左丞元奴議事，元奴以軍來，并其子皆殺之〔一三〕。

九月甲辰，宣宗即位。丁未，詣邸臨奠，伏哭盡哀。勑以禮改葬。胡沙虎請廢爲庶人，詔百官議于朝堂，議者二百餘人。太子少傅奧屯忠孝、侍讀學士蒲察思忠請從廢黜，户部尚書武都、拾遺田庭芳等三十人請降爲王侯，太子太保張行簡請用漢昌邑王、晉海西公故事，侍御史完顏訛出等十人請降復王封。胡沙虎固執前議，宣宗不得已，乃降封東海郡侯。昭雪道陵元妃李氏、承御賈氏。

十月辛亥，元帥右監軍术虎高琪殺胡沙虎于其第。胡沙虎者，紇石烈執中也。宣宗乃下詔削其官爵。贈石古乃順州刺史，鄯陽順天軍節度副使〔一四〕，凡從二人拒戰者，千户賞錢五百貫，謀克三百貫，蒲輦散軍二百貫，各遷官兩階，戰没者贈賞付其家。冬兒加龍虎衛上將軍，再遷宿直將軍。蒲察六斤加定遠大將軍、武衛軍鈐轄。石古乃子尚幼，給俸八貫石，勑有司，俟其年十五以聞。貞祐四年，詔追復衛王謚曰紹。

贊曰：衛紹王政亂於內，兵敗於外，其滅亡已有徵矣。身弑國蹙，記注亡失，南遷後不復紀載。皇朝中統三年，翰林學士承旨王鶚有志論著，求大安、崇慶事不可得，采摭當時詔令，故金部令史竇祥年八十九，耳目聰明，能記憶舊事，從之得二十餘條。司天提點張正之寫災異十六條，張承旨家手本載舊事五條，金禮部尚書楊雲翼日録四十條，陳老日録三十條，藏在史舘。條件雖多，重複者三之二。惟所載李妃、完顔匡定策，獨吉千家奴兵敗，紇石烈執中作難，及日食、星變、地震、氛祲，不相背盭。今校其重出，删其繁雜。章宗實録詳其前事，宣宗實録詳其後事。又於金掌奏目女官大明居士王氏所紀，得資明夫人援璽一事，附著于篇，亦可以存其梗槩云爾。

校勘記

〔一〕人户三人死者免租稅一年　按，下文接敍「二人及傷者免一年」，則此「一年」疑當作「二年」。

〔二〕進封兄鄆王永功爲譙王　「鄆王」，原作「越王」。按，本書卷八五世宗諸子永功傳，「承安元年，進封郢王。（中略）大安元年，進封譙王，（中略）明年，進封越王」。今據改。

〔三〕二年正月庚戌朔　按，此事又見本書卷二〇天文志。考長術是年正月庚寅朔，庚戌是二十一日。據此疑「戌」爲「寅」之誤，或「朔」字衍。

〔四〕北方有黑氣如大道東西亘天　按，本書卷二〇天文志記此事在「衛紹王大安元年四月壬申」，繫年與此異。

〔五〕十二月辛酉朔日有食之　此處繫於大安二年。按，依長術二年十二月當爲乙卯朔。高麗史卷四七天文志，「熙宗六年（即金大安二年）十二月乙卯朔，日食」。本書卷二〇天文志，衛紹王大安元年「十二月辛酉朔，日食」。疑此句當繫於大安元年。

〔六〕通玄門重關折東華門重關折　本書卷二三五行志云，「吹清夷門關折」。

〔七〕德興府弘州昌平懷來　「懷來」，疑當作「嬀川」。按，本書卷二四地理志上，西京路德興府嬀川注云，「縣舊曰懷戎，更名懷來，明昌六年更今名」。

〔八〕崇慶元年正月己酉朔　「己酉」二字原脱，今據長術補。

〔九〕武安軍節度使致仕賈鉉起復參知政事　「武安軍」，本書卷九九賈鉉傳作「安武軍」。

〔一〇〕三月太陰太白與日並見相去尺餘　此處繫於至寧元年疑誤。按，本書卷二〇天文志「崇慶元年春三月，日正午，日、月、太白皆相去咫尺」。劉次沅考證據天文計算顯示，在崇慶元年無疑。

〔二〕刑部尚書王維翰爲參知政事　「翰」字原脱。按，本書卷一二一忠義傳一王維翰傳云，大安中，「改刑部尚書，拜參知政事」。今據補。

〔三〕都統石古乃率衆拒戰　「都統」二字疑誤。按，本書卷一二一忠義傳一鄯陽傳附完顏石古乃傳，「完顏石古乃爲護衞十人長」。卷一三二逆臣紇石烈執中傳亦稱「護衞十人長完顏石古乃」。

〔三〕誘奉御和尚使作書急召其父左丞元奴議事元奴以軍來并其子皆殺之　按，卷九八完顏綱傳載，「完顏綱本名元奴」，胡沙虎「命綱子安和作家書，使親信人召綱」，「貞祐四年，綱子權復州刺史安和上書訟父冤」。知「安和」即「和尚」，非與其父同時被殺。所述與此異。

〔四〕鄯陽順天軍節度副使　「副」字原脱。按，本書卷一二一忠義傳一鄯陽傳，「鄯陽贈宣武將軍、順天軍節度副使」。今據補。